Doris Fölsch
Ethik in der Pflegepraxis

Doris Fölsch

Ethik in der Pflegepraxis

Anwendung moralischer Prinzipien im Pflegealltag

4., überarbeitete Auflage

facultas

Mag. Doris Fölsch,
geb. 1970. Ausbildung zur Diplomierten Gesundheits- und Krankenpflegerin in Salzburg, Studium der Philosophie an der Universität Salzburg, Beraterin für Ethik im Gesundheitswesen. Als Diplomierte Gesundheits- und Krankenschwester arbeitete die Autorin in den Fachbereichen Chirurgie, Interne, Intensivstation (Kardiologie), in der Hauskrankenpflege und im Seniorenbereich. Sowohl als Pflegekraft als auch im Management und in der Projektausführung engagierte sie sich in verschiedenen Auslandsprojekten in Rumänien, Albanien, Kroatien, Afghanistan und im Iran. Seit 2011 ist die Autorin freiberuflich tätig in Lehre, Training und Beratung mit den Schwerpunkten: Ethik im Gesundheitswesen, Organisationsethik, Pflegeethik und Ethik für Führungskräfte sowie Teamentwicklung.

E-Mail: doris@foelsch-ethik.at

Bibliografische Information der Deutschen Nationalbibliothek

Die Deutsche Nationalbibliothek verzeichnet diese Publikation in der Deutschen Nationalbibliografie; detaillierte bibliografische Daten sind im Internet über http://dnb.d-nb.de abrufbar.

4. Auflage 2021

facultas Universitätsverlag, Wien, Österreich

Umschlagfoto: © kaca rasic, istockphoto.com
Satz: Wandl Multimedia-Agentur
Druck: Facultas Verlags- und Buchhandels AG
Printed in Austria
ISBN 978-3-7089-2105-1
E-ISBN 978-3-99111-334-8

Dieses Buch ist allen Pflegekräften
in Wertschätzung, Respekt und Dank gewidmet.

Vorwort

Dieses Buch versucht eine Brücke zwischen philosophischer Theorie und pflegerischer Praxis zu bauen. Es ist nicht immer möglich, allgemeingültige Antworten auf moralische Fragen zu finden. Dennoch ist die Beschäftigung mit Pflegeethik eine Hilfestellung auf der Suche nach Antworten und dient auch der Sensibilisierung und der Reflexion des pflegerischen Handelns. Das eigene Handeln daraufhin zu überprüfen, ob es ethischen Kriterien entspricht, sowie Werte als Grundsatz festzulegen, sind wesentliche Elemente einer eigenständigen Profession.

Seit dem Erscheinen der ersten Auflage dieses Buches im Jahre 2008 hat sich im Bereich der Ethik im Gesundheitswesen viel getan. Die Pflegeethik entwickelt sich jedoch noch immer langsam. Die deutschsprachige Literatur zur Pflegeethik ist überschaubar, und auch Fortbildungen zur Aneignung von ethischem Wissen und ethischen Kompetenzen werden in noch sehr geringer Zahl angeboten oder genutzt. Die Entwicklung der Ethikberatung in den letzten Jahren (z.B. Ethikkomitees, ethische Fallbesprechungen) fordert jedoch umso mehr, dass Pflegekräfte als professionelle Gesprächspartner mit ethischer Kompetenz zu einem Dialog beitragen. Dieses Buch verfolgt das Ziel, ethisches Wissen für den pflegerischen Alltag und für aktiv Beteiligte im ethischen Diskurs anzubieten und zu fördern. Mit diesem Wissen können ethische Fragen erkannt, analysiert und Antworten gesucht werden.

In meiner aktiven Arbeit im Bereich Ethik hat sich für mich in den letzten Jahren eines immer mehr gezeigt: Ethisches Wissen ist notwendig, hilfreich, wichtig und grundlegend. Jedoch reicht dieses Wissen noch lange nicht, um Antworten und Erkenntnisse auch umzusetzen. In der Umsetzung bedarf es der Fähigkeit, sich selbst und das eigene Handeln reflektieren zu können, es bedarf einer gefestigten Persönlichkeit, es bedarf guter Kommunikationsfähigkeiten und auch Mut, sich für Ethik ein- und manchmal auch durchzusetzen. Es bedarf einer den Menschen und dem Gegenüber wohlwollenden Haltung und des ehrlichen Strebens nach dem Wohl aller Beteiligten.

Dieses Buch richtet den Fokus auf ethisches Wissen als Grundlage und bietet zahlreiche Fallbeispiele, in denen die theoretischen Überlegungen in der Pflegepraxis zur Geltung kommen. Pflege ist professionelles Handeln. Mitglieder dieser Berufsgruppe sollten sich nicht selbst zuschreiben, sie seien „nur" Pflegekräfte in einem System. **Kein Mensch sollte sich selbst oder anderen ein „nur" voranstellen.**

Ethik ist die Offenheit für verschiedene Perspektiven und Standpunkte, jedoch mit dem Anspruch, nicht nur zu meinen, sondern durch kritisches Nachdenken zu bedachten Urteilen zu kommen, und dies unabhängig von der Stellung in einem System und im Gesundheitswesen, mit dem Anspruch der Professionalität.

Alle schauen es von einer anderen Seite an –
und in der Summe des Ansehens haben wir vielleicht eine Ahnung,
was die Wirklichkeit ist –
und das ist, was wir heute brauchen.

Diese Offenheit, im anderen die Möglichkeit zu sehen,
einen anderen Einblick in dieselbe Wirklichkeit zu haben als meine –
und sie als Bereicherung zu empfinden.

Hans-Peter Dürr, Quantenphysiker

Danksagung

Ich möchte mich bei all denjenigen Menschen bedanken, die durch ihr Engagement, ihre Unterstützung, ihre fachliche Kritik, ihre Fragen und Anregungen ein Stück zu diesem Buch beigetragen haben. Dies sind meine Kolleginnen und Kollegen aus meiner aktiven Zeit im Pflegeberuf, die mir in vieler Hinsicht Vorbild und Lehrmeister waren. Es sind viele Studierende an verschiedenen Einrichtungen, die in den Lehrveranstaltungen neue Perspektiven, Anregungen und Berichte aus ihrer Praxis einbringen. Hemma Schnöll und Pflegeexpertin Nina Leiber haben die Erstfassung dieses Werkes auf Basis ihrer praktischen Erfahrung kritisch gelesen und waren damit eine große Unterstützung.

Vielen Dank all diesen Menschen und dem Facultas Verlag Wien, der dieses Buch erst möglich gemacht hat, namentlich Frau Mag. Russ für die wertvolle Zusammenarbeit und Fr. Müller-Posch für ihr Lektorat.

Inhaltsverzeichnis

Dritter Teil
Fallbeispiele

Vierter Teil

Einleitung

Moralische Fragen und Situationen sind Alltag und Teil der Pflege. Nicht selten führen diese Situationen zu einem Gefühl von moralischer Unsicherheit: Was ist das Richtige? Was sollte ich tun?

In einer immer komplexeren Welt, die auch den Pflegealltag betrifft, aber auch angesichts der zunehmenden Professionalisierung der Pflege bedarf es kompetenten Handelns und Nachdenkens auf dieser Suche nach „dem Richtigen" und „dem Guten".

Naive, instinktive und allgemeine Urteile, die nicht mehr sind als ungeprüfte Vorurteile oder Annahmen, können keine Antwort für Pflegefachkräfte sein, um sich ethisch bewusst und angemessen zu verhalten (Pattison, 2001, S. 11). Um moralische Probleme lösen zu können, bedarf es daher einer systematischen ethischen Reflexion. Dieses Buch dient dem Ziel, Pflegekräfte als eigenständige Profession durch das Anbieten von ethischem Wissen in ihrer Verantwortung zu unterstützen.

Der erste Teil dieses Buches widmet sich der grundlegenden Frage, warum Pflegeethik an sich und als eigenständige Bereichsethik notwendig und sinnvoll ist. Ein geschichtlicher Rückblick zur Krankenpflege zeigt auf, wie wichtig es ist, dass Pflegende ihr Handeln und ihre Rolle im Behandlungssystem unter ethischen Aspekten betrachten. Unterschiede zwischen Medizin- und Pflegeethik werden verdeutlicht und es wird für eine eigenständige Pflegeethik plädiert. Pflegen ist ein an sich moralisches Handeln; eine ethische Reflexion ist daher unumgänglich.

Die in der Biomedizin geltenden Prinzipien können auch in der Pflege als hilfreiches Werkzeug für ethische Fragestellungen dienen. Im zweiten Teil des Buches werden die vier medizinethischen Prinzipien – Recht auf Autonomie, das Prinzip der Fürsorge, das Prinzip des Nichtschadens und das Prinzip der Gerechtigkeit – aus pflegeethischer Perspektive beleuchtet. Die von Beauchamp und Childress (2019) entwickelten sogenannten *mittleren Prinzipien* sind in der Praxis anwendbar und entsprechen dem Wesen der Pflege. Anhand von Fallbeispielen werden die theoretischen Ausführungen deutlich gemacht.

Im dritten Teil wird anhand von Fallbeispielen die Anwendung der Prinzipienethik im Pflegealltag noch einmal veranschaulicht. Konflikte zwischen den Prinzipien werden erläutert, Fragestellungen angeführt und Lösungsansätze gesucht. Offene Fragen erfüllen die Aufgabe, eigene Gedanken anzuregen und ethische Reflexion in der Praxis zu üben. Die Fallbeispiele (mit dem Schwerpunkt Krankenhaus) wurden aus dem alltäglichen Pflegegeschehen gegriffen. In medizinethischer wie zum Teil auch in pflegeethischer Literatur werden meist spektakuläre Fälle aus dem Alltag herangezogen, die zwar philosophisch anschaulich aufbereitet werden können, in der Praxis jedoch nur eine kleine Personengruppe betreffen. Bewusst wurden Gentechnologie, Sterbehilfe, Abtreibung und die Transplantationsmedizin aus diesen Gründen in diesem Buch nicht berücksichtigt. Der Fokus liegt auf dem alltäglichen pflegerischen Handeln.

Zum Schluss werden die wesentlichen Aspekte des Buches noch einmal zusammengefasst. Fachspezifische Begriffe werden am Ende in einem Glossar erläutert.

Formale Erläuterungen

Personengruppen werden nach Möglichkeit gendergerecht bezeichnet, wenn möglich, werden geschlechtsneutrale Begriffe verwendet. Begriffe wie *Bewohner*innen*, *Klient*innen*, pflegebedürftige und hilfsbedürftige Menschen und *Patient*in* werden nicht strikt getrennt. Je nach Fachbereich und Pflegephilosophie wird in der Praxis einem dieser Begriffe der Vorzug gegeben. Für alle Personen, die Pflege professionell in Einrichtungen oder Organisationen ausführen, werden die Begriffe Pflegekraft, Pflegefachkraft, Pflegeperson oder Pflegende wahlweise verwendet.

Da sich rechtliche Grundlagen in den verschiedenen deutschsprachigen Ländern unterscheiden, wird auf konkrete rechtliche Referenzen hier verzichtet. Diese sind in der Praxis je nach Rechtslage im jeweiligen Land zu beachten. Bei Hinweisen auf Leitlinien, Stellungnahmen und Dokumente werden aktuelle Entwicklungen in der Schweiz, Deutschland und Österreich angeführt.

Alle direkten Zitate aus der englischsprachigen Literatur wurden von der Autorin selbst übersetzt.

Erster Teil

Pflegeethik als eigenständige Bereichsethik

Ethik in der Pflege sowie Ethik in der Medizin sind seit dem Tage, an dem Pflege und Medizin betrieben werden, von Bedeutung. Berufliche Tätigkeiten, bei denen es um das Wohl anderer geht, die hilfsbedürftig sind, implizieren moralisches Handeln. Als wissenschaftliche Auseinandersetzung und auch als bewusste Reflexion von Mediziner*innen und Pflegenden ist Ethik jedoch erst in den letzten Jahrzehnten aktuell geworden. Im deutschsprachigen Raum zeigt sich anhand einer überschaubaren Literatur zu der Thematik, dass Ethik in der Pflege noch immer am Beginn einer professionellen Entwicklung steht. Eine qualitativ hochwertige ethische Grundausbildung in Medizin und Pflege ist noch nicht ausreichend vorhanden.

Im ersten Teil dieses Buches wird der Begriff der Pflegeethik bzw. Ethik in der Pflege definiert, die historische Entwicklung der Pflege und die Bedeutung für Ethik beleuchtet und Ethik als Grundlage einer professionellen Pflege sowie als eigenständige Teildisziplin der Angewandten Ethik begründet.

1 Definition

> Pflegeethik wird [...] als philosophisch begründete Reflexion des Handlungsfelds beruflicher Pflege verstanden, die mit Hilfe philosophischer Begriffe, Methoden und Theorien sowie analytischer und hermeneutischer Kompetenzen unter Einbeziehung pflegerischen Fach- und Praxiswissens erfolgt (Bobbert, 2002, S. 15).

> Ethik in der Pflege ist die Reflexion moralischer Aspekte in den Handlungsfeldern der Disziplin Pflege: Pflegepraxis, Pflegemanagement, Pflegepädagogik, Pflegewissenschaft (Lay, 2014, S. 82).

> Ethik in der Pflege beinhaltet die begründete Reflexion des beruflichen Handelns auf der Basis allgemeiner philosophischer Begrifflichkeiten und Theorien. Es handelt sich um eine Teildisziplin der Ethik, und als solche unterscheidet sie sich von der faktischen Moral Pflegender als Gegenstand ihrer Analyse. In der Pflege sind moralische Überlegungen genuin angelegt, sodass es in besonderer Weise Aufgabe der Pflegenden ist, ihre Berufspraxis, Ausbildungs- und Forschungsaktivitäten zu reflektieren (Birnbacher, 2011, S. 403).

Ethik in der Pflege ist die Reflexion der alltäglichen moralischen Überlegungen und Handlungen mit dem Ziel, fachliches Handeln auch ethisch zu begründen und zu fundieren. Zu dieser Begründung dienen Begriffe, Methoden und Theorien der philosophischen Ethik. In dem Zusammenwirken von

Fachwissen, praktischer Realität und Philosophie wird das Handlungsfeld der Pflege hilfreich reflektiert und analysiert.

Die Handlungsfelder der Pflege sind direktes Pflegehandeln am Menschen, Aufgaben in der Führung und Organisation, in der Lehre und Ausbildung sowie in der Forschung. Dieses Buch widmet sich vorrangig der Reflexion der Pflegepraxis und der direkten Pflege. Pflegekräfte tätigen jeden Tag viele Handlungen und treffen Entscheidungen, in denen es wichtig ist, darüber nachzudenken, welche moralischen Perspektiven zu beachten sind.

Das folgende Fallbeispiel zeigt, wie bedeutend ethische Reflexion in der alltäglichen Pflege ist.

Patient will sein Bett trotz Verletzungsgefahr verlassen

Hr. L. arbeitete 45 Jahre als Pharmareferent und erkrankte sechs Jahre nach seiner Pensionierung an einem Prostatakarzinom. Jetzt, mit 72 Jahren, wird er wieder im Krankenhaus aufgenommen. Er ist sehr geschwächt, und es haben sich Metastasen in den Knochen gebildet. Es kommt auch immer wieder zu starkem Blutdruckabfall. Durch seine allgemeine Schwäche und die starke Schmerzmedikation ist Hr. L. sehr angeschlagen. Trotz allem wünscht der Patient, aufstehen zu können und das Zimmer verlassen zu dürfen, um „frische Luft" zu bekommen. Erschwerend kommt eine leichte Lähmung des linken Beines (seit 15 Jahren) aufgrund eines Bandscheibenvorfalls hinzu. Das Pflegepersonal ist besorgt, dass Hr. L. bei dem Versuch, das Bett zu verlassen, stürzt und sich verletzt. Hr. L. wird in ein Zimmer gegenüber dem Stützpunkt verlegt, die Türe wird leicht offengelassen, sodass der Nachtdienst Bewegungen im Zimmer hören kann, und die Betthöhe wird auf die niedrigste Stufe eingestellt. Es werden regelmäßig Kontrollgänge bei Hrn. L. durchgeführt und er wird aufgefordert, nach dem Pflegepersonal zu läuten, wenn er aufstehen will. Trotz dieser Vorkehrungen findet das Pflegepersonal Hrn. L. mehrmals am Boden liegend vor, so z. B. auch einmal um 1:00 Uhr in der Nacht. Er ist unverletzt. Er rutschte beim Versuch aufzustehen aus. Tagsüber ist Hr. L. orientiert, in der Nacht scheint dem Nachtdienst jedoch, dass Hr. L., wenn er aufwacht, leicht desorientiert ist. Der Nachtdienst kann nicht dauerhaft bei Hrn. L. bleiben, dieser steht aber immer wieder gegen den Rat der Pflegenden alleine auf und kommt zu Sturz. Hr. L. will das Angebot, in Begleitung mit dem Nachtdienst am Gang etwas spazieren zu gehen oder sich in den Lehnsessel in das Dienstzimmer zu setzen, nicht annehmen. Der Nachtdienst überlegt, ob Bettseitenteile oder eine medikamentöse Sedierung notwendig oder gerechtfertigt sind. Sturz- und Sensormatten stehen auf der Station nicht zur Verfügung. Der Nachtdienst hat noch viele weitere Arbeiten zu erledigen, ebenso wie auch andere Patient*innen die Fürsorge der Pflege brauchen.

Die Pflegekraft steht vor der Frage, welche Handlungen und Maßnahmen zum Schutz vor Verletzungen berechtigt, angemessen oder verhältnismäßig sind. Hinzu kommt ihre Verpflichtung gegenüber anderen Patient*innen sowie gegenüber der Organisation bzw. dem Arbeitsablauf.

Das Beispiel zeigt, wie wesentlich es ist, dass sich Pflegende mit moralischen Fragen, die sich aus dem Alltag am Krankenbett ergeben, selbstverantwortlich auseinandersetzen und diesen *pflegerelevanten* Fragen als Professionist*innen mit fachlicher und ethischer Kompetenz begegnen.

> Die Pflegepraxis fordert eine spezifische Pflegeethik ein, da auftretende Probleme im Berufsalltag mit dem medizinischen Blick als institutionalisierter Leitdisziplin nicht wahrgenommen oder thematisiert werden. [...] Die Pflege bedarf einer eigenen Pflegeethik, in der es um die Reflexion des pflegerischen Berufsethos, um professionelles Handeln in ethisch relevanten Situationen sowie um die Vorbereitung einer systematischen Entscheidungsfindung geht. Letzteres erweist sich als besonders dringlich. Im Berufsalltag der Pflege fallen häufig Entscheidungen mit ethischem Hintergrund an. Problemsituationen lassen sich oft intuitiv bewältigen, führen aber zu Unsicherheiten und Schuldgefühlen. Kenntnisse der systematischen Entscheidungsfindung sind deshalb für die Pflege als Profession unabdingbar, denn über einen methodisch gesicherten Weg vom Problem bis zur Lösung werden die eigenen Denkschritte reflektiert und für andere an der Situation Beteiligte nachvollziehbar (Großklaus-Seidel, 2002, S. 112).

2 Geschichtliche Entwicklung

Im frühen 20. Jahrhundert bedeutete moralisches Verhalten in der Pflege hauptsächlich das Befolgen der Regeln der Etikette sowie die Ausführung der vorgeschriebenen Aufgaben und Pflichten. Die Regeln der Etikette beinhalteten Formen höflichen Verhaltens, wie Ordentlichkeit, Pünktlichkeit, Höflichkeit und die unauffällige Begleitung und Unterstützung des Arztes. Sie beinhaltete ebenso die Achtung gegenüber Autoritätspersonen, insbesondere gegenüber dem Arzt. Die Pflichtausübung erforderte eine strenge Einhaltung der Krankenhausregeln und eine selbstaufopfernde Einstellung. Die Krankenschwester bewies ihr moralisches Pflichtbewusstsein, indem sie Loyalität gegenüber dem Arzt, der Pflegedienstleitung, der Ausbildungs- und Arbeitsstätte zeigte. Unhinterfragte Gehorsamkeit und der Vorsatz, sich in nichts einzumischen, waren weitere Einstellungen, mit denen die Krankenschwester die Akzeptanz ihrer moralischen Pflichten unter Beweis stellen konnte (Fry, 1995, S. 52).

Traditionelle Wertvorstellungen für Angehörige der Pflegeberufe waren Eigenschaften wie Selbstdisziplin, Gehorsam, Barmherzigkeit, „häubchentragende Verfügbarkeit", „zurückhaltende Genügsamkeit" und „emsige Präsenz" (Wagner (Hg.), 1994, S. 20). Diese Eigenschaften wurden vorrangig Frauen zugeschrieben. Der Pflegeberuf wurde in erster Linie als Hilfsdisziplin der Medizin betrachtet und war an deren Weisung gebunden. Moralische Regeln waren durch Gesellschaft und Hierarchie vorgegeben und wurden unreflektiert befolgt.

Nicht zuletzt deshalb konnte es während der Zeit des Nationalsozialismus auch im Bereich der Krankenpflege zu Verbrechen kommen: Krankenpflegepersonal wirkte bereitwillig mit, das Programm der Rassenhygiene des Nationalsozialismus umzusetzen. Pflegekräfte ließen Patient*innen verhungern, führten Tötungen durch, gaben nötige Informationen weiter, bereiteten Patient*innen und Menschen mit Behinderung für den Abtransport vor und begleiteten sie auch bis zur „Endstation".

Viele der Beteiligten fühlten sich auch während der Nachkriegsprozesse nicht schuldig, sondern beriefen sich auf ihre Pflicht, den ärztlichen Anordnungen zu folgen. Die Pflege war noch weit davon entfernt, ihre Handlungen eigenverantwortlich ethisch zu betrachten und zu reflektieren. Dies wurde von der Öffentlichkeit auch akzeptiert, wie in dem bezeichnenden Urteilsspruch der Nachkriegsprozesse deutlich wird:[1]

> Dabei ist das Schwurgericht zu der Überzeugung gelangt, dass den Angeklagten kein Vorwurf daraus zu machen ist, dass sie sich auf die Auskünfte der Ärzte über ein die Tötungen anordnendes Gesetz einfach verlassen haben [...]. Gleichwohl aber darf nicht übersehen werden, dass es sich bei den Angeklagten um Menschen handelt, die auf Grund ihrer Ausbildung und Tätigkeit ein grenzenloses Vertrauen zu ihren Ärzten gewonnen hatten und die auch wegen ihrer geistigen Unbeweglichkeit nur mit einem unterdurchschnittlichen Kritikvermögen ausgestattet sind. (Obrawald-Prozess, Blatt 1539ff., zit. nach Steppe (Hg.), 2013, S. 168f.)

Allen von den Gerichten schuldig gesprochenen Pflegepersonen war gemeinsam, dass sie nach Erhalt der „Tötungsaufträge" den Schritt zur Tötung ohne zu zögern gingen und ebenso wie ihre vorgesetzten Ärzte keine Gnade und Milde für ihre Opfer kannten. Auch im Nachhinein hatten sie keinerlei Mitleid, außer

[1] Zu diesem Thema erschien 2004 ein sehr interessantes Buch von Fürstler und Malina: „Ich tat nur meinen Dienst." Hier wird anhand von sechs Prozessen die Mitbeteiligung der Krankenpflege an der Euthanasie aufgezeigt. Die Autoren beschreiben die geschichtliche Entwicklung der Ausbildung sowie Arbeitsbedingungen vor und während des Nazi-Regimes. Die von den Angeklagten durchgeführten Taten und Rechtfertigungen werden ausführlich dargestellt und geben ein umfassendes Bild dieses traurigen Kapitels der Krankenpflege.

> mit sich selbst. [...] Auf Gehorsam, Unterordnung und blinde Autoritätsgläubigkeit hin erzogen, waren viele der angeklagten Pflegepersonen nicht im Stande, sich den Ärztinnen und Ärzten zu widersetzen. Manche von ihnen liefen andererseits aber auch Gefahr, selbst eine ähnlich große Macht zu begehren und ausüben zu wollen.
>
> Nach Analyse der vorliegenden Gerichtsakte muss festgestellt werden, dass diese Schwestern und Pfleger sehr wohl hätten erkennen können, dass es sich bei dem, was sie getan oder wobei sie mitgewirkt hatten, um schwerstes Unrecht handelte. [...] und sie hätten durchaus auch wissen können, dass ihre bereitwillig oder fügsam geleistete „pflegerische Vor-, Zu-, und Nachbereitung" die Verbrechen dieser Art erst ermöglicht hatte. [...] Alle diese Schwestern und Pfleger führten in der Verantwortung ihrer Taten jedoch lediglich den aus anderen NS-Prozessen bekannten „Befehlsnotstand" ins Treffen und versuchten, ihr Tun mit der in derartigen und vergleichbaren Fällen üblich gewordenen Antwort „Ich habe nur im Auftrag gehandelt" zu entlasten (Fürstler & Malina, 2004, S. 31).

Widerstand gegen derartige Aktionen ist kaum bekannt. Die Salzburger Ordensfrau Anna Bertha von Königsegg verbot jenen Barmherzigen Schwestern, die in von ihr verantworteten Anstalten arbeiteten, sowohl die Mithilfe bei Zwangssterilisationen als auch Aktivitäten im Zusammenhang mit Informationsbeschaffung, Abholung oder Transport der Schützlinge (Fürstler & Malina, 2004, S. 27). Solches Verhalten blieb jedoch leider eine Ausnahmeerscheinung.

Der Blick in die Vergangenheit zeigt die Abgabe der eigenen Verantwortung in die Hände hierarchischer Strukturen. Wie die richterlichen Texte dokumentieren, war es nicht nur Angst um das eigene Leben, sondern ein fehlendes Bewusstsein über die eigene berufliche Verantwortung.

Pflege heute

> Mit der Distanzierung vom medizinischen Delegations- und Hilfsberuf zu einer eigenständigen Unterstützungsform ging ein neues moralisches Verantwortungsbewusstsein einher, das sich auch am gewandelten Inhalt des Ethik-Kodex des International Council of Nurses (ICN) ablesen lässt. Stellte 1953 die Loyalität gegenüber dem Arzt noch eine zentrale Berufsnorm dar, gilt in der aktuellen Version die „grundlegende berufliche Verantwortung" dem pflegebedürftigen Menschen (ICN 2006) (Birnbacher, 2011, S. 403).

Dieses Bild der fürsorglichen, aufopfernden und dem Arzt gehorchenden Krankenschwester reichte weit in das 20. Jahrhundert hinein. Insbesondere im angloamerikanischen Bereich hat sich jedoch die Pflege in den letzten Jahrzehnten mehr und mehr zu einem eigenständigen und professionellen Beruf entwickelt, und auch in Mitteleuropa hat sich das Bild der Pflege zunehmend verändert: Pflegewissenschaft und Pflegeforschung haben Einzug gehalten, und die Pflegepraxis gewinnt an Professionalität und Eigenständigkeit. Diese Entwicklung zeigt sich auch in veränderten gesetzlichen Regelungen, in denen eigenverantwortliche Tätigkeiten definiert werden, und in vielen hochqualifizierten Grund- und Zusatzausbildungen.

Darüber hinaus kam es zur Akademisierung der Krankenpflege. Pflegepraxis, Pflegeforschung, Pflegepädagogik und Pflegemanagement werden an Hochschulen und Universitäten unterrichtet. Pflegefachkräfte übernehmen zunehmend Aufgaben in Organisation und Management gesundheitspolitischer Einrichtungen. Die Krankenpflege entwickelte sich somit in den letzten Jahren zu einer eigenständigen Profession mit eigenständigen Aufgabenbereichen und Handlungsräumen, mit zunehmendem Bewusstsein für die damit einhergehende Verantwortung und dem Ziel qualitativ hochwertiger Leistungen.

3 Ethik als Grundlage der Profession Pflege

1953 wurde erstmals ein internationaler Ethikkodex für Pflegende vom International Council of Nurses (ICN, 2014)[2] verabschiedet, der sowohl von den österreichischen und schweizerischen als auch von den deutschen Berufsverbänden anerkannt wird.

In der angewandten Ethik geht es darum, moralphilosophische Theorien und die sich daraus ergebenden Handlungsanleitungen am konkreten Fall anzuwenden. Verschiedene Bereiche des Lebens stellen uns vor spezielle ethische Probleme, denen die Bereichsethiken gerecht zu werden versuchen. Pflegeethische Fragen betreffen z.B. die gerechte Verteilung geringer Personalressourcen, Fragen der Fürsorge und der Autonomie oder ethische Fragen bei der Begleitung Sterbender und ihrer Angehörigen. Pflege hat an sich moralische Bedeutung, weil es hier direkt um das Gut des Lebens, um

---

[2] Der ICN ist ein Zusammenschluss von 122 nationalen Berufsverbänden der Pflege und vertritt weltweit Millionen von Pflegenden. Seit 1899 ist der von Pflegenden für Pflegende geführte Verband die internationale Stimme der Pflege und setzt sich zum Ziel, Pflege von hoher Qualität für alle sicherzustellen und sich für eine vernünftige Gesundheitspolitik weltweit einzusetzen.

Gesundheit wie auch um Leid und Krankheit sowie um Sterben und Tod geht (Arndt, 2002, S. 28). Daher sind es immer auch moralische Aspekte, die mit Pflege einhergehen und der Pflege zugrunde liegen. Die Profession erfordert es, das eigene Handeln ethisch und verantwortlich zu reflektieren und bei medizinethischen Fragen wertvolle Perspektiven beizutragen.

In diesem Zusammenhang gibt es drei grundsätzliche Schwierigkeiten, von denen die Pflege betroffen ist: Das Fehlen einer Ethiktradition, auf die die Pflege zurückgreifen könnte, die „Sprachlosigkeit"[3] der Pflege sowie die unterschiedlichen Positionen, die Pflegende gegenüber Ärzt*innen zu ethischen Problemen einnehmen. Die Aufgabe der Pflegeethik ist es daher, spezifische pflegerische Problemsituationen zu untersuchen und Positionen zu erarbeiten. Eine eigenständige Pflegeethik kann zudem auch sinnvolle Beiträge zur medizinischen Ethik leisten und ermöglicht es, pflegeethische Probleme in einen gemeinsamen ethischen Diskurs einzubringen (Großklaus-Seidel, 2002, S. 14f.):

> Sofern die Pflegenden die Ärzte und Ärztinnen bei ihrer Arbeit unterstützen, ist auch ihr Handeln durch den therapeutischen Imperativ bestimmt. [...] Das Ziel der Pflege und die Ziele der Medizin sind nicht in jedem Fall identisch. Der therapeutische Imperativ des Heilens und der pflegerische Imperativ der Fürsorge sind zu unterscheiden (Körtner, 2012, S. 35).

Die Notwendigkeit der Etablierung einer eigenständigen Pflegeethik ergibt sich aus folgenden Gründen:

- Der eigenverantwortliche Bereich der Pflege überträgt den Pflegefachkräften Weisungs- und Handlungsfreiheit, für die sie sowohl fachlich, rechtlich wie auch moralisch verantwortlich sind. Je nach Fachbereichen ist das Ausmaß eigenständiger pflegerischer Handlungen unterschiedlich gestaltet. Im Bereich Krankenhaus ist Pflege ein wichtiger Baustein im Kontext medizinischer Versorgung. In der häuslichen Pflege und in der Langzeitpflege steht das pflegerische Handeln bei der Betreuung im Vordergrund.
- Die Beziehung von Patient*innen zu Ärzt*innen oder zur Pflege zeigt im Alltag große Unterschiede. Ärzt*innen und Pflegende nehmen zum Teil unterschiedliche Perspektiven in ihrem Handeln ein. Jede dieser Disziplinen steht vor unterschiedlichen Anforderungen.

[3] Großklaus-Seidel meint damit, dass Pflegende bei auftretenden pflegeethischen Problemen aufgrund fehlender Reflexion an einem ethischen Diskurs nicht teilnehmen können.

- Handlungen im mitverantwortlichen Bereich betreffen Anordnungen von Arzt oder Ärztin, wobei es hier zu unterschiedlichen moralischen Einschätzungen von Situationen kommen kann – was problematisch ist, da die Pflege die Verantwortung für die Durchführung der Anordnungen trägt.
- Fortschritt und neue technische Möglichkeiten bringen auch neue Herausforderungen in der Pflege (z.B. Intensivmedizin, Neonatologie, Pflegeroboter, technische Assistenzsysteme, Digitalisierung u.v.m.); dadurch entstehen neue ethische Fragestellungen.
- Zunehmende Aufgaben der Pflege in Management und Organisation
- Veränderungen in der Pflegephilosophie allgemein, hin zu einer patientenorientierten Pflege
- Zunehmendes ökonomisches Denken und ökonomischer Druck, der sich auch auf die Pflege auswirkt

3.1 Unterschiede in Pflege und Medizin

Der deutsche Pflegeethiker Remmers unterscheidet Ethikkonzepte anhand der ihnen zugrundeliegenden Deutungsperspektiven. So spricht er Mediziner*innen ein methodologisch naturwissenschaftliches Vorgehen zu. Der Einzelfall ist weniger um seiner selbst willen von Interesse, sondern das Krankheitsbild steht als wissenschaftliche Herausforderung im Vordergrund.[4] Er unterscheidet die ärztliche Perspektive, in der naturwissenschaftlich objektivierbare Symptomkomplexe im Zentrum stehen, anhand derer Diagnose- bzw. Therapieprogramme ausgearbeitet werden, von der Perspektive des Pflegepersonals, aus der eher subjektive Wahrnehmungen, Sinneswelten und Verarbeitungsweisen den Vorrang haben (Remmers, 2003, S. 51). Das pflegerische Handeln ist charakterisiert durch ein Eingebundensein in die psychische und physische Erlebniswelt der Patient*innen.

> Patienten bauen zu Ärzten häufig eine Beziehung wie zu fachlich-technischen Behandlungsexperten auf, zu Pflegekräften hingegen häufiger eine Beziehung des **Vertrauens**, mehr noch, der persönlichen **Vertraulichkeit** (Lay, 2014, S. 118).

---

[4] Anm.: Es ist Remmers dabei zuzustimmen, dass eine grundlegende naturwissenschaftliche Betrachtungsweise durch ärztliches Personal gegeben ist. Jedoch ist es nicht nur die wissenschaftliche Sichtweise, die das ärztliche Handeln leitet, bei vielen Ärzt*innen steht nicht nur das Krankheitsbild, sondern die Patient*innen im Vordergrund. Das Arbeitsumfeld im Krankenhaus, aber auch Ausbildungseinrichtungen selbst fördern jedoch häufig eine stark naturwissenschaftliche Sichtweise.

Die Anforderungen an die Berufsgruppe der Pflegenden und jene der Mediziner*innen gestalten sich in der Praxis sehr unterschiedlich. Mediziner*innen versuchen die Ursache für Symptome zu finden, Diagnosen zu stellen, durch medizinische oder chirurgische Maßnahmen Patient*innen Heilung zu verschaffen und sie über ihren Gesundheitszustand aufzuklären. Die Zeit, die der Arzt mit oder bei der Patientin verbringt, ist meist sehr begrenzt und beschränkt sich oft auf fachlich-medizinische Gespräche.

Pflegende verbringen sehr viel mehr Zeit mit Patient*innen. Zu ihren Aufgaben gehört es unter anderem, Patient*innen in ihrer jeweiligen Krankheit und beim Bewältigen ihres Krankenhausalltags zu unterstützen. Maßnahmen der Pflege überschreiten sehr oft die Schamgrenzen von Patient*innen. Insbesondere wenn eine weitere medizinische Behandlung nicht mehr zur Genesung beitragen kann, ist die Pflege gefordert, den pflegebedürftigen oder sterbenden Menschen sowie seine Angehörigen zu begleiten. In der Langzeitbetreuung von pflegebedürftigen und alten Menschen übernimmt die Pflege einen Großteil der Fürsorge.

Das Pflegepersonal ist sowohl verantwortlich für viele organisatorische Abläufe wie auch dafür, in den vorgegebenen Strukturen auf die Bedürfnisse und Sorgen der Patient*innen einzugehen. Je nach Fachbereich gestalten sich die Anforderungen an die Pflege im Verhältnis zur Medizin unterschiedlich.

Pflege und Medizin

Ein 80-jähriger Mann erleidet einen Schlaganfall und wird auf eine interne Station eingeliefert. Der Schlaganfall führt zu einer Hemiplegie rechts.

In diesem Fall sind Mediziner*innen gefordert, die Diagnose zu stellen, das betroffene Areal zu lokalisieren und die medizinisch notwendige Therapie einzuleiten. Die Aufklärung des Patienten und der Angehörigen über Diagnose, Verlauf der Therapie und Prognose wird von der Ärztin durchgeführt. Während des Aufenthaltes im Krankenhaus wird die medizinische Therapie von der Ärztin überprüft und der Entwicklung der Krankheit angepasst. Gemeinsam mit dem Patienten und den Angehörigen wird entschieden, wie eine Versorgung nach dem Krankenhausaufenthalt erfolgen kann. (Dies wird jedoch auch häufig an das Pflegepersonal delegiert.) Gefordert sind medizinisches Fachwissen und die Fähigkeit zur Gesprächsführung mit Patienten und Angehörigen sowie die Fähigkeit, die medizinische Behandlung ethisch reflektieren und argumentieren zu können.

Die Pflege führt die angeordnete medizinische Therapie aus. Sie ist verantwortlich für die tägliche Körperpflege des Patienten sowie dessen Lagerung und Mobilisierung, um den Patienten vor weiteren Schäden zu schützen und ihm so viel Selbstständigkeit wie möglich zurückzugeben. Sie begleitet den Patienten wie auch die Angehörigen im Umgang mit der neuen Situation und organisiert die weiteren Schritte für das Leben nach dem Aufenthalt im Krankenhaus. Gefordert ist hier pflegerisches Fachwissen über Lagerung und Mobilisation von Schlaganfallpatienten sowie Wissen über die Durchführung von Therapien. Bei der täglichen Körperpflege wie auch bei der Unterstützung der Ausscheidung dringt die Pflege in die Intimsphäre des Patienten ein. Pflegende müssen daher Besonderheiten, die durch diese Nähe entstehen, beachten. Grundlegend in diesem Fall ist auch die Begleitung des Patienten und der Angehörigen im Umgang mit seiner Erkrankung. Die durch die Krankheit entstehende Abhängigkeit und die Einschränkung aller Lebensbereiche führt zu Ängsten und Unsicherheiten. Das erfordert sehr viel Sensibilität und Aufmerksamkeit in der Arbeit mit diesem Patienten. Die Pflege muss ihr fachliches Handeln sowie auch ihre persönliche Zuwendung ethisch reflektieren und argumentieren können.

Ein wesentliches Merkmal der Pflege ist die körperliche Nähe zu Patient*innen und die häufig daraus entstehende therapeutische Beziehung. Es ist der Pflege eigen, oft weit in die Intimsphäre der Patient*innen einzugreifen, und Pflegetätigkeiten führen freiwillig oder unfreiwillig zu emotionaler und körperlicher Nähe zwischen Patient*innen und Pflegekraft.

Konflikte im medizinethischen Bereich betreffen hingegen meist die Wahl der Therapie und die Aufklärung der Patient*innen. Unterschiede im Patientenkontakt in Medizin und Pflege werden von Hofmann so beschrieben:

> Pflegerische Tätigkeiten sind also meist regelmäßiger, zeitaufwändiger und körpernäher als diagnostische und therapeutische Maßnahmen und die Verrichtungen, und auch die damit verbundene Sprache ist den Patienten vertrauter. Entsprechende Unterschiede ergeben sich im Gesprächsverhalten der Betroffenen, es ergibt sich leichter eine „symmetrische" Kommunikationsebene. Mit größerer körperlicher Nähe entsteht oftmals auch eine verstärkte emotionale Nähe, beziehungsweise wird zumindest von vielen Patienten gewünscht. Dies ist nicht unproblematisch, weil der Grat zwischen respektvoller Zugewandtheit und gedankenlosen emotionalen Übergriffen oft schmal ist. Der Umgang mit Nähe und Distanz wird in der Pflege als schwieriger Balanceakt erlebt. Emotionale Zuwendung ist ein wesentlicher Bestandteil beruflicher Pflegearbeit, die aber im konkreten Fall immer wieder mühsam zwischen professioneller Nähe

> und Distanz austariert werden muss. Während sich Ärzte im Zweifelsfall emotional hinter ihrer Autorität als Experten „verstecken“ können und dies von den Patienten in der Regel eher akzeptiert wird, wird ähnliches Verhalten von Pflegenden viel schneller als verletzend beschrieben (Hofmann, 1999, S. 51).

Die unterschiedlichen Perspektiven von Pflegenden und Mediziner*innen zeigt sich auch in der unterschiedlichen Wahrnehmung ethischer Fragestellungen (Sauer, 2015, S. 123).

Dies begründet an sich keine eigenständige Bereichsethik (Pflegeethik), die einer anderen Bereichsethik (Medizinethik) gegenübersteht. Medizinethik ist jedoch auf das Handeln von Ärzt*innen ausgerichtet. Pflegeethik beachtet die Besonderheiten der Pflege.

3.2 Aufgaben im Rahmen der Mitwirkung medizinischer Diagnostik und Therapie

Eines der Kompetenzfelder der Pflege ist die Mitwirkung bei medizinisch-diagnostischen und medizintherapeutischen Maßnahmen und Tätigkeiten, die auf ärztliche Anordnung eigenverantwortlich durchgeführt werden. Hier stehen Pflegende vor ethischen Fragen, wenn sie angeordnete Maßnahmen für nicht sinnvoll oder nicht angemessen erachten, diese Maßnahmen jedoch durchführen sollten.

An einem weiteren Beispiel aus der Pflegepraxis wird deutlich, welche ethischen Probleme bei der Mitwirkung an medizinischen Entscheidungen gelöst werden müssen:

Pflegende erhält telefonische Anordnung

Um 3:00 Uhr morgens wird vom Nachtdienst eine ärztlich angeordnete Blutgasanalyse bei einem Beatmungspatienten durchgeführt. Die Werte haben sich verschlechtert und die Beatmung läuft nicht ideal. Die Pflegefachkraft informiert den diensthabenden Anästhesisten telefonisch. Dieser ordnet daraufhin eine Umstellung der Beatmungsmaschine an. Die Situation ist für den Patienten nicht lebensbedrohlich, doch ist die Beatmung nicht optimal. Es besteht zwischen der Pflegedienstleitung und der Leitung der Überwachungsstation das Übereinkommen, dass Pflegende keine ärztlichen Tätigkeiten in Bezug auf die Beatmung eines Patienten übernehmen. Hinzu kommt, dass die diensthabende Pflegekraft ihre Ausbildung zur Intensivpflege noch nicht abgeschlossen hat.

Die Umstellung der Beatmung fällt grundsätzlich nicht in den Tätigkeitsbereich der Pflegenden. Aufgrund der Ausbildung obliegt die Einstellung der Beatmungsmaschine Arzt oder Ärztin. Insbesondere telefonische Anordnungen beinhalten die Gefahr eines Missverständnisses. Jegliche ärztliche Anordnung muss im Vorfeld (ausgenommen Notfälle) schriftlich erfolgen. Dies führt für die Pflegekraft zu folgendem Dilemma:

Die Pflegefachkraft führt die Anordnung aus:

- Oftmals besteht in der Praxis Unsicherheit darüber, was gesetzlich erlaubt oder verboten ist. Hausintern gibt es eine Vereinbarung, dass Umstellung bei der Beatmungsmaschine ärztliche Tätigkeit ist. In diesem Fall hat die Pflegekraft die intensivmedizinische Sonderausbildung noch nicht absolviert und die Anordnung ist telefonisch erfolgt. Wird die Anordnung befolgt, verstößt die Pflegekraft gegen hausinterne Vereinbarungen und ist durch gesetzliche Unklarheiten verunsichert (telefonische Anordnung und Kompetenzbereich).
- Sollte die Umstellung der Beatmung nicht den gewünschten Erfolg haben, gibt es keine schriftliche Anordnung des Arztes und die Pflegekraft kann zur Verantwortung gezogen werden (was in dieser Arzt-Pflege-Beziehung schon einmal der Fall war).
- Führt sie die Handlung durch, kommt es zu Konflikten im Team, wenn andere Kolleg*innen ein solches Handeln ablehnen. Es kommt zur Ausübung von Druck: „Ihre Kollegin hat das auch gemacht, warum machen Sie das nicht?"
- Die Abmachung zwischen Pflegedienstleitung und ärztlicher Leitung wird missachtet.
- Die Verantwortungsübergabe (es war keine Notfallsituation und der Arzt hatte Zeit) des Arztes wird unterstützt, obwohl es fachlich begründet ist, dass die Beatmung nur von dafür ausgebildeten Personen verändert werden darf. Das Vorgehen wird von medizinischer Seite nicht überdacht, solange es problemlos funktioniert.

Die Pflegekraft führt die Anordnung *nicht* aus:

- Die nicht optimale Beatmung schadet dem Patienten und wirkt sich auf den gesamten Stoffwechsel aus. Für die Pflegekraft sind die negativen Auswirkungen für den Patienten fachlich nicht abschätzbar, was zusätzlich zu Verunsicherung und wegen der moralischen Bedenken zu Stress führen kann.

- Der Arzt ist verärgert, da er das Verhalten der Pflegefachkraft als unkooperativ empfindet. Dies wirkt sich auch auf die weitere Zusammenarbeit negativ aus.

Der mitverantwortliche Bereich führt in der Praxis häufig zu großen Schwierigkeiten in der Arzt-Pflege-Beziehung und zu emotionalem Druck in der Pflege. Bestehen moralische Bedenken hinsichtlich ärztlicher Anordnungen, so stehen Pflegekräfte vor dem Dilemma, dass sie die Anordnungen ausführen oder assistierend dabei mitwirken.

Hier gibt es viele Gründe, warum moralische Bedenken nicht ausgesprochen oder nicht gehört werden: starre Hierarchien, Unmut von Mediziner*innen, die keine Einmischung in medizinische Angelegenheiten wünschen, und/oder eine fehlende Kommunikationskultur.

Pflegenden fehlen nicht selten Mut wie auch kommunikative und ethische Kompetenzen, um solche Konflikte anzusprechen. In der emotionalen Betroffenheit wird der Missstand beklagt, jedoch nicht offen angesprochen.

Derartige Situationen führen zu inneren Konflikten und moralischem Distress. Gefühle wie Frustration, Machtlosigkeit und Ärger entstehen. Der Patient wird nicht optimal versorgt und die emotionale Belastung hat weitreichende Folgen für die Pflegekräfte selbst (Fölsch, 2014).

Pflegekräfte sollten sich daher bemühen, durch ethische Bildung, das Erlernen kommunikativer Fähigkeiten sowie durch die Reflexion der persönlichen Haltung kompetente Gesprächspartner im ethischen Diskurs zu sein. Die Inhalte dieses Buches sollen Pflegekräfte dabei unterstützen, moralisch unsichere Situationen zu klären und die eigene Position begründet argumentieren zu können.

3.3 Eigenverantwortlicher Kompetenzbereich

Die pflegerischen Kernkompetenzen, die eigenverantwortlich durchgeführt werden, umfassen den gesamten Pflegeprozess, Gesundheitsförderung, Gesundheitsberatung, Pflegeforschung wie auch Ausbildungs- und Führungsaufgaben. Diese Kernkompetenzen, die gesetzlich an die Pflegekräfte übertragen wurden, erfordern es, das eigene Handeln nicht nur fachlich, sondern auch ethisch zu begründen. Ethik ist daher eine wesentliche Grundlage der Profession Pflege.

Einige Aspekte, die ein professionelles ethisches Reflektieren erfordern und somit auch zeigen, warum eine Bereichsethik Pflege notwendig ist, wer den hier kurz angeschnitten. Die Aufzählung ist nicht vollständig, sondern sollte einen Einblick in besondere Herausforderungen geben, mit denen Pflege konfrontiert ist. Das Buch selbst wird sich im Weiteren dem Handlungsbereich der direkten Pflege zuwenden.

Fortschritt und Technik

Neue Möglichkeiten in der Intensivmedizin, Transplantationsmedizin, ästhetischen Chirurgie und Innovationen wie z.B. In-vitro-Fertilisation stellen auch die Pflege vor ethische Fragen und Entscheidungen in ihrem Handeln. In der Betreuung alter Menschen werden neue technische Assistenzsysteme und Robotertechnik entwickelt. Auch im Akutbereich hält Digitalisierung Einzug, und Ingenieure arbeiten an robotischen Systemen, die die Arbeit der Pflegekräfte erleichtern sollen. Durch Fortschritt und Technik werden viele ethische Fragen aufgeworfen – im Bereich der Mitwirkung wie auch im Bereich der pflegerischen Kernkompetenzen. Fortschritt und Technik sind wesentliche Bestandteile der Pflegeethik und werden von Autor*innen oft als eine der Hauptbegründungen für eine eigenständige Pflegeethik angeführt. Ethik in der Pflege ist jedoch nicht ein Thema, das erst durch technischen Fortschritt, Rationalisierung und Ökonomisierung aktuell ist. Pflege an sich basiert auf moralischen Überzeugungen, damit sollten auch ethische Reflexionen ein selbstverständlicher Bestandteil der Pflege sein. Das sich in den letzten Jahren stark verändernde Berufsbild der Krankenpflege bringt die Notwendigkeit einer Pflegeethik auch mehr und mehr zum Vorschein.

Die genannten Aspekte sind neue, herausfordernde Bereiche, die in der Pflegeethik eine wesentliche Rolle spielen, sie werden aber als alleinige Begründung dem Wesen der Pflegeethik nicht gerecht. Fortschritt und Technik sind nur *ein* Baustein in der Begründung der Pflegeethik.

Management und Organisation

> *Ethik im Pflegemanagement* ist die Reflexion der vielfältigen moralischen Aspekte im Pflegemanagement. Einerseits ist Ethik im Pflegemanagement auf das Handlungsfeld des Pflegemanagements selbst bezogen, z.B. auf moralische Fragen des Umgangs mit Mitarbeitern. Andererseits reflektieren für Ethik sensibilisierte Pflegemanager zugleich moralische Fragen der Pflegepraxis, denn sie wissen sich für die Gewährleistung einer ethisch verantwortbaren Pflege gesamtverantwortlich. Ihre Aufgabe ist es, inmitten von wirtschaftlichen Erwä-

gungen Strukturen zu schaffen, die eine menschenwürdige Pflege ermöglichen (Lay, 2014, S. 92)

Ethische Fragen im Bereich des Pflegemanagements stellen sich z. B. im Umgang mit begrenzten Ressourcen, vielfältigen Personalentscheidungen, Fragen zwischen Wirtschaftlichkeit und Pflegequalität, im Verhältnis zwischen den Berufsgruppen, in der Vertretung der Berufsgruppe nach außen und bei den Arbeitsbedingungen der Mitarbeiter*innen.

Führungskräfte in der Pflege tragen einen großen Teil dazu bei, wie die Rahmenbedingungen in der Pflege gestaltet werden, und somit auch dazu, wie weit es möglich ist, ethische Aspekte zu beachten. Den Führungskräften obliegt die schwierige Aufgabe, einerseits die Interessen der Mitarbeiter*innen und der hilfs- und pflegebedürftigen Menschen, andererseits aber auch die Interessen des Arbeitgebers zu vertreten.

Ebenfalls sind Führungskräfte dafür verantwortlich, wie ethische Entscheidungsfindungsprozesse in ihrem Verantwortungsbereich gelebt und organisationsethische Strukturen umgesetzt werden.

Veränderungen in der Pflegephilosophie

Pflegephilosophien und die Rolle der Pflege haben sich in den letzten Jahren vielfach verändert. Hauptelemente der Pflegetheorien sind Menschenwürde und eine ganzheitliche Pflege. Dies bedeutet, dass das Individuum als Ganzes und sein umgebendes Umfeld berücksichtigt werden. Im Mittelpunkt steht der Mensch und nicht die Krankheit. Die Beziehung zwischen Patient*in und pflegender Person ist eine partnerschaftliche (Rumbold, 2004, S. 7). Krankheitsorientierte Pflegekonzepte werden zunehmend von patientenorientierten Pflegetheorien ersetzt, so wie eine Entwicklung von der Funktionspflege zur Bereichspflege und Bezugspflege stattgefunden hat.

Auch haben christliche und traditionelle Werte in der Pflege an Bedeutung verloren. Zunehmend treten die Menschenrechte in den Vordergrund; d. h. Tugenden wie Gehorsam und Selbstaufopferung, im Sinne des christlichen Samaritertums, werden als handlungsleitende Prinzipien nicht mehr als gültig anerkannt. Die Autonomie der Patient*innen gewinnt zunehmend an Bedeutung. Pflegende wie auch Patient*innen kommen aus unterschiedlichen Kulturen und Traditionen. Dieser Pluralität muss auch in der Pflege Rechnung getragen werden. Pflegende setzen sich mit Werten und Bedürfnissen von Patient*innen auch außerhalb des christlichen Glaubens auseinander und respektieren diese in gleicher Weise. Ethikkodizes in der Pflege basieren auf den allgemeinen Menschenrechten. Religiöse Hintergründe haben an Bedeutung verloren.

Die derzeitige Situation der Pflege ist gekennzeichnet durch vielfältige Veränderungen. Historisch gewachsene Strukturen werden hinterfragt, und aus der Berufung zur Pflege entwickelt sich zunehmend eine Profession.

Pflegeethik als wichtige Perspektive in der Medizinethik und Ethikberatung

Körtner fasst die Begründung einer Pflegeethik in drei wesentlichen Punkten zusammen: Das Pflegepersonal hat täglich mehr Kontakt zu den Patient*innen als die behandelnden Ärzt*innen, und neben dem mitverantwortlichen Tätigkeitsbereich besteht ein von der Medizin unabhängiger eigenverantwortlicher Bereich. Zudem unterscheiden sich Medizin und Pflege hinsichtlich ihrer Ziele (Körtner, 2012, S. 9).

Die Eigenständigkeit der Pflegeethik ist notwendig, da diese sich mit ethischen Problemen befasst, die in anderen Bereichen (speziell der Medizinethik) nicht behandelt werden und die auch nur von der Pflege selbst behandelt werden können. So wie Hastedt an der philosophischen Ethik ein Klugheitsproblem ortet (Hastedt, 2002, S. 11) – damit meint er fehlendes empirisches Fachwissen von Ethiker*innen über die jeweiligen Spezialgebiete –, ist dies auch gegeben, wenn andere Berufsgruppen mit fehlendem Fachwissen Ethik in der Pflege betreiben. Die Unterscheidung zur Medizinethik soll jedoch nicht zu einer Abgrenzung der Berufsgruppen führen, sondern die Basis für ein gemeinsames Gespräch zum Wohle der Patient*innen sein, denen gegenüber das medizinische Personal verantwortlich ist. Ethische Theorien und Bereiche sollen gleichberechtigt nebeneinanderstehen und können nur dann zum Ziel führen, wenn Erfahrungen, unterschiedliche Perspektiven und Erkenntnisse miteinander verbunden werden. Eine auf ethischen Überlegungen basierende Grundhaltung impliziert Kooperation und Gesprächsbereitschaft der Berufsgruppen, denn nur so können gemeinsame Lösungen im Sinne der Patient*innen gefunden und ein positives Arbeitsumfeld geschaffen werden.

> Die perspektivische Differenz ist nicht nur eine Differenz, sondern auch eine Beziehung zwischen Perspektiven. Die Aufgaben- und Handlungsfelder der Medizin und Kranken- und Gesundheitspflege greifen ineinander und bilden

> gemeinsam das, was man aus übergeordneter Perspektive als medizinisch-pflegerisches Feld bezeichnen könnte: Sie sind einander komplementär. [...] Das Verhältnis der Perspektiven ist aber gleichzeitig auch reziprok, d.h. die Perspektiven ergänzen sich nicht nur, sondern sie bedingen einander (Sauer, 2015, S. 137).

Die pflegerische und pflegeethische Perspektive ist somit ein wichtiger Aspekt in der ganzheitlichen Betreuung von Menschen im Gesundheitssystem. Zunehmend werden auch Werkzeuge der Ethikberatung implementiert, wo Pflege als gleichberechtigte Gesprächspartnerin die eigenen Perspektiven einbringen kann und soll.

Instrumentalisierung der Pflegeethik

Ethische Argumente sollten von Pflegemanager*innen und Pflegenden nicht als Mittel zur Durchsetzung ihrer persönlichen Ziele missbraucht werden. Das heißt, dass Ethik und die Bedürfnisse der Patient*innen nicht als Scheinargument vorgeschoben werden dürfen, um eigene Machtpositionen zu festigen bzw. berufspolitische Interessen zu verfolgen. Beispielhaft ist folgender Fall aus der Praxis:

Instrumentalisierung der Ethik

Einige Pflegefachkräfte einer Wachstation fordern vehement neue hygienische Maßnahmen im Umgang mit den Patient*innen. Die Forderung wird damit argumentiert, die Patient*innen vor Infektionen schützen zu wollen. Ein derartiges Vorgehen sei auch auf anderen Intensivstationen üblich. Diese Erneuerungen sollen auch gegenüber den Ärzt*innen durchgesetzt werden. Als Argument wird der Schutz der Patient*innen angeführt. So sollen unter anderem alle, die die Station betreten, Schutzkleidung (Überschürze) anziehen müssen.

Es kommt im Team zu heftigen Diskussionen und das Patientenwohl wird als Argument immer wieder aufgegriffen. Nach Einholung einer Expertenmeinung (Hygieniker) muss aber anerkannt werden, dass die geforderten Maßnahmen nicht notwendig sind und das Wohl der Patient*innen somit auch nicht gefährdet ist.

Hintergründige Motivation einiger dieser Pflegekräfte war das Bedürfnis nach einer Stärkung der Macht gegenüber Kolleg*innen und Ärzt*innen sowie der Wunsch, die Wachstation von den allgemeinen Stationen abzuheben. Diesen Pflegenden ging es darum, die Station nach ihren Vorstellungen zu gestalten und aufzuzeigen, dass sie eine übergeordnete Position im Team und im Vergleich zu Normalstationen einnehmen. Das Wohl der Patient*innen wurde als Argumentation vorgeschoben.

Organisatorische und interdisziplinäre Situationen, die in hohem Ausmaß unzufriedenstellend sind, können ebenso wie Veränderungsprozesse dazu führen, dass Argumente zum Wohl der Patient*innen als Mittel zur Durchsetzung eigener Interessen benutzt werden. Dass in der Pflege auch ethische Missstände herrschen, die notwendigerweise zu beachten sind, bzw. dass Änderungen eingefordert werden müssen, ist unumstritten. Die Instrumentalisierung von Ethik ist jedoch nicht gerechtfertigt.

Zweiter Teil

Die prinzipienorientierte Pflegeethik

Im Alltag stoßen Pflegende auf Problemstellungen, in denen moralische Unsicherheit entsteht. Prinzipien bieten die Möglichkeit, diesen Unsicherheiten durch ethische Reflexion begegnen zu können. Sie umfassen Werte und Normen, die in der Pflegearbeit als gültig anerkannt sind, und dienen als Maßstab, nach dem gehandelt werden sollte. Prinzipien geben als Richtlinien zum Handeln bei moralischen Entscheidungen Orientierung, helfen, Situationen zu analysieren, und dienen der Suche nach Lösungen.

Im Anwendungsfall müssen diese Grundsätze konkretisiert und gegeneinander abgewogen werden. Prinzipien dienen somit als handlungsleitende Regeln, die jedoch auch einen großen Interpretationsspielraum offenlassen. In der Pflegeethik ist eine Prinzipienethik sinnvoll, da diese Prinzipien nicht nur gut begründet, sondern auch in der Praxis anwendbar und hilfreich sind. Sie lassen viele Fragen offen, können aber dennoch in der Praxis als Instrument pflegeethischer Überlegungen wirksam eingesetzt werden. Denn auch wenn jede pflegerische Situation in ihrer Art einzigartig ist, so gibt es dennoch Gemeinsamkeiten. Diese Gemeinsamkeiten werden durch die Prinzipien ausgedrückt. Allgemeine Prinzipien werden so auf den besonderen Fall angewendet.

Im Folgenden werden die von Beauchamp und Childress vertretenen Prinzipien der Biomedizin zunächst erläutert. Anschließend werden sie auf die Pflege umgelegt und es wird im Detail darauf eingegangen, welche Bedeutung sie in diesem Bereich haben und wie sie dort angewandt werden können.

In ihrem Buch „Principles of Biomedical Ethics" entwickeln Beauchamp und Childress auf der Basis der ärztlichen Tradition und durch das Einbeziehen aktueller Entwicklungen vier wesentliche Prinzipien zur ethischen Diskussion in Biomedizin und Medizin. Sie schlagen die Anwendung vier sogenannter „mittlerer Prinzipien" vor. Mittlere Prinzipien sind *prima facie* gültig, hierarchisch gleichwertig und müssen in der Praxis gegeneinander abgewogen werden. Diese Prinzipien sind:

1. *Prinzip der Autonomie bzw. Selbstbestimmung (respect for autonomy)*
   Dieses Prinzip fordert, Wünsche, Ziele und Wertvorstellungen von Patient*innen zu respektieren, und wendet sich gegen die wohlwollende ärztliche Bevormundung. Die Entscheidungsfähigkeit von Patient*innen muss durch eine auf deren Bedürfnisse abgestimmte Aufklärung gefördert werden.

2. *Prinzip der Fürsorge und des Wohltuns (beneficence)*
   Der Arzt bzw. die Ärztin muss das Wohl der Patient*innen fördern. Dies umfasst die ärztliche Verpflichtung, Krankheiten zu behandeln oder präventiv zu vermeiden, Beschwerden zu lindern und das Wohlergehen der Patient*innen zu fördern.
3. *Prinzip des Nichtschadens (nonmaleficence)*
   Die Verpflichtung, anderen keinen Schaden zuzufügen.
4. *Prinzip der Gerechtigkeit (justice)*
   Das betrifft z.B. die gerechte Verteilung von Ressourcen.

Die hier vorgestellten Prinzipien der Medizinethik, die entsprechend auch auf die Pflege angewendet werden können, geben nicht eine klare richtige oder falsche Antwort. Sie helfen jedoch in einer konkreten Situation bei einer Entscheidungsfindung. Sie dienen als Richtlinie, welche Aspekte im konkreten Fall beachtet werden sollten. Zudem steht die Prinzipienethik hier anderen ethischen Theorien nicht gegenüber, sondern andere Ethikansätze, wie eine der Tugendethik zugeordnete Care-Ethik, können bei der Interpretation der Prinzipien integriert werden.

So wie in der Medizinethik spielen die vier Prinzipien von Beauchamp und Childress auch in der Pflegeethik eine wesentliche Rolle. Die Forderung nach einer Eigenständigkeit der Pflegeethik impliziert nicht die Forderung, neue Theorien zu entwickeln. Die Unterscheidung zur Medizinethik liegt in der Anwendung der Prinzipien auf spezifische pflegeethische Fragestellungen und Besonderheiten der Pflege. Es stellt sich die Frage, welche Bedeutung den Prinzipien des *Nichtschadens*, der *Autonomie*, der *Fürsorge* und der *Gerechtigkeit* in der Pflege zukommt.

> Im Umgang mit den Patienten und ihren Angehörigen stehen insbesondere Fragen der **Autonomie von Patienten und der Fürsorgepflicht von Pflegekräften** im Vordergrund. [...] Das Problem der **Gerechtigkeit** stellt sich aktuell bei Verteilungsfragen im gesamten Gesundheitswesen und hat weitreichende ethische Konsequenzen für konkrete Pflegehandlungen (Großklaus-Seidel, 2002, S. 141).

Zunächst wird in diesem Kapitel die Bedeutung der Prinzipien in der Pflegeethik ausgeführt. Jedes der Prinzipien wird theoretisch beleuchtet, um verständlich zu machen, was Nichtschaden, Fürsorge, Autonomie und Gerechtigkeit in der Pflege bedeuten können. Anhand praktischer Beispiele werden im Anhang jedes Kapitels sowie im fünften Kapitel die Prinzipien auf den konkreten Fall angewendet und Problemstellungen sowie Lösungsansätze dargestellt.

1 Das Recht auf Achtung der Autonomie

Die Würde des Menschen besteht in der Wahl. *(Max Frisch)*

Gemäß Beauchamp und Childress (2019, S. 104f.) bedeutet Autonomie die Anerkennung des Rechts der anderen auf eigene Meinung und Ansichten sowie die Anerkennung des Rechts der anderen, gemäß den eigenen Überzeugungen und Werten zu handeln und zu entscheiden. Die Achtung der Autonomie ist im Gesundheitswesen nicht bloß ein Ideal, sondern eine berufliche Verpflichtung.

Dieses Recht spiegelt sich auch im Leitfaden des Schweizer Berufsverbandes der Pflegefachfrauen und Pflegefachmänner und im ICN-Kodex wider:

> Im Allgemeinen versteht man unter Autonomie die Fähigkeit des Menschen, seine persönlichen Ziele frei zu bestimmen und im Wissen um die Konsequenzen zu handeln. Sie umfasst die persönliche Freiheit, die Selbstbestimmung, das Recht, dem eigenen Handeln spezifische Inhalte zu geben und das Recht, der eigenen Meinung und den eigenen Werten Ausdruck zu verleihen. Menschen als Individuen zu respektieren, bedeutet **in der Pflege**, dass ihre Entscheidungen das Resultat ihrer persönlichen Überzeugungen und Wertvorstellungen sind, selbst wenn ihre Fähigkeiten vorübergehend oder dauerhaft aus Alters- oder Krankheitsgründen beeinträchtigt sind [...] (Ethik in der Pflegepraxis (2003), zit. nach Körtner, 2012, S. 121).

ICN-Ethikkodex für Pflegende:

> Bei ihrer professionellen Tätigkeit fördert die Pflegende ein Umfeld, in dem die Menschenrechte, die Wertvorstellungen, die Sitten und Gewohnheiten sowie der Glaube des Einzelnen, der Familie und der sozialen Gemeinschaft respektiert werden (ICN, 2014, S. 2).

1.1 Das Recht auf Achtung der Autonomie bei Monika Bobbert

> Vielmehr erfordert das Recht auf Autonomie, keine Pflegemaßnahme ohne Aufklärung (der Patient muss wissen, was zu welchem Zeitpunkt warum gemacht wird) und Einwilligung des Patienten vorzunehmen (Bobbert, 2003, S. 93).

Die deutsche Pflegeethikerin Monika Bobbert setzt sich in ihrem Buch „Patientenautonomie und Pflege. Begründung und Anwendung eines moralischen

Rechts“ intensiv mit der Bedeutung und Begründung des Autonomieprinzips auseinander. Sie beleuchtet den ethischen Aspekt der Patientenautonomie theoretisch-argumentativ. Die praktische Umsetzung der entwickelten Theorie und Überlegungen stellt sie in den Hintergrund. Ihr geht es vorerst darum, den Bereich der Pflege systematisch unter dem Gesichtspunkt der Autonomie zu durchdenken (Bobbert, 2003, S. 72). Diese Herangehensweise wird in Verbindung mit anderen Autor*innen hier dargestellt und in Fallbeispielen auf praktische Situationen umgelegt.

Das moralische Recht auf Achtung der Autonomie gilt *prima facie* in der Krankenpflege. *Prima facie* bedeutet, dass dieses Recht noch nicht begründet und auch noch nicht präzise zu anderen moralischen Prinzipien in ein Verhältnis gesetzt wurde (Bobbert, 2002, S. 130). Bobbert begründet, bezugnehmend auf die Moraltheorie von Alan Gewirth (1978), das Recht auf Achtung der Autonomie in der Krankenversorgung. Sie nimmt zu den Plausibilitätsgründen des Autonomiekonzeptes moralisch-normative Fundierungen und Präzisierungen vor. Sie gliedert die Pflege in verschiedene Handlungsbereiche und unterzieht diese einer Untersuchung im Hinblick auf die Achtung der Autonomie. Um ethische Probleme in der Pflege lösen zu können, schlägt Bobbert vor, ein oberstes moralisches Prinzip einzuführen – und zwar das Autonomieprinzip, welches nicht *prima facie* angenommen, sondern philosophisch begründet wird. Mit Hilfe entsprechender Ableitungen und Interpretationen können Probleme in der angewandten Ethik gelöst werden. Bei Beauchamp und Childress gibt es keine hierarchische Gliederung der Prinzipien.

Diese hierarchische Überordnung des Autonomieprinzips wird auch hier nicht übernommen. *Autonomie, Nichtschaden, Fürsorge und Gerechtigkeit* werden als gleichberechtigte Prinzipien behandelt. Im konkreten Fall müssen alle diese Prinzipien gegeneinander abgewogen und bewertet werden. Dennoch sind die Ausführungen Bobberts hilfreich bei der Ausdifferenzierung und zum Verständnis des Autonomieprinzips.

Zum genaueren Verständnis des Autonomiebegriffes ist es notwendig, den Begriff inhaltlich zu füllen, woraus sich unterschiedliche Aspekte ergeben. Zwei Bedingungen, die erfüllt sein müssen, damit Autonomie realisiert werden kann, sind Freiheit bzw. Freiwilligkeit als Unabhängigkeit von kontrollierenden Einflüssen sowie Intentionalität als Fähigkeit, bestimmte Ziele zu setzen und zu verfolgen (Bobbert, 2002, S. 130). Bobbert unterscheidet zwischen

1. Autonomie als *allgemeiner Fähigkeit von Personen*,
2. Autonomie als *Merkmal von Handlungen bzw. Entscheidungen* und
3. Autonomie als *moralisch ausgerichteter Selbstbestimmung*.

Ad 1: Autonomie als allgemeine Fähigkeit von Personen
Voraussetzung für individuelle Autonomie ist die allgemeine Fähigkeit zur Selbstbestimmung. Zwei Mindestbedingungen müssen erfüllt sein, damit einer Person diese Fähigkeit zugesprochen werden kann: Die Person muss sich bewusst sein, dass sie Wünsche und Ziele hat und diese auch verfolgen will. Und zweitens muss sie fähig sein, sich selbst in ein Verhältnis zu den faktischen Bedingungen und Voraussetzungen ihres Lebens und zu ihrem eigenen Streben und Handeln zu setzen (Bobbert, 2002, S. 131; S. 74). Das bedeutet, die Fähigkeit zu autonomen Entscheidungen ist nicht davon abhängig, ob eine Person im medizinischen oder pflegerischen Sinne vernünftig handelt.

Ad 2: Autonomie als Merkmal von Handlungen
Dieses Verständnis von Selbstbestimmung als Merkmal von Handlungen und Entscheidungen spielt im medizinischen und pflegerischen Alltag eine wesentliche Rolle. Um von selbstbestimmtem Handeln sprechen zu können, müssen wiederum zwei Mindestbedingungen erfüllt sein: Die Handlung, mit der ein selbst gesetztes Ziel verfolgt wird, muss von der Person absichtlich und bewusst vollzogen werden. Das heißt auch, dass sie die Bedeutung ihres Handelns und die Folgen in einem gewissen Ausmaß überschauen kann. Und die Handlung muss frei von äußeren, kontrollierenden Einflüssen sein, d. h. ohne äußeren Zwang erfolgen, und es muss die Möglichkeit einer Handlungsalternative bestehen.

Diese Bedingungen sind ein Idealbild, das in der Praxis innerhalb einer bestimmten Grenze variiert. Die Handlungsfreiheit der betroffenen Person kann aufgrund starker Emotionen wie Angst, Wut, Schmerzen, Übermüdung oder Einfluss durch Medikamente sowie durch den jeweiligen sozialen und wirtschaftlichen Kontext eingeschränkt sein. Menschen können nie ganz frei von äußeren und inneren Einschränkungen entscheiden (Bobbert, 2002, S. 132).

Ad 3: Autonomie als moralisch ausgerichtete Selbstbestimmung
„Autonomie als Fähigkeit moralisch ausgerichteter Selbstbestimmung" bedeutet, dass die betreffende Person allgemein und aktuell in der Lage ist, einen moralischen Standpunkt einzunehmen, d. h. in ihrem Handeln auch die Interessen anderer Menschen mit zu berücksichtigen (Bobbert, 2002, S. 133).

Patient entscheidet über seine letzte Lebensphase

Bei dem 85-jährigen Hrn. T. wird ein fortgeschrittenes Kehlkopfkarzinom diagnostiziert. Unter den Behandlungsmöglichkeiten wäre eine Radikaloperation mit darauffolgender Radiotherapie. Trotz dieser Behandlung wären die Überlebenschancen von Hrn. T. sehr schlecht. Hr. T. war vor 20 Jahren an einem Prostatakarzinom erkrankt, das erfolgreich behandelt worden war. Mit dieser Erfahrung und dem Gefühl, ein ausgefülltes Leben geführt zu haben, lehnt er den chirurgischen Eingriff ab. Hrn. T.s einziger Wunsch ist es, in Anwesenheit seiner Familie schmerzfrei sterben zu dürfen. Um die Atemnot zu erleichtern, wird mit Einverständnis des Patienten eine Tracheostomie durchgeführt. Dem Legen einer Magen- bzw. PEG-Sonde stimmt der Patient nicht zu. Hr. T. ist dem Pflegepersonal und seiner Familie sehr dankbar für jede Aufmerksamkeit, die ihm entgegengebracht wird.

Als sich der Zustand von Hrn. T. verschlechtert und kein weiteres medizinisches Eingreifen möglich ist, wird von ärztlicher Seite eine Transferierung in das örtliche Krankenhaus, von dem er überwiesen wurde, vorbereitet. Hr. T. und seine Familie sind über diese Entscheidung sehr betrübt, da sich zwischen dem Patienten und dem Personal ein Vertrauensverhältnis entwickelt hat. Außerdem ist das Pflegeteam überzeugt, dass aufgrund der rapiden Verschlechterung des Zustandes der Patient am Tag der Transferierung versterben kann. Das Pflegeteam setzt sich in der interdisziplinären Besprechung dafür ein, dass der Patient auf der Station bleiben darf. Dem Wunsch wird entsprochen und Hr. T. stirbt zwei Tage später im Kreise seiner Familie (Beispiel aus Hyland, 2002, S. 478ff.).

Hr. T. ist über seinen Zustand informiert, und er ist sich seiner Ziele und Wünsche bewusst. So kann er für sich entscheiden, welche therapeutischen Maßnahmen er annimmt oder ablehnt, und sein Leben selbstbestimmt gestalten. Die von Hrn. T. ausgedrückten Wünsche und Ziele werden vom behandelnden Team respektiert und unterstützt. Die Pflegepersonen treten im interdisziplinären Team für die Wünsche des Patienten ein.

Bobbert geht davon aus, dass es in der Krankenversorgung ein individuelles moralisches Recht auf Achtung der Autonomie gibt. Dieses Recht kann als negatives und als positives Recht aufgefasst werden.

> Als negatives Recht bzw. Abwehrrecht beinhaltet es unter anderem, über den eigenen Leib zu bestimmen und vor Eingriffen in die physische und psychische Integrität geschützt zu sein.[5] Als positives Recht beinhaltet das Recht auf Achtung

[5] Anm.: Dieses Recht darf nur in außergewöhnlichen Situationen eingeschränkt werden (medizinischer Notfall, Seuchengefahr).

> der Autonomie, dass ein Mensch selbst bestimmte, für ihn wichtige Wünsche und Ziele verfolgen kann (Bobbert, 2002, S. 148).

Bobbert erweitert den Begriff des Rechts auf Achtung der Autonomie in der Krankenversorgung und formuliert aus dem zuvor erläuterten Autonomierecht vier moralisch-normative Forderungen:

1. das Recht auf *informierte Zustimmung*,
2. das Recht auf *Selbstbestimmung in Bezug auf das Eigenwohl*,
3. das Recht auf *Wahl zwischen möglichen Alternativen* und
4. das Recht auf eine möglichst *geringe Einschränkung des Handlungsspielraums*.

Diese Gliederung erweist sich im Verständnis des Rechts auf Autonomie und in der konkreten Anwendung auf die Praxis als sehr dienlich.

Ad 1: Das Recht auf informierte Zustimmung

Der Mensch hat ein zentrales Abwehrrecht, wenn Handlungen anderer seinen Leib oder seine psychischen Belange betreffen. Unerlaubte Zugriffe oder Eingriffe werden als Verletzung empfunden. Daraus ergibt sich, dass selbst Eingriffe, die aus der Absicht zu helfen vollzogen werden, ohne Zustimmung des Betroffenen eine nicht zulässige Verletzung darstellen (Bobbert, 2003, S. 134).

Um sich ein angemessenes Bild von ihrer Lage machen zu können, brauchen Patient*innen fachliches (medizinisches und pflegerisches) Wissen, um sich ein Urteil über das weitere Vorgehen zu bilden. Patient*innen haben ein Recht darauf, ausreichend und verständlich informiert zu werden und sie betreffende Handlungen durch das Pflegepersonal gutzuheißen oder abzulehnen (Bobbert, 2003, S. 77).

In Kapitel 1.2 wird auf die Bedeutung der informierten Zustimmung im Rahmen der Pflege noch konkret eingegangen.

Ad 2: Das Recht auf Selbstbestimmung in Bezug auf das Eigenwohl

Hier ist es von Bedeutung, dass der Mensch selbst festlegt, was er in seinem Leben als wichtig und wertvoll ansieht und welche Ziele er erreichen will. Die Pflicht der professionellen Helfer*innen in der Krankenversorgung besteht nun darin, Patient*innen durch die Art und Weise der Verfahrensgestaltung die Möglichkeit zur Selbstreflexion einzuräumen. Es geht nicht darum, was Helfer*innen für *vernünftig* oder andere Instanzen für richtig halten, sondern darum, Patient*innen derart zu informieren, dass diese gemäß ihrer gewollten Lebensplanung Entscheidungen treffen können (Bobbert, 2003, S. 79).

> Ziel dieser Art der Unterstützung ist es, prozessuale Rahmenbedingungen zu schaffen, die den Patienten darin fördern, in seinem wohlüberlegten Eigeninteresse zu entscheiden, nicht jedoch, das Entscheidungsergebnis des Patienten zu bewerten. Gleichwohl ist es erlaubt, ja unter Umständen sogar geboten, dass die professionellen Helfer vor dem Hintergrund ihres Fach- und Erfahrungswissens bedenkenswerte Hinweise, Empfehlungen und Begründungen geben (Bobbert, 2003, S. 80).

Bobbert zählt drei wesentliche Gründe auf, warum Patient*innen ein Recht darauf haben, selbst festzulegen, was zu ihrem Wohl beiträgt: Menschen wissen in der Regel selbst am besten, was für sie gut ist. Durch die Beachtung der eigenen Ziele und Wünsche durch andere wird das Gefühl der Sicherheit gefördert. Und drittens: Die Möglichkeit, nach eigenen Vorstellungen und Wünschen leben zu können, ist entscheidend für das Selbstverständnis und das Leben eines Menschen (Bobbert, 2002, S. 139). Dieses Recht, das bei Bobbert im Rahmen der Autonomie formuliert wird, wird später im Rahmen des Fürsorgeprinzips noch konkretisiert werden.

Ad 3: Das Recht auf Wahl zwischen möglichen Alternativen

In der Therapie, der Diagnosefindung und der Pflege bestehen zwar nicht immer, aber doch sehr oft Alternativen. Es ist die Pflicht des Krankenpflegepersonals, nach Alternativen zu suchen und möglichst wenige Vorentscheidungen zu treffen, durch die andere Möglichkeiten in der Therapie und Pflege im Vorfeld wegfallen würden. Aufgrund des fachlichen Wissens können unter Angabe von Gründen Empfehlungen ausgesprochen werden, aber im Vordergrund bleibt das Recht der Patient*innen, die Wahl der Alternativen in ihrem Interesse für sich selbst zu treffen (Bobbert, 2003, S. 80). Am Beispiel eines Patienten mit Inkontinenz zeigt Bobbert auf, wie der Patient durch das Anbieten von Alternativen für sich wählen kann, welche pflegerische Maßnahme er bevorzugt. So besteht die Möglichkeit eines Blasentrainings durch regelmäßige Toilettengänge oder die Anleitung zu gymnastischen Übungen, um die Beckenbodenmuskulatur zu stärken. Dem Patienten kann statt der fördernden Maßnahmen, die zu einer Verbesserung der Inkontinenz führen, lediglich das Angebot von Vorlagen gemacht werden.[6]

---

[6] Hier kann es z. B. zu Diskrepanzen kommen, wenn der Patient für sich den bequemeren Weg wählt, Vorlagen zu benutzen, das Leitbild der pflegenden Person jedoch darin besteht, diesen „Mangel" durch Übungen zu beheben.

Sehr anschaulich zeigt sich die Wahl zwischen Alternativen z. B. in der Versorgung von Stoma-Patient*innen. Aus einem großen Spektrum an Versorgungsmitteln können Patient*innen Möglichkeiten für die Versorgung und Handhabung des Stomas angeboten werden, aus denen sie gemäß ihren Fähigkeiten der Handhabung und ihres Lebensstils wählen können. Auch ist es bei vielen Unterstützungsangeboten der Aktivitäten des täglichen Lebens möglich, Alternativen anzubieten, z. B. wie und wann die Körperpflege durchgeführt wird, wie und wann eine Mobilisation stattfindet u. v. m.

Durch die Suche nach Alternativen kann die Autonomie des pflege- und hilfsbedürftigen Menschen in vieler Hinsicht gefördert bzw. erhalten werden. Dazu folgendes Fallbeispiel:

MS-Patientin trifft ihre Entscheidung gegen den ärztlichen Rat

Die MS-Patientin Fr. K. ist schon seit einigen Jahren im Rollstuhl und aufgrund der Harninkontinenz mit einem Dauerkatheter versorgt. Geistig ist sie voll orientiert. Sie wird zu Hause von ihrem Ehemann betreut. Sie braucht Hilfe bei der Grundpflege. Die Nahrungsaufnahme kann sie selbst durchführen.

Fr. K. kommt aufgrund eines erneuten MS-Schubes ins Krankenhaus. Sie ist voll informiert über ihre Erkrankung und nimmt an Entscheidungen über ihre Therapie aktiv teil. Seit einiger Zeit ist zu ihrem Krankheitsbild eine Dysphagie hinzugekommen. Der Arzt ordnet pürierte Kost an, da die Gefahr einer Mangelernährung und einer Aspirationspneumonie besteht (die aufgrund des Allgemeinzustandes von Fr. K. sehr bedrohlich wäre). Die pürierte Kost isst Fr. K. nicht, und da ihr im Krankenhaus keine andere Kost angeboten wird, bittet sie ihren Ehemann, Essen von zu Hause zu bringen. Fr. K. wird nach zwei Wochen Therapie wieder nach Hause entlassen.

Drei Monate später wird Fr. K. vom Hausarzt wieder ins Krankenhaus eingewiesen. Sie hat inzwischen 7 kg an Gewicht verloren, befindet sich in einem schlechten Ernährungszustand und ist dehydriert. Es besteht die Gefahr einer Einschränkung der Nierenfunktion. Der schlechte Ernährungszustand erschwert zusätzlich die Heilung eines Dekubitus am Steiß. Es wird von ärztlicher Seite eine Magensonde empfohlen. Fr. K. lehnt diese jedoch ab. Sie ist informiert über die Gefahren einer Aspirationspneumonie: „Ich kann nicht mehr gehen, mich nicht mehr bewegen – ich möchte wenigstens noch normal essen können und nicht mein Essen durch einen Schlauch bekommen."

Pflegende haben die Verpflichtung, die Autonomie von Patient*innen zu schützen und zu deren Wohl zu handeln. Die Entscheidung von Fr. K. erscheint unvernünftig und führt zu schwerwiegenden Nachteilen für sie. Sollte die Pflegeperson trotzdem den Wunsch der Patientin unterstützen und im weiteren Verlauf begleiten oder sollte sie versuchen, Fr. K. zu überzeugen, die Empfehlung des Arztes anzunehmen?

Da die Magensonde von der Patientin abgelehnt wurde, wird von ärztlicher Seite pürierte Kost angeordnet, um die Patientin vor weiterem Schaden zu schützen. Auch vonseiten der Pflege wird diese Anordnung akzeptiert. Das bedeutet, dass die Patientin nur pürierte Kost bekommt. Für das Betreuungsteam ist diese Maßnahme selbstverständlich und der pflegerisch vernünftige Weg, sodass die Patientin weder informiert noch gefragt wird, ob sie einverstanden ist. Die Selbstbestimmung der Patientin wird weder von der Pflege noch von medizinischer Seite respektiert. Der Arzt entscheidet jedoch zum Wohle der Patientin, um negative Konsequenzen wie Aspirationspneumonie, eingeschränkte Nierenfunktion, Mangelernährung und die Gefahr eines Dekubitus bzw. die erschwerte Heilung des bestehenden Dekubitus zu verhindern.

Für die Patientin steht die derzeitige Lebensqualität im Mittelpunkt, wohingegen der Arzt die gesundheitlichen Folgen und Langzeitwirkungen im Auge hat. Was bedeutet jedoch *normales Essen* für die Patientin, wenn sie trotz der eingetretenen Konsequenzen nicht bereit ist, eine Magensonde zu akzeptieren bzw. pürierte Kost anzunehmen?

Die Patientin ist informiert und entscheidungsfähig. Sie versteht, welche Konsequenzen sich aus ihrer Handlung ergeben. Ihre Entscheidung erscheint dem Pflegepersonal gefährdend und unvernünftig. Ist dies eine Rechtfertigung dafür, dass Pflegende die Autonomie der Patientin verletzen und versuchen, durch maßgeblichen Druck die Patientin *eines Besseren* zu belehren?

Jeder von uns trifft in seinem Alltag Entscheidungen, die andere Personen unvernünftig finden und für die unsere Motive nicht nachvollziehbar sind. Geht es um Entscheidungen, die zwischenmenschliche Beziehungen betreffen, unsere Familie oder Finanzen, so können wir auch hier durch eine unvernünftige Entscheidung maßgeblich Schaden nehmen. Würden wir aber wollen, dass Expert*innen (Psycholog*innen, Finanzexpert*innen, Familienberater*innen u. dgl.) uns daran hindern, unsere eigenen Entscheidungen zu treffen? Auch bei schwerwiegenden Entscheidungen wollen wir nicht bevormundet werden und unser Leben nach unseren Plänen gestalten. Warum sollten ausgerechnet dann, wenn es um unsere Gesundheit geht, andere Menschen für uns entscheiden?

Wie können Pflegende im Falle von Fr. K. handeln, um sie in ihrer Autonomie zu unterstützen? Weder von medizinischer noch von pflegerischer Seite wurden Fr. K. Alternativen angeboten. Es wurde keine Diätberatung organisiert, die Fr. K. durch Ernährungsempfehlungen unterstützen hätte können. Weitere Alternativen wären spezielle Trinkbecher, Verhaltenstipps wie aufrechtes Sitzen bis 30 Minuten nach dem Essen, weiche Kost anstelle von pürierter Kost, Schluck-, Kau- und Trinktraining durch die Logopädie. Die Suche nach Alternativen ist ein wichtiger Bestandteil, um die Autonomie der Patient*innen wahren zu können. In diesem Fall scheint es, dass das Angebot von Alternativen sowohl für die Pflege, den Arzt als auch insbesondere für die Patientin gangbar gewesen wäre und negative Konsequenzen verhindert werden hätten können. Fürsorge und Autonomie schließen sich hier nicht gegenseitig aus, sondern Förderung der Autonomie durch Suche nach kreativen Lösungen ist Teil der Fürsorge. Die Patientin äußert im Wissen um die Konsequenzen klar ihre Wünsche.

Es ist die Aufgabe von Pflegenden, als Fürsprecher für die Patient*innen einzutreten. Somit stellt sich die Frage, ob und inwieweit sie die Wünsche der Patient*innen gegenüber Arzt oder Ärztin unterstützen sollten. Auch wenn die Pflege selbst davon überzeugt ist, dass eine Magensonde notwendig ist, geht es darum, sich für die Wünsche der Patient*innen einzusetzen, und nicht darum, was von der Pflege als gut für die Patient*innen befunden wird. Die Positionierung zugunsten der Wünsche der Patient*innen kann allerdings von anderen Teammitgliedern als kontraproduktiv wahrgenommen werden. Bei unterschiedlichen Sichtweisen und Einschätzungen ist ein konstruktiver ethischer Diskurs, in dem die verschiedenen Perspektiven wahrgenommen werden, hilfreich und angebracht.

Kreative Lösungen können helfen, Wünsche von Patient*innen zu unterstützen. Ist es nicht möglich, annehmbare Alternativen zu finden, und der Patient trifft eine Entscheidung, die Schaden für ihn nach sich zieht, entsteht ein Konflikt zwischen seinem Recht auf Autonomie und der Fürsorgepflicht der Pflegekräfte. Diese können versuchen, auf Basis fachlicher Gründe Patient*innen von der Notwendigkeit pflegerischer oder medizinischer Maßnahmen zu überzeugen. Dies muss jedoch ohne Einsatz von Zwang oder Drohung erfolgen.

Ad 4: Das Recht auf eine möglichst geringe Einschränkung des Handlungsspielraums

Sowohl im Krankenhaus als auch in anderen gesundheitspolitischen Einrichtungen herrschen Regeln und bestehen Abläufe, die Einzelne in ihrem Handlungsspielraum einschränken. Gewisse Rahmenbedingungen sind unumgänglich, um die Versorgung aller Patient*innen gewährleisten zu können. Aufgrund der Komplexität dieser Systeme ist jedoch nicht immer nachvollziehbar, worin die Notwendigkeit mancher einschränkenden Gegebenheiten liegt. Bobbert macht darauf aufmerksam, dass die Helfer*innen die Beweislast erbringen und auf Nachfrage Einschränkungen begründen können müssen. So sind sie gefordert, Handlungs- und Organisationsformen zu finden und auch Gegebenes zu reflektieren, um möglichst wenig in die Handlungsfreiheit der Betroffenen einzugreifen (Bobbert, 2003, S. 82).

Einschränkende Rahmenbedingungen müssen demnach gut begründet und moralisch reflektiert werden. Ist es z.B. notwendig, dass Patient*innen entgegen ihren Gewohnheiten sehr früh geweckt werden? Haben die beschränkten Besuchszeiten wirklich eine Berechtigung? (Bobbert, 2002, S. 134)

Vor einiger Zeit noch war es üblich, dass Eltern ihre Kinder in Krankenhäusern nur wöchentlich besuchen durften. In psychiatrischen Einrichtungen und in Seniorenheimen gab es eine zentral geschaltete Lichtkontrolle. Auf vielen Stationen erregt es auch heute noch Unmut, wenn Patient*innen für einige Stunden das Krankenhaus verlassen wollen. Andererseits können Schlaf- und Essenszeiten aufgrund struktureller Gegebenheiten und der Personalaufteilung – insbesondere im Krankenhaus – sehr oft nicht individuell gestaltet werden.

Institutionelle Regeln

Fr. E. ist zur Blutzuckereinstellung stationär aufgenommen. Sie erhält eine neue Medikation, hält sich an die Diät und es werden regelmäßige Blutzuckerkontrollen durchgeführt. Fr. E. ist eine selbstständige, aktive Frau. Die Untätigkeit im Krankenhaus ist für sie schwer zu ertragen. Am Sonntag erhält Fr. E. von ihrem Bruder Besuch. Es ist ein wunderschöner Sommertag, und da der Bruder sich in Krankenhäusern immer sehr unwohl fühlt, schlägt er Fr. E. vor, ins nahegelegene Kaffeehaus zu spazieren. Als sich Fr. E. bei der diensthabenden Pflegekraft abmeldet, erhält sie die Auskunft, dass es ihr nicht gestattet sei, das Haus ohne ärztliche Erlaubnis zu verlassen. Als Fr. E. nachfragt, worauf dieses Verbot beruhe, antwortet die Pflegefachkraft, das „sei hier so" und sie glaube, dass es in der Anstaltsordnung so verankert sei. Fr. E. fügt sich der Situation. Sie wagt es nicht, die Pflegefachkraft um einen Anruf bei der Ärztin zu bitten, zumal auch das Gefühl entstanden ist, dass es nicht erwünscht ist, die Ärztin mit Kleinigkeiten extra zu bemühen.

Die Patientin ist enttäuscht und verärgert, da sie die Einschränkung nicht verstehen kann. Das Verlassen des Krankenhauses würde ihre Therapie nicht negativ beeinflussen. Sie kennt die Diätvorschriften und es ist in ihrem Interesse, so schnell wie möglich eine optimale Blutzuckereinstellung zu erzielen. Es stehen keine Untersuchungen für den Nachmittag an und sie wäre zur Blutzuckerkontrolle und zur Abendvisite wieder im Krankenhaus. Sie hat den Wunsch nach ein wenig Normalität. Fr. E. hat das Gefühl, ein Tapetenwechsel und ein paar schöne Stunden mit ihrem Bruder in einer netten Umgebung würden ihr guttun. Die Antwort der Pflegefachkraft ist für sie unbefriedigend und die Gründe der Regulation sind nicht einsichtig.

Es gibt viele Bereiche in der Akutpflege wie auch in der Langzeitpflege, die Patient*innen oder Bewohner*innen in ihren Handlungsspielräumen einschränken. Diese Einschränkungen sollten so weit wie möglich vermieden bzw. müssen stets gut begründet werden.

Autonomie bei direkten Pflegehandlungen

Bobbert unterstreicht, dass mit dem Eintritt in eine Institution der Krankenversorgung pflegerische Maßnahmen als erwünscht angenommen werden. So geht man davon aus, dass Patient*innen in diese Maßnahmen automatisch mit ihrem Eintritt in die Institution einwilligen, ja sogar diese Hilfe erwarten und es bei Mangel an dieser Hilfe zu Problemen kommen kann.

Es ist jedoch zu beachten, dass es Patient*innen bei Eintritt in eine Institution nicht möglich ist, das Ausmaß an pflegerischen und medizinischen Eingriffen, das auf sie zukommt, abzuschätzen. Pflegerische Maßnahmen greifen oft weit in die psychische und physische Integrität von Patient*innen ein. Jede dieser Handlungen, die ohne oder sogar gegen ihre Zustimmung geschieht, ist ein Eingriff, der das Recht der Kranken auf Achtung der Autonomie verletzt. Aus der Einwilligung der Patient*innen zum Aufenthalt in einer Institution der Krankenversorgung kann man somit nicht schließen, dass eine Zustimmung zu allen sich daraus ergebenden medizinischen und pflegerischen Maßnahmen besteht. Zu deren Durchführung darf es nur kommen, wenn der Adressat (der Patient, die Patientin) nicht unter Zwang, wissend und eine auf emotionaler Ausgeglichenheit beruhende Zustimmung gibt (Bobbert, 2002, S. 176f.).

Am Beispiel der Grundpflege, die Bobbert zum Handlungsfeld der *direkten*[7] Pflegehandlungen zählt, wird das Recht auf Achtung der Autonomie weiter entfaltet: Pflege bezieht sich zu einem großen Teil auf grundlegende Bedürfnisse des Menschen wie Nahrungsaufnahme, Körperpflege, Sich-Bewegen, Ausscheiden etc. Die Abhängigkeit der Patient*innen bei ihren alltäglichen

[7] Handlungen Pflegender, die Patient*innen psychisch, physisch sowie auch ihr soziales und materielles Umfeld betreffen.

Verrichtungen und die intime Nähe, die bei der Unterstützung durch Pflegende oft unvermeidlich ist, machen differenzierte Überlegungen zum Recht auf Achtung der Autonomie notwendig (Bobbert, 2002, S. 217).

Autonomie in der Grundpflege betrifft Situationen, in denen Transaktionen von Außenstehenden an Patient*innen ausgeführt werden, die deren Zustimmung benötigen, sowie Konflikte, die durch unterschiedliche Vorstellungen vom *Wohl* der Patient*innen entstehen. Mit dem von Gewirth übernommenen Begriff der *Transaktionen* versucht Bobbert Antworten auf ethische Fragestellungen in den Handlungsfeldern der Pflege zu finden. Transaktionen liegen dann vor,

> [...] wenn Pflegende eine helfende Handlung initiieren und kontrollieren und der Patient als Adressat wenig bis gar keinen Einfluss auf das Ob und Wie dieser Pflegehandlung hat. Für die „informierte Zustimmung" zu einer „Transaktion" müssen auf Seiten des Patienten dann drei Bedingungen erfüllt sein: Abwesenheit von Zwang, Wissen über die relevanten Umstände und eine emotional ausgeglichene psychische Verfassung (Bobbert, 2002, S. 224).

Bereiche der Grundpflege betreffen z.B. Begleitung zur Toilette oder Hilfe beim Waschen. Hier kann in vielen Fällen von einer *stillschweigenden Zustimmung* ausgegangen werden. Bobbert betont, dass es hier wesentlich ist, die Handlungen im Vorhinein anzukündigen, dass man aber damit rechnen darf, dass der Patient oder die Patientin mit den Maßnahmen *im Prinzip* einverstanden ist (Bobbert, 2002, S. 225). Wesentliche Aspekte bei diesen Handlungen sind meist nicht, *ob* Patient*innen einverstanden sind, sondern *wann* und *wie* die Handlung durchgeführt wird. So kann ein Patient generell damit einverstanden sein, bei der Körperpflege unterstützt zu werden, aber er ist eventuell mit Einzelhandlungen nicht einverstanden. Er will z.B. nicht geduscht werden oder keine Seife benutzen, oder die Hilfe bei der Grundpflege wird von der Pflegeperson unachtsam durchgeführt, sodass dem Patienten unnötig Schmerzen zugefügt werden. Der Patient kann mit dem Zeitpunkt nicht einverstanden sein, da er gerade Besuch hat, oder die Vorstellungen von Häufigkeit und Intensität der Körperpflege stimmen nicht mit den Vorstellungen der Pflege überein. Durch geschlechtliche Unterschiede zwischen Patient und Pflegeperson sowie auch durch räumliche Gegebenheiten kann die Intimsphäre des Patienten beeinträchtigt werden, sodass von einer *impliziten Zustimmung* nicht mehr ausgegangen werden kann (Bobbert, 2002, S. 226f.).

Nach Bobbert können *Transaktionen* nach folgenden Gesichtspunkten (betreffend geringfügige und wesentliche Freiheitseinschränkung) charakterisiert werden. Die Kriterien dienen dazu, die Gewichtigkeit der Einschränkung und die *Eingriffstiefe* zu beurteilen. Sie können auch helfen, konkurrierende Individualrechte gegeneinander abzuwägen:

- Art des betroffenen *Guts*,
- Eingriffstiefe, d.h. nach dem Ausmaß, in dem das Gut betroffen oder eingeschränkt wird,
- Dauer der Einschränkung und
- verbleibende Handlungsmöglichkeiten der Adressat*innen (Bobbert, 2002, S. 235).

So ist z.B.das tägliche *Fiebermessen* bezüglich der Autonomie von Patient*innen kaum relevant. Es wird zwar kurzfristig deren Freiheit eingeschränkt und somit deren *körperliche Integrität*. Jedoch ist die Einschränkung der Bewegung unbedeutend und von sehr kurzer Dauer (Bobbert, 2002, S. 228).

Pflegerische Handlungen betreffen meist das Gut der *körperlichen Integrität* und somit auch der psychischen Integrität, da Pflege häufig mit körperlichen Berührungen und Nähe einhergeht. Die Asymmetrie zwischen Patient*in und Pflege ist umso größer, je mehr Patient*innen auf die Pflege angewiesen sind und je weniger sie körperlich oder verbal Einfluss auf die Handlungen der Pflegenden nehmen können. Ein nicht zu vernachlässigender Aspekt ist auch hier die Angst von Patient*innen, durch kritische Einwände negative Reaktionen hervorzurufen.

1.2 Unterstützung, Förderung und Achtung des Rechtes auf Autonomie

Pflichten der Pflegenden

Da die professionellen Helfer*innen einen Wissensvorsprung gegenüber den Patient*innen als Laien haben und sich auch in einer vertrauten Umgebung bewegen, ist es ihre Aufgabe, auf Einflüsse[8] zu achten, die Patient*innen in ihrer Autonomie einschränken. Die Achtung des Rechtes auf Autonomie beschränkt sich nicht nur darauf, Entscheidungen wertfrei von Patient*innen einzuholen, sondern es ist moralisch geboten, bei ungewöhnlichen Entscheidungen der Patient*innen zu ergründen, ob Informationsdefizite vorliegen

[8] Anm.: Diese Einflüsse können emotional und physisch sein. Sie können sich aufgrund der Erkrankung ergeben oder etwa aufgrund der Asymmetrie und Abhängigkeit gegenüber dem medizinischen und pflegerischen Personal entstehen, z.B. aus Angst, Routineabläufe zu stören.

oder eine Entscheidung durch Druck motiviert wurde. Bobbert beschreibt ein solches Vorgehen als fürsorgende Unterstützung im Sinne einer *Hilfe zur Selbsthilfe bzw. zum selbstbestimmten Entscheiden* (Bobbert, 2003, S. 82).

Zur Durchführung der Handlungen darf es nur kommen, wenn Patient*innen ihre Zustimmung ohne Zwang, wissend und im Zustand emotionaler Ausgeglichenheit geben. Aus dem positiven Recht auf Freiheit kann die Pflicht für die Pflegenden abgeleitet werden, sich darum zu bemühen, dass jede/r Patient*in sein bzw. ihr Recht auf Autonomie wahrnehmen kann (Bobbert, 2002, S. 188). Es gibt viele Möglichkeiten, die Autonomie von Patient*innen zu fördern. Diese werden in den Gesundheitseinrichtungen in vielen Fällen nicht ausgeschöpft. Auf einige dieser Möglichkeiten wird in den folgenden Kapiteln eingegangen.

Informationskultur

> Die Pflegende gewährleistet, dass die pflegebedürftige Person zeitgerecht die richtige und ausreichende Information und auf eine kulturell angemessene Weise erhält, auf die sie ihre Zustimmung zu ihrer pflegerischen Versorgung und Behandlung gründen kann (ICN, 2014, S. 2).

Für Pflegende ist es oft ungewohnt, sich damit auseinanderzusetzen, dass Patient*innen der pflegerischen Grundversorgung zustimmen müssen. Basispflege erscheint vielen Pflegenden als Selbstverständlichkeit, die keiner Zustimmung bedarf. Auch Kendrick, Philosoph und Pfleger aus Großbritannien, weist darauf hin, dass nicht nur eine Zustimmung zur medizinischen Behandlung notwendig ist, sondern auch in der Pflege viele Interventionen die Zustimmung von Patient*innen erfordern. Bei Injektionen und Katheterisierung wird offensichtlich eher eine Zustimmung eingeholt, aber wie ist es vor einem Bad oder sogar bevor die Temperatur gemessen wird? Brauchen wir auch die Zustimmung vor dem Blutdruckmessen? Wo sollten wir die Grenzen ziehen? (Kendrick, 1994, S. 739)

> Situationen, in denen Pflegende und Gepflegte nicht gleicher Meinung darüber sind, was an oder vom Patienten getan werden soll, sind keine Seltenheit. Oft geht es um Dinge, die den Pflegenden als selbstverständlich erscheinen, wie etwa Essen, Trinken, sauber Halten, Beschäftigung, Bewegen oder ruhig Halten. Manchmal werden Einnahme oder Injektion von Medikamenten, das Einlegen von Magensonden oder Blasenkathetern sowie andere ärztliche Verordnungen verweigert, die von Pflegenden als notwendig für eine „sichere" oder „gute"

> Pflege erachtet werden. Als Verweigerung wird erfahren, wenn Patienten sich entweder aktiv oder passiv gegen solche Aktivitäten oder Maßnahmen wehren (Kesselring, 1991, S. 196).

Zunächst sollte den möglichen Ursachen einer Ablehnung von pflegerischen Tätigkeiten nachgegangen werden. Sind Probleme in der Beziehung zwischen Patient*in und Pflegeperson der Grund oder eine Urteilsunfähigkeit von Patient*innen (etwa bei Kindern oder Verwirrten)? Sind die Maßnahmen im Interesse der Patient*innen oder beruhen sie auf strukturellen Routineabläufen (z. B. morgendliche regelmäßige Körperpflege) oder auf nicht sorgfältig ausgeführten Pflegehandlungen (z. B. schnelles Eingeben von Essen)? (Kendrick, 1994, S. 739)

Um die eigene Autonomie wahrnehmen zu können, müssen Patient*innen aufgeklärt werden und der Pflegehandlung zustimmen. Im mechanischen *Abarbeiten* der vielen Tätigkeiten, die Pflegekräfte zu erledigen haben, wird die Autonomie der Patient*innen häufig nicht geachtet, sondern was zu tun ist, wird schnell erledigt.

Informed consent

Bei der Visite wird bei Hrn. P. eine subkutane Thromboseprophylaxe verordnet. Pflegefachkraft M. kommt nach der Visite an das Bett von Hrn. P., um die verordnete Therapie zu verabreichen.
Pflegefachkraft M.: „Sie bekommen jetzt eine Spritze."
Hr. P.: „Warum muss ich eine Spritze bekommen?"
Pflegefachkraft M.: „Die wurde bei der Visite angeordnet – die bekommen Sie ab jetzt einmal am Tag."
Hr. P.: „Die Ärztin hat aber nichts gesagt."
Pflegefachkraft M.: „Aber sie hat sie aufgeschrieben – die Spritze müssen Sie erhalten, damit Sie keine Thrombose bekommen."
Hr. P.: „Ich will aber keine Spritze."
Pflegefachkraft M.: „Das ist nur ein kleiner Stich, geht ganz schnell, nur unter die Haut."
Hr. P.: „Warum muss ich die bekommen?"
Pflegefachkraft M.: „Sie liegen im Bett und bewegen sich wenig. Sie können eine Venenentzündung bekommen."
Hr. P.: „Kann man da nichts anderes machen – Tabletten geben oder ..."
Die Pflegefachkraft hat inzwischen das Nachthemd des Patienten gehoben und die Spritze injiziert: „Sehen Sie – ist schon vorbei, ist gar nicht so schlimm."

Der Patient ist weder über die Zielsetzung der Handlung aufgeklärt noch kennt er mögliche Alternativen oder Konsequenzen der Anordnung. Die Pflegekraft geht auf seine Einwände nicht angemessen ein, sondern erledigt die Anordnung der Ärztin. Das Recht auf Autonomie wird missachtet und Bedürfnisse des Patienten werden ignoriert. Das ärztliche Versäumnis, den Patienten bei der Visite über die Anordnung zu informieren, ist in der ethischen Betrachtung der Handlung der Pflegekraft irrelevant und entschuldigt nicht deren Verhalten.

Handlungen und Eingriffe, die an Patient*innen vorgenommen werden, betreffen auch in Detailfragen deren gesamte Persönlichkeit. So kann nur der Patient bzw. die Patientin allein abwägen und entscheiden, ob eine geplante Maßnahme zum eigenen Wohl ist oder nicht. Durch eine Aufklärung über das Geplante kann er oder sie Argumente für oder gegen eine Handlung bedenken, die möglicherweise noch nicht bekannt waren, und dabei auch über die Risiken der unterschiedlichen Möglichkeiten nachdenken.

Während ihrer Entscheidung sollen Patient*innen nicht bedroht, gezwungen oder getäuscht werden. Auch sollte sichergestellt sein, dass Betroffene die erforderliche Urteilsfähigkeit besitzen, um Bedeutung, Umfang und Tragweite der geplanten Handlung zu erfassen. In der freien Ausübung ihres Selbstbestimmungsrechts können Patient*innen dann in eine Behandlung oder pflegerische Versorgung einwilligen. Diese Zustimmung von Patient*innen wird als *Einwilligung nach informierter Aufklärung* (*informed consent*) bezeichnet. Fehlt die Einwilligung, ist ein körperlicher Eingriff an Patient*innen rechtswidrig (Großklaus-Seidel, 2002, S. 48). Kanzow weist darauf hin, dass sich Patient*innen jedoch nicht Autonomie im vollen Maße erwarten, sondern dem medizinischen Personal vertrauen und sich somit, sich auf dieses verlassend, der Betreuung hingeben können. Dies ergibt sich daraus, dass das Pflegepersonal, so sehr es sich auch bemüht, sein Handeln zu erklären, Patient*innen an Wissen und Erfahrung voraus ist und Patient*innen nicht im vollen Maße kompetent entscheiden können (Kanzow, 1994, S. 138).

Der Annahme, dass Patient*innen nicht im vollen Maße entscheiden können, widerspricht unter anderem aber Rumbold, der hier grundlegende Mängel in der Kommunikation aufzeigt. Rumbold weist darauf hin, dass Sprachprobleme, Ungebildetheit, Phlegma und Aggressivität dazu führen, dass die Aufklärung nicht ausreichend erfolgt und für Patient*innen nicht entsprechend entschieden wird. Sprachprobleme und Unverständnis sieht er jedoch nicht als ausschließliches Problem auf Patientenseite, sondern vorwiegend als Problem des medizinischen Personals an. Dieses ist verantwortlich dafür, einen Weg der Kommunikation zu finden und Informationen derart zu geben, dass sie für Patient*innen verständlich sind. Schnelle und subjektive Vorverurteilungen müssen vermieden werden. Sind derartige Schwierigkeiten trotz Bemühungen nicht zu überwinden, sind es die nächsten Angehörigen, die in den Entscheidungsprozess einbezogen werden müssen (Rumbold, 2004, S. 141f.).

Da es praktisch nicht möglich ist, Patient*innen vor jeder Handlung eine vollständige Information zu geben, weist Bobbert darauf hin, dass es insbesondere bei Handlungen der Grundpflege genügt, Patient*innen die Handlung anzukündigen. Die Ziele sowie Vor- und Nachteile der Handlungen sind Patient*innen aus dem Alltagswissen bekannt und wiederholen sich regelmäßig (z. B. Waschen, Hilfe bei der Nahrungsaufnahme, Ankleiden) (Bobbert, 2002, S. 238ff.).

Pflegende sind aufgefordert, eine *Informationskultur* zu entwickeln. Sie sollten bedenken, dass Informationen, die sie von Patient*in zu Patient*in wiederholen, nicht zu einer phrasenhaften „Pseudoaufklärung" werden, sondern für die Betroffenen wesentlich sind. Wie vermittelt man Informationen und welches Umfeld ist notwendig, damit Patient*innen Informationen aufnehmen und Entscheidungen treffen können? Im folgenden Beispiel wird aufgezeigt, wie eine Informationskultur aussehen kann:

Legen eines Dauerkatheters

Szenario 1: Eine männliche Pflegefachkraft kommt mit einem Dauerkatheter-Set an das Bett von Fr. W.: „Sie bekommen jetzt einen Dauerkatheter. Das ist gleich vorbei und tut nicht weh. Legen Sie sich auf den Rücken, machen Sie sich unten frei und geben Sie die Beine auseinander."

Fr. W. wird von der Pflegkraft informiert, welche Handlung grundsätzlich geplant ist. Sie erhält jedoch weder eine Erläuterung, warum die Maßnahme notwendig ist, noch eine Erklärung der einzelnen Schritte der Pflegehandlung. Nach der Zustimmung zur Handlung wird Fr. W. nicht gefragt.

Szenario 2: Die Pflegefachkraft informiert die Patientin, dass sie einen Dauerkatheter erhalten soll. Er begründet diese Maßnahme damit, dass bei der Visite Diuretika verordnet wurden. Die Patientin ist nur teilmobil und der Transfer auf den Leibstuhl ist für sie sehr anstrengend, belastend und teilweise mit Schmerzen verbunden. Die Gabe von Diuretika bedeutet stark vermehrten Harndrang. Zusätzlich ist es notwendig, eine genaue Ausfuhr-Einfuhr-Bilanz zu führen. Durch eine leichte Inkontinenz, die durch die Gabe der Diuretika verstärkt sein wird, ist die genaue Bilanzierung nicht möglich.

Die Patientin wendet ein, dass sie keinen Dauerkatheter erhalten will. Sie ist orientiert und es erscheint dem Pfleger, dass sie die Notwendigkeit des Katheters verstanden hat. Die Entscheidung der Patientin ist für den Pfleger unverständlich, aber er fügt sich ihrem Wunsch mit der Bemerkung, er werde dann „halt den Arzt informieren, dass die Bilanzierung nicht durchführbar ist".

Fr. W. verwehrt die selbstverständliche Pflegeintervention. Der Pfleger akzeptiert die Entscheidung der Patientin, zeigt jedoch deutlich, dass er die Entscheidung missbilligt. Die Hinnahme der Patientenentscheidung wird mit der unterschwelligen Bemerkung verbunden, dass diese „Weigerung" an den Arzt weitergeleitet wird – nicht im neutralen Sinne, als wesentliche Information bezüglich der Therapie, sondern als Ablehnung eines medizinischen Rates. Gründe der Ablehnung werden vonseiten der Pflege nicht weiter hinterfragt.

Während der Besuchszeit wendet sich die Tochter der Patientin an eine weibliche Pflegekraft – ihrer Mutter sei es sehr unangenehm, weil sie den Pfleger verstimmt hat. Ihre Mutter verstehe, dass der Dauerkatheter nötig sei, und es wäre eine Erleichterung für sie. Sie wollte den Pfleger nicht beleidigen und hatte sich darum nicht getraut, ihm zu sagen, dass sie es nicht mag, wenn pflegerische Handlungen, die den Intimbereich betreffen, von Männern durchgeführt werden. Außerdem habe sie ein wenig Angst davor, „wie das mit dem Dauerkatheter funktionieren sollte, ob es schmerzhaft ist und ob man sich diesen nicht unabsichtlich herausreißen kann". Die Pflegefachkraft geht zu Fr. W. und erläutert ihr im Detail das Legen eines Dauerkatheters, Vorteile und Risiken sowie die Handhabung und Pflege eines liegenden Katheters. Sie bietet die Alternative an, einen Leibstuhl ans Bett zu stellen, wie sie auch das Angebot macht, dass der Katheter jederzeit wieder entfernt werden kann, sollte Fr. W. dies wünschen. Daraufhin stimmt Fr. W. dem Legen eines Dauerkatheters zu, da sie die Maßnahme verstehen kann und der Transfer auf den Leibstuhl für sie anstrengend und schmerzhaft ist. Die Pflegekraft vereinbart mit Fr. W., dass am nächsten Tag und in den folgenden Tagen immer wieder nachgefragt wird, ob der Dauerkatheter bleiben kann. Dies wird so in der Pflegedokumentation festgehalten.

Ausreichend Information und die Möglichkeit zu entscheiden, wie die pflegerische Maßnahme durchgeführt wird, sowie das Angebot von Alternativen führen in diesem Fall zu einer Zustimmung. Die Entscheidung der Patientin basierte einerseits auf zu wenig Information und auf deshalb bestehenden

Ängsten und Unsicherheiten sowie auf dem geschlechtlichen Unterschied zwischen ihr und der Pflegekraft.

Auch interdisziplinär können Informationsprozesse implementiert werden, die die Patientenautonomie fördern, wie folgendes Fallbeispiel zeigt:

Informationskultur

Auf einer internen Station werden regelmäßig Patient*innen zur Koronarangiografie aufgenommen. Medizin und Pflege haben klare Richtlinien vereinbart, wie Patient*innen zur Untersuchung vorbereitet und aufgeklärt werden. Bei der Aufnahme erhalten sie ein Aufklärungsblatt über die geplante Untersuchung mit dem Hinweis, dass nach der Vormittagsvisite sowohl Arzt oder Ärztin wie auch Pflegende zu einem Gespräch kommen werden. Bis dahin sollten die Patient*innen das Aufklärungsblatt durchgelesen haben.

Nach der Vormittagsvisite besucht der Turnusarzt alle Patient*innen, die neu zur Koronarangiografie aufgenommen wurden, und bespricht mit ihnen die medizinischen Details der Untersuchung. Durch ihre Unterschrift stimmen die Patient*innen der Untersuchung zu. Die Pflege nimmt sich ebenfalls für alle diese Patient*innen Zeit, um mit ihnen die pflegerische Vor- und Nachbereitung der Untersuchung zu besprechen (Rasur der rechten Leiste, Anziehen des OP-Hemdes, Lagerung nach der Untersuchung und notwendige Kontrollen; wann dürfen Patient*innen wieder essen, trinken und aufstehen). Die Standardpflegeziele bei Koronarangiografien werden besprochen und auf persönliche Bedürfnisse abgestimmt. Patient*innen haben die Möglichkeit, Unklarheiten auszusprechen, Fragen zu stellen und sie werden um ihre Zustimmung gefragt. Die Rasur der Leiste erfolgt nachmittags. Hier haben Patient*innen meist noch Zeit, Fragen zu stellen, die im Laufe des Tages aufgetaucht sind. Das Pflegeteam wurde von ärztlicher Seite speziell auf das medizinische Vorgehen bei der Untersuchung geschult, damit man auch auf Fragen bezüglich der Untersuchung reagieren kann.

Pflegende und Mediziner*innen haben klare Abmachungen und Abläufe festgelegt, wie die Patient*innen aufgeklärt werden. Durch zeitliche Abstande haben diese Zeit, über die erhaltenen Informationen noch einmal nachzudenken und später auftretende Fragen zu klären. Die Besprechung der pflegerischen Maßnahmen mit den Patient*innen tragen außer zum maßgeblichen Ziel der Aufklärung auch dazu bei, dass für die Patient*innen auch pflegerische Hintergründe offensichtlich werden, d. h. dass für sie verständlich wird, warum vorgeschlagene Pflegehandlungen notwendig sind und welches Ziel damit verfolgt wird.

Ein solches Vorgehen schafft Vertrauen und fördert die Eigenverantwortung der Patient*innen.

Zusätzliche Faktoren bei der Förderung der Autonomie

Es gibt viele Möglichkeiten, die Autonomie von Patient*innen zu unterstützen. Kommunikation, Empathie und Aufmerksamkeit dem Problem gegenüber spielen hier eine wesentliche Rolle. Autonomieeinschränkende körperliche Faktoren wie z.B. verminderte Sehkraft oder Schwerhörigkeit sollten beachtet werden. Schmerzen, Depressionen, Leid oder das Gefühl von Hilflosigkeit hemmen Patient*innen darin, selbstbestimmt zu entscheiden. Übliche Routinevorgänge in einem Krankenhaus wirken sich darauf aus, inwieweit ein Umfeld geschaffen wird, in dem Patient*innen ihre Autonomie wahrnehmen können. So ist es üblich, dass Patient*innen sehr bald nach ihrer stationären Aufnahme ihre Straßenkleidung gegen einen Pyjama oder ein Nachthemd austauschen und dass Gespräche mit Ärzt*innen oder Pflege liegend oder sitzend vom Bett aus geführt werden. Routinemäßig übernimmt auch die Pflege die Kontrolle über die Grundbedürfnisse des Menschen wie Ausscheidung des Stuhls. Damit stellt sich aber die Frage, inwieweit es für die Patient*innen in einem solchen Umfeld möglich ist, Eigenverantwortung zu übernehmen. Unterstützung der Autonomie kann auch heißen, Patient*innen zur Teilnahme an ihrem Genesungsprozess zu motivieren und sie zu ermutigen. Pflegende sollten Anzeichen autonomieeinschränkender Faktoren wahrnehmen und Patient*innen helfen, Ängste und Bedenken bei Unsicherheiten zu überwinden und anzusprechen.

Förderung der Autonomie

Die Patientin Fr. O. bemerkt bei den für sie vorbereiteten Tabletten Veränderungen im Vergleich zum Vortag. Sie spricht daraufhin die Pflegefachkraft an, dass es ihr leid tue, dass sie so lästig sei, aber in ihrer Medikation sei etwas verwechselt oder verändert worden.

Bei den Visiten ist es häufig der Fall, dass auf Beschwerden der Patient*innen mit einer angemessenen Medikation reagiert wird, ohne diese jedoch darüber zu informieren.

Die von Fr. O. sehr zurückhaltend gestellte Frage bezüglich ihrer Medikation greift die Pflegeperson bereitwillig auf. Sie weist die Patientin darauf hin, dass Fragen zur Therapie nicht lästig seien, sondern dass es das Recht aller Patient*innen ist, über geplante Behandlungen informiert zu werden. Sie holt die Patientendokumentation und unterrichtet Fr. O. über Namen und Wirkung des Medikaments. Sie fordert Fr. O. auf, bei der nächsten Visite mit dem Arzt zu besprechen, warum es zur Verschreibung des Medikamentes gekommen ist.

Fr. L., die im benachbarten Bett liegt, beobachtet die Situation. Motiviert durch das Verhalten der Pflege stellt auch sie Fragen zu ihrer Medikation, da es auch ihrerseits einige Unklarheiten gibt.

In diesem Fall ist das asymmetrische Patienten-Arzt-Verhältnis bei der Visite der Grund für die Einschränkung der Autonomie der Patient*innen. Hierarchische Strukturen und die darauf basierenden Vorannahmen stören das Recht auf Autonomie. Patient*innen fällt es oft leichter, ihre Anliegen an die Pflege zu richten. Die Pflegeperson reagiert hier auf den Wunsch der Patientin. Durch ihr Verhalten ermutigt sie auch Mitpatient*innen, ihr Recht auf Autonomie einzufordern. Sie versucht durch ihr Verhalten, dem Wunsch nach Information nicht nur nachzukommen, sondern die Patientin auch darin zu bestärken, dass es ihr Recht und wichtig sei, informiert zu werden, und dass dies kein Entgegenkommen von Pflegepersonal oder Ärzt*innen sei.

Bobbert weist darauf hin, dass die Asymmetrie in der Krankenpflege zwischen helfendem Subjekt und Hilfsbedürftigen zu besonderen Problemstellungen führt. Dieser Asymmetrie ist besondere Aufmerksamkeit zu widmen, da es durch die Abhängigkeit der auf Hilfe angewiesenen Personen zu Situationen kommt, die besonders hinsichtlich der Autonomie des Menschen reflektiert werden müssen (Bobbert, 2002, S. 13). Pflegepersonen können helfen, Informationen begreiflicher zu machen, und die Patient*innen darin unterstützen, zu einer eigenen Entscheidung zu finden. Das Pflegeumfeld soll offen gestaltet werden, sodass Patient*innen ihre Autonomie auch wahrnehmen können. Die Förderung der Autonomie kann dazu führen, dass Patient*innen zunehmend Selbstverantwortung für ihren Genesungsprozess übernehmen. Einer autonomen Patientin gegenüberzustehen, die nach Information verlangt und an ihrem Heilungsprozess informiert teilnehmen will, kann für die Pflege aber auch eine Herausforderung sein.

Patient*innen vertrauen sehr häufig auf die Behandlung durch Pflege und Mediziner*innen. Es zeigt sich jedoch in der Praxis, dass sie auch viele Fragen haben und detailliertere Informationen wünschen. Dies wird offensichtlich, wenn Patient*innen dann ihre Fragen aufwerfen, wenn sie das Gefühl haben, die Pflegekraft oder die Medizinerin hat Zeit und zeigt Bereitschaft zu einem Gespräch.

1.3 Das Recht auf Achtung der Autonomie im Pflegeprozess

Akzeptiert man das Recht auf Achtung der Autonomie als moralisches Prinzip in der Pflege, ergeben sich daraus weitreichende Konsequenzen für den Pflegeprozess (Pflegeplanung). Bereits beim Formulieren des Pflegeproblems entscheidet die Pflegekraft häufig aufgrund ihrer eigenen Wertvorstellungen, welche Informationen sie einfließen lässt. Oft sind es Urteile darüber, was ein Mensch braucht oder was er können sollte. Je nachdem, welche Aspekte die Pflege beachtet, wird die Auswahl der Pflegeprobleme, der Ziele und der Mittel zur Erreichung des Zieles unterschiedlich ausfallen. Werden in der Pflege auch psychische und soziale Aspekte einbezogen? Welche Pflegetheorie liegt hinter meinen Entscheidungen? Orientiere ich mich an den Ressourcen des Patienten oder an seinen Defiziten? Eigene Erfahrungen, Pflegestandards, ärztliche Diagnosen und *übliches* Handeln im Team fließen in die Pflegeplanung mit ein. Jede dieser Entscheidungen betrifft Gesundheit, Krankheit und Leben der Patient*innen; daher ist es notwendig, sie zu informieren und mit ihnen gemeinsam die Pflege zu planen.

> Indem Pflegende handeln, entwickeln sie stets Zielvorstellungen und treffen Entscheidungen, die mit moralisch relevanten Wertungen verknüpft sind. Eben weil die Pflege„probleme", die Ziele und Mittel, welche Pflegende in den einzelnen Pflegeprozessschritten auswählen, in erster Linie die Lebensqualität und Lebensführung des Patienten, d.h. seine Vorstellungen vom „guten Leben" betreffen, steht es ihm zu, informiert zu werden, den pflegerischen Vorschlägen entweder zuzustimmen oder sie abzulehnen bzw. zwischen „möglichen" Alternativen entsprechend den eigenen Präferenzen und Prioritäten zu wählen. Dies um so mehr, als Pflegende bei ihrer Arbeit vielfältige und teilweise unterschiedliche pflegerische Bezugspunkte wählen – seien es unterschiedliche Pflegetheorien, lokale Pflegegewohnheiten oder aus historischen oder pragmatischen Gründen entstandene Festlegungen dessen, was Pflege umfasst, etc. Diese enthalten, wie gesagt, nur beschränkt gültige Wertungen z.B. von einzelnen Personen, einer Berufsgruppe vor Ort, einem nationalen oder internationalen Berufsverband (Bobbert, 2002, S. 260).

Die Einschätzung der Pflegeprobleme durch die Pflegeperson und die daraus resultierenden Ziele und Maßnahmen widersprechen nicht selten den

Vorstellungen und der Problemerkennung von Patient*innen (siehe auch Fallbeispiel S. 45). Besonders bei der Einschätzung von *notwendiger* Hygiene oder *notwendiger* Selbstständigkeit kommt es hier häufig zu Diskrepanzen. Die Achtung der Patientenautonomie kann hier stark im Widerspruch zu den eigenen Vorstellungen von Pflege stehen. Das Recht auf Autonomie verpflichtet Pflegende, Patient*innen in den Pflegeprozess einzubeziehen und die Pflege mit ihnen in deren Sinn zu planen.

> Durch das Recht auf Bestimmung des Eigenwohls und das Recht auf Wahl zwischen möglichen Alternativen steht es dem Patienten zu, bei der Pflegeplanung derjenige zu sein, der *letztlich* die Pflegeziele festlegt und zwischen unterschiedlichen Pflegemaßnahmen wählt, falls verschiedene Mittel und Wege existieren (Bobbert, 2003, S. 91).

Sowohl bei der Formulierung der Pflegeprobleme wie auch bei der Festlegung der Pflegeziele werden betroffene Patient*innen, insbesondere im Krankenhausalltag, kaum oder meist gar nicht miteinbezogen. Nach dem Prinzip der Achtung der Autonomie müssen Patient*innen jedoch über das Pflegeproblem bzw. Pflegeziel informiert (bzw. muss es gemeinsam erarbeitet) werden und diesem wie auch den geplanten Maßnahmen zustimmen.

Autonomie im Pflegeprozess

Fr. G. wird auf einer chirurgischen Station aufgenommen, da eine Operation des Hüftgelenkes (Hüftgelenkendoprothese) geplant ist. Nachdem alle Daten aufgenommen wurden, wird Fr. G. von einer Pflegeperson ins Zimmer begleitet. Es werden ihr die Räumlichkeiten erklärt. Fr. G. wird angeboten, sich zuerst mit ihrem Platz vertraut zu machen, die zuständige Pflegefachkraft wird im Laufe des Vormittages zu einem ausführlichen Gespräch kommen. Sollte Fr. G. bis dahin etwas benötigen, kann sie sich jederzeit im Pflegestützpunkt melden.

Nach Erledigung der Routinearbeiten am Vormittag geht die zuständige Pflegefachkraft mit Fr. G. in das Untersuchungszimmer, um mit ihr das Erstgespräch zu führen sowie die Pflegeplanung zu besprechen. Die Pflege bei Patient*innen mit Hüftendoprothesen ist standardisiert. Die Pflegefachkraft bespricht mit Fr. G. die in diesem Fall üblichen Ziele, wie z.B. Schmerzfreiheit und Mobilisation. Sie bietet Fr. G. an, mit der Physiotherapie präoperativ ein Gehstützentraining zu machen. Sie erklärt die postoperative Lagerung des betroffenen Beins sowie des Oberkörpers und welche die üblichen postoperativen Schritte der Mobilisation sind, die Planung der Thromboseprophylaxe mit Kompressionsstrümpfen, auch die Pneumonieprophylaxe durch Atemübungen und die postoperative Körperpflege. Fr. G. versteht sowohl die Pflegeziele wie auch die notwendigen Maßnahmen und stimmt diesen zu. Sie äußert ihre Angst vor den Schmerzen nach der Operation und vor dem ersten Aufstehen. Die Pflegefachkraft bespricht mit Fr. G. nochmals das Pflegeziel der Schmerzfreiheit und mögliche Maßnahmen. Auch das normalerweise übliche Waschen am Waschbecken am zweiten postoperativen Tag wird mit Fr. G. noch einmal besprochen, vom Querbettsitzen bis zum Transfer zum Waschbecken. Es wird mit Fr. G. vereinbart, dass die Art der Grundpflege am Morgen des zweiten postoperativen Tages erneut besprochen wird – ob es für sie möglich ist, jene am Waschbecken durchzuführen. Fr. G. weist darauf hin, dass es für sie nicht wichtig sei, ob sie einen Tag früher oder später mobil ist; für sie ist es in erster Linie wichtig, dass sie keine Schmerzen hat. Sie versteht, dass es gute Gründe für eine rasche Mobilisation gibt, aber sie will diesen Schritt nach ihrem Ermessen tun.

Die Operation von Fr. G. verläuft problemlos. Durch die Zusammenarbeit mit Pflege und Anästhesie kann auch die Schmerzfreiheit postoperativ garantiert werden. Am zweiten postoperativen Tag fühlt sich Fr. G. jedoch noch sehr unsicher und schwach. Sie hat sehr große Angst vor ihren ersten Schritten. Sie ist bereit, für wenige Minuten querbett zu sitzen, will aber danach im Bett gewaschen werden. Die Pflege versucht Fr. G. zu motivieren und bietet auch ein erstes Aufstehen mit der Physiotherapie an. Fr. G. äußert, sie brauche einfach noch einen Tag. Die Pflege akzeptiert Fr. G.s Wunsch. Bei der Abendtoilette bietet man Fr. G. nochmals an, sie zum Waschbecken zu begleiten. Sie will jedoch nach wie vor ihre Abendtoilette im Bett und nicht am Waschbecken erledigen. Am nächsten Morgen fühlt sich Fr. G. stark genug, das erste Mal das Bett zu verlassen.

Fr. G. fühlt sich ernst genommen, und nachdem sie die erste Angst des Aufstehens überwunden hat, nimmt sie an ihrem Rehabilitierungsprozess aktiv teil.

Aufgrund des ausführlichen Gesprächs über ihren Pflegeprozess und der Reaktion der Pflege, die auf ihre Ängste eingeht, ohne Druck auszuüben, vertraut die Patientin den Pflegefachkräften und deren Kompetenz. Die Pflegekräfte ihrerseits haben nicht das Gefühl, die Patientin zu etwas überreden zu müssen, was diese nicht will. Das nimmt viel Konfliktpotenzial und auch Ärger aus der Patient-Pflege-Beziehung. Die Pflege akzeptiert den Wunsch der Patientin, ohne darüber negativ zu werten. Die ausführliche Information und das Formulieren der gemeinsamen Ziele führen zu Verständnis der Maßnahmen und zu Übernahme von Eigenverantwortung seitens der Patientin. Die Patientin hat die Möglichkeit, ihre Ziele mit Unterstützung der Pflege (ausreichend Information über Sinn und Zweck pflegerischen Handelns) selbst festzulegen.

Die Beachtung der Autonomie im Pflegeprozess kann helfen, Konflikte in der Pflege-Patienten-Beziehung zu vermeiden. Leoni-Scheiber hebt die Wichtigkeit der Partizipation von Patient*innen am Pflegeprozess hervor, die verhindern soll, dass über Patient*innen hinweg geurteilt wird. Ziel ist die Festlegung einer individuellen, angemessenen Pflege, damit sich Patient*innen in der Folge besser in den Behandlungsplan einbringen (Leoni-Scheiber, 2004, S. 71). Dies bestätigt auch Kutz (2014, S. 91), der die Partizipation von Patient*innen am Pflegeprozess als Maßstab des professionellen Handelns und als Teil des patientenorientierten Qualitätsmanagements beschreibt.

Im Krankenhausalltag ist das Einbeziehen von Patient*innen in den Pflegeprozess nicht bzw. selten gewährleistet. Natürlich bedarf es dafür notwendiger Rahmenbedingungen, aber auch einer Pflegekultur, in der die Partizipation von Patient*innen zur Selbstverständlichkeit wird. Als eigenständige und eigenverantwortliche Profession ist die Pflege somit gefordert, eine angemessene Pflegekultur aktiv zu gestalten.

1.4 Grenzen der Autonomie

Das Recht auf Autonomie wurde im vorangegangenen Kapitel begründet und in wesentlichen Zügen diskutiert. Aus dem Autonomierecht folgen weitere Rechte und es ergeben sich weitreichende Pflichten für Pflegende. Es stellt sich aber auch die Frage: Ist die Autonomie der Patient*innen unantastbar, oder gibt es in konkreten Fällen auch Gründe, die für die Einschränkung der Autonomie sprechen? Wann darf die Autonomie einer anderen Person eingeschränkt werden? Welche Kriterien lassen sich dafür festlegen? Welche Bedingungen müssen erfüllt sein, wenn Pflegende das Prinzip der Autonomie einschränken? Wie kann ein Missbrauch dieser Kriterien verhindert werden? Wer entscheidet über die Einschränkung der Autonomie?

Einschränkung der Autonomie wegen Verletzung der Rechte Dritter

Werden die Rechte einer Person durch die Handlungen einer anderen handlungsfähigen Person eingeschränkt, besteht das Recht, deren Freiheit einzuschränken. Das bedeutet z. B., dass eine Person daran gehindert werden kann, Suchtmittel zu sich zu nehmen, nicht nur unter der Bedingung, dass ihre Entscheidungsfähigkeit bezweifelt wird, sondern auch deshalb, weil andere durch den Kontrollverlust geschädigt werden können. Diese grundlegenden

Anwendungsregeln des Rechts auf Autonomie setzen dem Handeln somit auch Grenzen. Auch die Rechte der Mitmenschen müssen beachtet werden. D.h., dass Patient*innen, die die Rechte von Mitpatient*innen, Angehörigen und Mitarbeiter*innen der Krankenversorgung durch ihr Handeln verletzen, in ihrem Handeln eingeschränkt werden dürfen bzw. sogar eingeschränkt werden müssen. So kann ein Patient mit einer hochinfektiösen Krankheit eine Behandlung nicht verweigern, oder Patient*innen können die Pflege zu Hause gegen den Willen der Angehörigen, die diese Pflege übernehmen müssten, nicht fordern (Bobbert, 2002, S. 194).

COPD-Patient will rauchen

Hr. V. wird seit einigen Tagen aufgrund einer COPD stationär behandelt. Der Patient erhält eine regelmäßige Infusionstherapie und Inhalatoren. Anfangs war es ihm aufgrund der Atemnot nicht möglich, das Bett zu verlassen. Über eine Nasenbrille erhält der Patient zusätzlichen Sauerstoff. Die tägliche Dauer der Sauerstofftherapie bestimmt Hr. V. je nach eigenem Befinden. In den ersten Tagen benötigte Hr. V. mindestens 15 Stunden am Tag zusätzlichen Sauerstoff.

Die Symptome der COPD werden im Laufe der Therapie deutlich besser. Hr. V. kann mittlerweile das Bett verlassen und einige Schritte im Zimmer und am Gang machen. Die Atemnot wie auch der Husten haben sich deutlich gebessert. Zusätzlichen Sauerstoff braucht Hr. V. nur nach Anstrengung wie z.B. dem Waschen am Waschbecken. Am 10. Tag nach seiner Aufnahme und nach gut verlaufender Therapie bittet Hr. V. die Pflegekraft, ob sie ihn mit dem Rollstuhl in den Raucherbereich bringen könnte, da er sich so sehr nach einer Zigarette sehne und seit seiner Aufnahme im Krankenhaus nicht geraucht habe.

Pflegekräfte sollten die Autonomie des Patienten unterstützen, auch dann, wenn sie nicht mit seiner Entscheidung einverstanden sind. Sollte die Pflegekraft Hrn. V. in den Raucherbereich bringen?

Die grundlegende Aufgabe der Pflegenden ist es, Gesundheit zu fördern bzw. wiederherzustellen. In der Erfüllung ihrer Aufgaben sollten Pflegende die Autonomie von Patient*innen achten. Hier stellt sich jedoch nicht nur die Frage, ob Pflegende dem Wunsch der Patient*innen entsprechen sollten, sondern auch, ob diese von der Pflege verlangen können, eine Handlung durchzuführen, die ihnen offensichtlich schadet. Das Selbstbestimmungsrecht der Patient*innen kann in Hinblick auf die Berücksichtigung der beruflichen Integrität der Pflegenden begrenzt werden. Patientenautonomie bedeutet nicht, dass Pflegende dazu verpflichtet sind, jeglichem Wunsch von

Patient*innen nachzukommen. Das Rauchen würde der Therapie der COPD massiv im Wege stehen und den Zustand des Patienten wieder verschlechtern. Diese Handlung zu unterstützen, widerspricht dem Auftrag Pflegender und kann von ihnen daher abgelehnt werden.

Der Patient fordert von der Pflege, eine schädigende Handlung auszuführen. Würde der Autonomie des Patienten absolut Vorrang gegeben, könnte ein Patient von den Pflegenden auch seine Tötung aufgrund großen Leids verlangen.

Da der Mensch in Beziehungen, in einer Gesellschaft und in einem sozialen Umfeld lebt, sind der Autonomie des Einzelnen dort Grenzen gesetzt, wo Rechte und Autonomie anderer Personen betroffen sind. In dem oben genannten Beispiel ist es die berufliche Integrität der Pflege, die den Wünschen des Patienten entgegensteht. Andere Beispiele sind die Gefährdung anderer Patient*innen oder im Altenpflegebereich nicht selten die übermäßige Störung anderer Bewohner*innen.

Einschränkung der Autonomie zum Erhalt der dispositionellen Freiheit

Nach Gewirth wiegt die dispositionelle Freiheit mehr als die aktuelle Freiheit. Sind die Bedingungen der aktuellen Freiheit nicht gegeben (bewusste Zielsetzung, Verhältnis des eigenen Strebens zu faktischen Bedingungen), dürfen Patient*innen in ihrer Freiheit eingeschränkt werden. So kann es auch geboten sein, die aktuelle Freiheit einer Person – zeitlich begrenzt – einzuschränken, um die dispositionelle Freiheit zu erhalten (Bobbert, 2002, S. 189). Der Unterschied zwischen der aktuellen und der dispositionellen Freiheit liegt darin, dass mit dispositioneller Freiheit Handeln auf längere Zeit hinaus gemeint ist.

Freiheitseinschränkung zum Schutze des Patienten

Ein Patient versucht in der Nacht mehrmals aufzustehen und allein auf die Toilette zu gehen. Aufgrund einer leichten Schwäche im linken Bein (Folge eines Schlaganfalls) ist der Patient bei einem solchen Versuch gestürzt. Er wird vom Pflegepersonal mehrmals darauf hingewiesen, dass er zur Begleitung auf die Toilette eine Pflegefachkraft rufen solle. Der Patient scheint die Forderung der Pflegeperson zu verstehen, welche sich auch versichert, dass der Patient selbstständig den Glockenruf betätigen kann. Trotzdem versucht der Patient immer wieder allein aufzustehen.

Tagsüber wird der Patient bei den üblichen Routinearbeiten zur Toilette begleitet, und in den wenigen Fällen, in denen er versucht, allein die Toilette zu besuchen, wird von den Mitpatienten frühzeitig das Pflegepersonal gerufen. Dies ist in der Nacht leider nicht möglich. Es stellt sich für das Pflegepersonal die Frage, ob und wie der Patient daran gehindert werden kann, allein aufzustehen und möglicherweise noch einmal zu stürzen.

Freiheitseinschränkung zum Schutze der Patientin

Eine 75-jährige Patientin leidet nach einer Hüftprothesenoperation an einem Durchgangssyndrom. Sie entfernt sich zweimal den venösen Zugang und löst ihr Bein aus der stabilisierenden Schaumstoffschiene.

Im ersten Beispiel besteht die Gefahr, dass der Patient stürzt und sich weitere schwerwiegende Verletzungen zuzieht (insbesondere die Fraktur eines Oberschenkelhalses oder eines Armes sowie Kopfverletzungen). Durch diese Komplikationen wäre der Patient für längere Zeit in seiner Bewegungsfreiheit eingeschränkt. Vermeidet man den Sturz durch eine Einschränkung seiner aktuellen Freiheit, ist es möglich, den derzeitigen Bewegungsstand zu erhalten und durch weitere Mobilisation zu fördern und somit auf Dauer mehr Bewegungsmöglichkeit zu erreichen.

Im zweiten Beispiel kann es durch die Unruhe zu postoperativen Komplikationen an der Hüfte kommen, ebenso kann die benötigte Infusionstherapie ohne den venösen Zugang nicht verabreicht werden. Die Patientin ist aufgrund des Durchgangssyndroms aktuell nicht entscheidungsfähig und kann die Konsequenzen ihrer Handlung nicht in vollem Maße verstehen. Geht der Patient im ersten Beispiel bewusst die Risiken einer Verletzung ein, da ihm seine Unabhängigkeit wichtiger ist, so mag das dem Pflegepersonal unvernünftig erscheinen. Eine Einschränkung der aktuellen Freiheit ist jedoch auch im Hinblick auf den Erhalt der dispositionellen Freiheit fragwürdig, da der Patient selbst entscheiden kann. Bei einer Entscheidung spielen auch Aspekte der Fürsorge und der Gerechtigkeit eine Rolle, wie wir in den nächsten Kapiteln noch sehen werden.

Im zweiten Beispiel ist eine Fixierung des Beins zur Vermeidung von Komplikationen sowie eine Fixierung des Armes zur Gabe der Infusionstherapie dann gerechtfertigt, wenn es nicht möglich ist, durch andere, weniger drastische Maßnahmen die Gefährdung der Patientin zu verhindern. Die dispositionelle Freiheit wiegt hier mehr als die aktuelle Freiheit. Das heißt, schränkt man die Freiheit in diesem Moment ein, vermeidet man Verletzungen, die die Patientin in der Folge in ihrer Bewegung und damit in ihrer Freiheit begrenzen. Durch die aktuelle, kurzzeitige Maßnahme erhält man die dispositionelle Freiheit der Patientin, somit ist also eine kurzzeitige Freiheitseinschränkung gerechtfertigt. Wäre die Patientin urteilsfähig, so kann man davon ausgehen, dass sie den sie schützenden Maßnahmen zustimmen würde (mutmaßlicher Wille). Es ist jedoch von großer ethischer Bedeutung, wie eine Freiheitseinschränkung vorgenommen wird (gelindeste Mittel) bzw. ob nach Alternativen gesucht wurde.

Einschränkung der Autonomie bei desorientierten Patient*innen

Eine besondere Herausforderung sind desorientierte Patient*innen. Diese nehmen ihr Umfeld anders wahr und können darum Folgen ihrer Handlungen oftmals nicht angemessen einschätzen. Dies führt im pflegerischen Alltag zu schwierigen Situationen. Der Wille dieser Patient*innen entspricht nicht den gegebenen Möglichkeiten. Örtlich desorientierte Patient*innen wollen nicht selten die Einrichtung verlassen, um in der Nacht „einkaufen" zu gehen oder „hinunter ins Wohnzimmer zu meinem Ehemann". Das Einschreiten der Pflegeperson wird als Angriff, Bedrohung und Einschränkung der persönlichen Freiheit empfunden. Den Willen von Patient*innen in diesem Fall zu respektieren, kann zu selbstgefährdenden Handlungen führen. Versucht man, sie wohlwollend von ihrer Absicht abzubringen, so kann es dennoch geschehen, dass sie sich ernsthaft bedroht und gefangen fühlen. Aggression, lautstarke Abwehr und Handgreiflichkeiten können die Folge sein.

Autonomie bei desorientierten Patient*innen

Fr. H. ist 48 Jahre alt und seit langer Zeit alkoholabhängig. Das Gehirn ist vom Alkohol stark geschädigt. Die Patientin ist örtlich und situativ desorientiert. Die Familie (Ehemann und zwei volljährige Töchter) besitzt ein renommiertes Geschäftshaus. Sowohl der Ehemann als auch die Töchter besuchen Fr. H. regelmäßig im Krankenhaus und bemühen sich sehr um sie. An einem Nachmittag erscheint Fr. H. am Gang der Station, wo sich auch andere Patient*innen aufhalten. Sie ist leicht bekleidet und trägt ihre Unterhose auf dem Kopf. Abgesehen von diesem peinlichen Auftritt vor den anderen Patient*innen will Fr. H. trotz winterlicher Temperaturen auch das Krankenhaus verlassen. Die Pflege versucht ohne Erfolg, die Patientin davon zu überzeugen, dass ihre Bekleidung nicht angemessen ist. Es gelingt ihr schlussendlich, die Patientin dazu zu bewegen, in ihr Zimmer zurückzugehen, wo sie den restlichen Nachmittag die Unterhose auf dem Kopf behält. (Die Patientin hat ein eigenes Zimmer, da sie privat versichert ist und das zweite Bett im Zimmer aus den gegebenen Gründen nicht belegt wurde. Diese Möglichkeiten stehen jedoch sehr oft nicht zur Verfügung.)

Die Patientin setzt sich selbst einer entwürdigenden Situation aus, und das Verlassen des Krankenhauses stellt eine Selbstgefährdung dar. Zu diesem Fall stellen sich folgende Fragen:

- Wie verhält man sich, wenn die Patientin nicht bereit ist, den Stationsgang zu verlassen, und sie sich somit den Blicken anderer Patient*innen und Besucher*innen aussetzt?
- Was soll man tun, wenn die Patientin kein Einzelzimmer hat und es unumgänglich ist, dass Mitpatientinnen diese Situation beobachten? Soll man die Patientin drängen, sich angemessen anzukleiden?
- Ist der Wille der Patientin zu befolgen bzw. was bedeuten in diesem Fall Wille und Autonomie?
- Sollten Gefühle der Angehörigen in die Entscheidung mit einbezogen werden? Wie fühlen sich die Töchter, wenn sie beim nächsten Besuch ihre Mutter so sehen?
- Soll man den Arzt auf die Umstände hinweisen und eine Überweisung in eine spezielle Einrichtung vorschlagen? Welche Konsequenzen hätte eine solche Überweisung?

Desorientierte oder demente Patient*innen sind im Sinne von Gewirth nicht voll handlungsfähig, da sie ihr Streben nicht im Verhältnis zu den faktischen Bedingungen sehen können. Daher ist eine Einschränkung der Autonomie unter bestimmten Voraussetzungen gerechtfertigt. Wird vom Pflegepersonal aus den angeführten Gründen eine Einschränkung der Autonomie als gerechtfertigt eingeschätzt, so treten weitere Fragen auf, die sich das Pflegepersonal auf jeden Fall stellen muss. *Ob* ein*e Patient*in eingeschränkt werden darf, kann in einigen Fällen auf Basis der angeführten Gründe geklärt werden. *Wie* diese Einschränkung durchgeführt wird, ist von wichtiger moralischer Bedeutung. Überzogene oder aufgrund unzureichenden Fachwissens durchgeführte Einschränkungen sind moralisch nicht gerechtfertigt. Hier ist auch das Pflegemanagement gefordert, dafür zu sorgen, dass das Pflegepersonal an Fort- und Weiterbildung im Umgang mit desorientierten Patient*innen teilnimmt. Auch Einzelne sind dazu aufgefordert, ihr Verhalten gegenüber diesen Patient*innen zu reflektieren und sich Fachwissen anzueignen.[9]

Es stellen sich jedoch nicht nur individualethische Fragen, wie sich einzelne Pflegepersonen verhalten sollen, sondern auch Fragen im Zusammenhang mit dem gesamten Gesundheitssystem und seinen Institutionen. Sozialethische Fragestellungen betreffen gesundheitspolitische Strukturen, in denen sich desorientierte Menschen bewegen. Personalmangel, unzureichende Ausbildung im Umgang mit Desorientierten und Überforderung des Personals führen zu ethisch nicht gerechtfertigten Handlungen. Mittel, um herauszufinden, was einzelne Patient*innen wollen, stehen nur eingeschränkt zur Verfügung.

Die Kooperationsbereitschaft von verwirrten und dementen Personen ist abhängig von der Art, wie man ihnen entgegentritt. Patient*innen, denen ruhig begegnet wird, sind eher bereit zu kooperieren als Patient*innen, denen man sich hastig und mit befehlendem Ton nähert (Slettebø & Bunch, 2004, S. 547).

Eine Einschränkung der Freiheit ist ein tiefer Eingriff in die körperliche und psychische Integrität von Patient*innen. Professionelle Pflege muss jede Einschränkung der Autonomie reflektieren und ernsthaft begründen! Strukturelle Ignoranz gegenüber der Autonomie der Patient*innen im Routineablauf ist moralisch nicht gerechtfertigt.

Folgende Fragen müssen beachtet werden:

- Welche Kriterien oder Bedingungen rechtfertigen eine Einschränkung der Autonomie (z. B. Eigen- oder Fremdgefährdung)[10]?
- Wer entscheidet über die Einschränkung der Autonomie?
- Welche strukturellen Bedingungen führen zu nicht gerechtfertigten Autonomieeinschränkungen oder vorschnellen Entscheidungen bezüglich des Willens von Patient*innen?

Situationen mit desorientierten Patient*innen unterscheiden sich im Akutbereich sehr stark vom Bereich der Langzeitpflege. Im Langzeitbereich geht es nicht nur um Situationen, wo Bewohner*innen sich selbst gefährden (wie z. B. Verlassen der Einrichtung), sondern sie sind Alltag bei vielen pflegerischen Tätigkeiten, insbesondere bei der Pflege dementer Menschen. Die

[9] George J. Agich (2003) beschreibt die Einschränkung des Autonomiebegriffs, wie er hier von Gewirth und Bobbert dargestellt wird (Bedeutung und Folgen des Handelns müssen verstanden bzw. Handlungen bewusst vollzogen werden), insbesondere in der Langzeitpflege als nicht angemessen. Agich stellt im Rahmen der Langzeitpflege aktuelle Bedürfnisse und Wünsche in den Mittelpunkt, unabhängig davon, ob diese bewusst getroffen werden.

[10] Anm.: Auch hier ist es notwendig, nicht vorschnelle Urteile zu treffen, sondern Art und Ausmaß der Gefährdung im Verhältnis zur Einschränkung der Autonomie zu betrachten.

Themen Autonomie und Freiheitsbeschränkung werden vielfältig diskutiert und es gibt große Bemühungen, Freiheitsbeschränkungen zu vermeiden.

Im Akutbereich sehen sich Pflegende häufig Situationen gegenüber, in denen eine Weiterführung oder Sicherstellung der Therapie aufgrund von Desorientiertheit nicht gewährleistet werden kann. So stellt sich die Frage der Freiheitsbeschränkung, um die Patient*innen behandeln und somit heilen zu können.

Im Akutkrankenhaus steigt die Zahl der an Demenz erkrankten Menschen. Aufgrund von Ausstattung, Struktur, Personalstand und Personalqualifizierung kann diesen Herausforderungen im Akutbereich häufig nicht ausreichend begegnet werden und es fehlen auch bis heute in vielen Krankenhäusern Konzepte für die Versorgung dementer Menschen im Krankenhaus. Jedoch zeigt sich hier in den letzten Jahren, dass ein Umdenken stattfindet und dem Thema zunehmend Gewicht beigemessen wird, z.B. durch:

- Nationale Demenzstrategie Deutschlands (Bundesministerium für Gesundheit, 2020, S. 98ff.)
- Demenzkompetenz im Spital; beauftragt durch das österreichische Bundesministerium für Arbeit, Soziales, Gesundheit und Konsumentenschutz (Jurasovich & Rappold, 2017)
- Menschen mit Demenz im Allgemeinkrankenhaus (Löhr, Meißnest & Benjamin Volmar (Hg.), 2019)
- Das demenzsensible Krankenhaus (Horneber & Hübner (Hg.), 2019).

Nicht entscheidungsfähige Patient*innen

Bei bestimmten Krankheitsbildern ist es Patient*innen nicht möglich, den eigenen Willen zu äußern. Gehirnschädigungen durch Tumore, geistige Behinderung, psychische Erkrankungen, Bewusstlosigkeit, Koma oder Alzheimer können unter anderem Gründe dafür sein, dass die Entscheidungsfähigkeit von Patient*innen eingeschränkt ist und sie ihre Autonomie nicht wahrnehmen können. Eine genaue Betrachtung dieser Problematik und eine systematische Suche nach Lösungen sind in der Pflege und in der Medizin notwendig und wichtig. In diesem Buch soll jedoch nur kurz darauf eingegangen werden. Das Thema wird in der Medizinethik und im Rahmen der Ethikberatung weitreichend diskutiert.

Nicht entscheidungsfähige Patient*innen stellen in der Praxis alle Betroffenen vor schwierige Entscheidungen. Was ist das Beste für diese Patient*innen?

Welche Handlung entspricht ihren Lebenswünschen? Es stellen sich Fragen wie:

- Wer entscheidet für die Patient*innen?
- Gibt es Anhaltspunkte dafür, dass ein*e Patient*in den eigenen Willen vor der Entscheidungsunfähigkeit geäußert hat?
- Welche Personen werden in die Entscheidungsfindung miteinbezogen?
- Welche nonverbalen Reaktionen zeigt eine Patient*in und wie können sie interpretiert werden?
- Welche Situationen tragen dazu bei, dass der mutmaßliche Wille nicht ausreichend hinterfragt wird?
- Wie viel Energie, Kommunikation und Personaleinsatz werden zur Willenshinterfragung eingesetzt?

Besitzen Patient*innen nicht die Fähigkeit, für sich selbst zu entscheiden, ist es notwendig, dass andere Menschen nach ihrem mutmaßlichen Willen handeln. Angehörige, Erziehungsberechtigte, Freunde und Betreuer*innen können in diesen Fällen oft wesentliche Informationen anbieten. Nonverbales Verhalten, Mimik, Gestik oder Abwehrreaktionen können Hinweise auf Wünsche oder Unmut über eine Handlung geben.

Die Ermittlung des mutmaßlichen Willens stellt in der Praxis Pflegepersonen und Ärzt*innen oft vor schwierige Situationen. Unterschiedliche Auskünfte durch Angehörige oder das Fehlen von Angehörigen oder anderen Bezugspersonen erschweren derartige Situationen. Yeo et al. machen darauf aufmerksam, dass Autonomie nicht nur bedeutet, die Wahl von entscheidungsfähigen Patient*innen zu respektieren, sondern auch die Bedürfnisse von Patient*innen zu achten, die ihre Wünsche nicht klar artikulieren bzw. durchsetzen können. Es besteht die Gefahr, dass die Bedürfnisse dieser Patient*innen missachtet oder ignoriert werden. Die Achtung der Autonomie erfordert darüber hinaus bei Patient*innen mit eingeschränkter Fähigkeit, autonom zu entscheiden, besondere Sorgfalt (Yeo, Moorhouse, Kahn & Rodney, 2020, S. 120).

Aus pflegeethischer Perspektive wird hier auf ein übliches Vorgehen bei der Körperpflege von nicht einwilligungsfähigen Patient*innen eingegangen. Besonders in Zeiten knapper Personalressourcen sind nicht entscheidungsfähige Patient*innen oft die Leidtragenden des Systems. War und ist es in manchen Einrichtungen üblich, die Körperpflege in den Nacht- oder sehr frühen Morgenstunden durchzuführen, so erfolgen diese Pflegetätigkeiten meist bei nicht einwilligungsfähigen Menschen. Gründe für ein derartiges Vorgehen sind unter anderem, dass diese Patient*innen aufgrund ihrer Grunderkrankung oft sehr pflegeintensiv sind und eine Störung des Nachtrhythmus vom Pflegepersonal als weniger schwerwiegend empfunden wird, da viele dieser Patient*innen auch viele Tagstunden im Bett verbringen. Es ist jedoch anzunehmen, dass der Hauptgrund dieses Vorgehens darin liegt, dass diese Patient*innen nicht die Möglichkeit haben, sich gegen diese Praktiken zu wehren. Es wird kaum Pflegende geben, die, um das gleiche Arbeitspensum zu schaffen, drei oder vier entscheidungsfähige Patient*innen zwischen 3:00 Uhr und 5:00 Uhr morgens zur Körperpflege aufwecken würden.

Im folgenden Fall wird das Vorgehen bei der Behandlung eines Schlaganfallpatienten beschrieben. Der mutmaßliche Wille des Patienten ist nicht bekannt. Angehörige, Medizin und Pflege finden zum Wohle des Patienten eine gemeinsame Entscheidung. Im Anschluss an das Beispiel wird auf Überlegungen zum Legen einer PEG-Sonde eingegangen. Diese Überlegungen sind nur ein beispielhafter Auszug aus vielen Aspekten. Pflegenden, die häufig mit ethischen Fragestellungen rund um die PEG-Sonde konfrontiert sind, ist es zu empfehlen, einschlägige Fachliteratur über medizinische, pflegerische und ethische Standpunkte zu lesen.

Behandlungseinschränkung bei einem Schlaganfallpatienten

Hr. G., ein 69-jähriger Mann, erleidet einen Schlaganfall. Mit dem Schlaganfall gehen leichte Bewegungseinschränkungen einher. Hr. G. kann kommunizieren und die Grundpflege mit ein wenig Hilfe selbstständig durchführen. Hr. G. kümmert sich um seine pflegebedürftige Frau, welche unter MS leidet. Fr. G. wird gemeinsam mit ihrem Mann stationär aufgenommen, da sie sonst keine Versorgung zu Hause hätte.

Fünf Tage nach der Aufnahme im Krankenhaus erleidet Hr. G. einen zweiten Schlaganfall an derselben Gehirnseite. Er ist nicht mehr ansprechbar. Im CT wird ein Mediainfarkt diagnostiziert. Dem Patienten wird mittels Infusionen Flüssigkeit zugeführt. Eine künstliche Ernährung wird aufgrund der schlechten Prognose noch nicht begonnen und soll je nach weiterem Verlauf wieder besprochen werden.

Nach zehn Tagen hat sich der Zustand des Patienten nicht verbessert. Fr. G. wird täglich vom Behandlungsteam über den Verlauf informiert und weiß, dass es sehr unwahrscheinlich ist, dass sich der Zustand ihres Mannes verbessern wird. Es gibt keine Zeichen von weiteren Komplikationen wie z. B. einer Pneumonie. Es wird weiterhin intravenös Flüssigkeit zugeführt, jedoch kommt es zu starken Ödemen und es wird immer schwieriger, einen Venenzugang zu legen.

Am 20. Tag sind keine Zeichen einer Verbesserung des Zustandes von Hrn. G. ersichtlich. Er ist komatös und nicht ansprechbar. Die Zufuhr von Flüssigkeit über einen peripheren Venenkatheter ist nicht mehr möglich. Da Hr. G. seit dem vierten Tag der Aufnahme nicht ernährt wird, hat er beträchtlich an Gewicht verloren. Es wird die Frage nach einer PEG-Sonde und dem weiteren Therapieverlauf aufgeworfen. Auch mit einer PEG-Sonde hat Hr. G. eine schlechte Prognose, aber sein Leben könnte für einige Zeit erhalten werden. Wie lange, ist schwer abzuschätzen. Alle Aktivitäten des täglichen Lebens müssten jedoch pflegerisch übernommen werden und es ist nicht davon auszugehen, dass Hr. G. je Kommunikationsfähigkeiten zurückerlangen wird.

Es findet ein sehr ausführliches Gespräch mit Fr. G., dem behandelnden Arzt und einer Pflegefachkraft statt. Verschiedene Therapiemöglichkeiten und pflegerische Versorgungsangebote (Pflegeheim) werden besprochen, und Fr. G. erhält die medizinische und pflegerische Situation erklärt. Fr. G. berichtet, dass sie weiß, dass ihr Mann unter diesen Umständen sicher keine PEG-Sonde würde haben wollen. Er habe oft gesagt, wenn seine Zeit vorbei sein sollte, dann sollte es so sein. Was er sich gewünscht hätte, wäre ein schmerzfreies Sterben im Kreis seiner Angehörigen. Nach dem ersten Schlaganfall vor wenigen Tagen habe er noch gemeint, wenn das so bliebe, dann freue er sich wieder auf zu Hause, und wie froh er sei, dass es nicht schlimmer gekommen wäre. Wenn er gar nicht mehr bewusst am Leben teilnehmen könne, dann sähe er keinen Sinn in einem Weiterleben.

Daraufhin wird gemeinsam mit Fr. G. entschieden, dass im Weiteren ein palliatives Therapieziel verfolgt und keine PEG-Sonde gelegt wird. Hr. G. wird auf die Palliativstation verlegt. Fr. G. kann das Zimmer gemeinsam mit ihrem Mann belegen. In den nächsten Tagen soll versucht werden, einen geeigneten Pflegeplatz für beide zu finden.

Angehörige sowie medizinisches und pflegerisches Team entscheiden über einen längeren Zeitraum gemeinsam, welche Behandlung erfolgen und welches Therapieziel angestrebt werden sollte. Im Fall von Hrn. G. konnte gemeinsam mit den Angehörigen auf Basis des mutmaßlichen Willens, den der Patient zuvor in verschiedener Form ausgedrückt hatte, eine Entscheidung getroffen werden.

Besonders in der Altenpflege oder der Pflege von Schlaganfallpatient*innen mit starker Beeinträchtigung stellt sich häufig die Frage, welche Interventionen für Patient*innen noch von Nutzen sind und welche ihnen schaden. Daher wird als Beispiel auf das Legen einer PEG-Sonde überblicksmäßig eingegangen: Das Legen einer PEG-Sonde ist eine medizinische Handlung. Die Verabreichung von Essen und Trinken ist jedoch Teil der Basispflege. Künstli che Ernährung ist eine therapeutische Maßnahme wie auch eine Grundpflegeleistung, daher scheint es sinnvoll, dass beide Berufsgruppen versuchen, gemeinsam angemessene Lösungen zu finden. Da die Zahl pflegebedürftiger Menschen steigt, wird die Thematik noch mehr an Bedeutung gewinnen. Auch gesetzliche Vertretungspersonen sind zunehmend mit diesen Fragen konfrontiert.

Welche Kriterien aber können zu einer Entscheidung herangezogen werden? Wie im vorigen Kapitel beschrieben, ist der mutmaßliche Wille, sollte kein eindeutiger Patientenwille vorliegen, als Entscheidungskriterium vorrangig. Kann dieser nicht ermittelt werden, gilt als Leitgedanke das *beste Interesse*: Welche Handlungen (eventuell auch Nichtbehandlung) sind langfristig gesehen im Interesse des oder der Betroffenen? Außerdem ist der Aspekt der Lebensqualität ein Grundpfeiler, wenn es darum geht, Entscheidungen für Dritte treffen zu müssen, wobei Entscheidungsträger*innen sich bewusst sein müssen, wie stark die Bewertung der Lebensqualität von eigenen subjektiven Überzeugungen gefärbt sein kann. Es werden Zukunftsperspektiven, Leid und Schmerz bewertet. Kann der oder die Betroffene die eigene Umgebung erkennen und mit anderen Menschen kommunizieren? Wird er oder sie wieder Selbstständigkeit erlangen oder abhängig sein von der Hilfe anderer? Gibt es klare nonverbale Zeichen? Hat er oder sie in früherer Zeit gegenüber Pflegenden, Ärzt*innen oder der Familie Aussagen gemacht, die seine oder ihre Wünsche oder Neigungen ausgedrückt haben? Welchen Nutzen hat der oder die Betroffene durch das Legen einer PEG-Sonde, welche Nachteile ergeben sich daraus?

Pflegende in der Langzeitpflege machen auch häufig die Erfahrung, dass sich Angehörige, wenn es ihnen kaum möglich ist, mit Patient*innen zu kommunizieren, mit der Zeit beginnen, sich von ihnen zurückzuziehen. Die Besuche werden seltener und kürzer, und es zeigt sich, dass sich Beziehungen lösen – sie können die Patient*innen auf lange Zeit nicht mehr begleiten.

Von medizinischer Seite sollte, soweit es möglich ist, der Zustand dieser Patient*innen festgestellt und eine Prognose gemacht werden. Prognosen können nicht immer mit völliger Sicherheit getätigt werden. Widersprüchliche Einschätzungen erschweren dann eine Einigung bezüglich der weiteren Behandlung.

Bei der überwiegenden Zahl der Fälle liegt es den Familienangehörigen am meisten am Herzen, im Sinne der Betroffenen zu entscheiden. Jedoch sind auch sie häufig mit den schwerwiegenden Entscheidungen überfordert. Selten kommt es dennoch vor, dass Angehörige unterschiedlicher Meinung sind oder andere Motive ihr Handeln leiten (z. B. Schuldgefühle, noch offene Konflikte, finanzielle Belange, Festhalten an Hoffnung).

Ein wesentlicher Aspekt zur Entscheidungsfindung ist die Einschätzung der Notwendigkeit von Nahrungs- und Flüssigkeitsaufnahme. Essen und Trinken sind Grundvoraussetzungen zum Leben. Die Fürsorge ist schwer, wenn Patient*innen nicht mehr in der Lage sind Nahrung aufzunehmen, oder diese ablehnen. Das Gefühl, Patient*innen verhungern und verdursten zu lassen, steht im Raum. Es stellt sich jedoch die Frage, ob es nicht Stadien im Leben gibt, in denen die Grundversorgung nicht mehr wesentlich ist, sondern für den Körper sogar eine Belastung darstellt.

Insbesondere bei einer fortgeschrittenen Demenz ist das Legen einer PEG-Sonde sehr umstritten. Es gibt keine medizinischen Beweise, dass das Legen einer PEG-Sonde in einem späten Stadium der Demenz zu einer Steigerung der Überlebenschance beiträgt. Die medizinische Sinnhaftigkeit einer PEG-Sonde für Langzeitpatient*innen, bei denen keine Veränderung des Krankheitsbildes mehr zu erwarten ist, wird in der Fachliteratur sehr kontrovers diskutiert. Die Vermeidung einer Mangelernährung sowie einer Aspirationspneumonie ist nicht bewiesen, ebenso wird das Gefühl von Hunger und Durst in der letzten Lebensphase als weniger relevant beschrieben (Volkert, 2009; Teno et al., 2012).

Für Angehörige und für das Behandlungsteam ist es oft schwierig, nichts zu tun. Das Setzen von Handlungen ist verbunden mit Hoffnung. Angehörige, die sich gegen das Legen einer PEG-Sonde entschieden haben, berichten, dass sie mit Aussagen wie „Sie lassen Ihren Verwandten verhungern und verdursten" durch Pflege und Mediziner*innen konfrontiert wurden – aber auch umgekehrt: Angehörige haben Sorge, dass der betreute Mensch „verhungern oder verdursten könnte", wenn nichts getan wird. Es ist besonders schwierig, dann nichts zu tun, wenn der Sterbeprozess offensichtlich noch nicht eingesetzt hat. Ethische Entscheidungen müssen in diesem Fall nicht ad hoc gefällt werden. Es ist für alle Beteiligten von Vorteil, für ihre Überlegungen Zeit zu haben. Gemeinsame Gespräche und ethische Fallbesprechungen können entlastend und hilfreich sein.

Die Indikation einer PEG-Sonde ist abhängig vom Krankheitsbild und von den Umständen jedes einzelnen Falles. Es ist ein maßgeblicher Unterschied, ob PEG-Sonden bei Demenz, Apoplexie, Magersucht, Tumorerkrankungen, neuromuskulären Erkrankungen oder in der Palliativpflege eingesetzt werden. Jeder einzelne Fall muss im Speziellen betrachtet werden. Als Basis der Überlegungen dienen die vier genannten ethischen Prinzipien. Um anhand dieser Prinzipien entscheiden zu können, ist es wesentlich, auch medizinische Fakten zu kennen und die Bedeutung der Ernährung in den verschiedenen Lebensphasen zu begreifen.

1.5 Autonome Patient*innen?

Nachdem der Begriff der Autonomie in der Pflege entfaltet wurde, stellt sich die wesentliche Frage: Ist Autonomie auch Wunsch und Ziel von Patient*innen? Eine Studie mit 12 600 Patient*innen aus 51 Krankenhäusern in den USA ergab, dass es deren Hauptanliegen ist, mit Respekt und Würde behandelt zu werden, nicht nur „eine Nummer" zu sein und dem Personal vertrauen zu können (Geisler, 2004). Der Möglichkeit, autonome Entscheidungen treffen zu können, wurde weniger Gewicht beigemessen. Der vorrangige Wunsch von Patient*innen ist es, ernst genommen zu werden. Vertrauen und Respekt sind für Patient*innen oft wichtiger, als in Entscheidungen einbezogen zu werden. Viele von ihnen wollen ihre Entscheidungen delegieren (Joffe, Manocchia & Weeks, 2003). Nicht jede*r Patient*in wünscht oder erwartet, in die Planung der Pflege miteinbezogen zu werden. Viele Patient*innen sind aufgrund ihrer Krankheit weder in der Lage noch haben sie die Energie, ihre Autonomie in Anspruch zu nehmen. Sie vertrauen auf das Fachwissen der Pflegenden und begeben sich in deren *wohlwollende Fürsorge*. Es ist jedoch von zentraler Bedeutung, ob ein*e Patient*in auf das Recht auf Autonomie verzichtet oder ihm/ihr dieses Recht verweigert wird. Es sollte auch beachtet werden, ob Patient*innen aufgrund ihrer Erkrankung und ihres derzeitigen Bedürfnisses nach Fürsorge auf ihr Recht verzichten oder ob Verunsicherungen durch das System und Ausgeliefertsein als Hilfesuchende ausschlaggebend für ihr Handeln sind. Pflegende müssen sich des Rechtes auf Autonomie bewusst sein und diesem Recht in ihrem Handeln vermehrt Beachtung schenken. Pflegende sollen die Autonomie der Patient*innen unterstützen und fördern. Der Respekt vor den eigenen Entscheidungen, Zielen und Wertvorstellungen von Patient*innen muss immer gegeben sein.

1.6 Zusammenfassende Schlussbemerkungen

Ein Recht auf Autonomie, wie es hier entfaltet wurde, zeichnet ein Idealbild und ist in der Pflegepraxis sicher nicht immer vollständig umzusetzen. Es ist jedoch ein wichtiger Schritt der Professionalisierung der Pflege, sich diesem Recht zunehmend anzunähern und Lösungen zu finden. Der Autonomie als ethischem Wert der Pflege wird in vielen Fällen noch zu wenig Beachtung geschenkt und der Gedanke der Fürsorge steht im Zentrum. In der täglichen Routine und durch das Gefühl der Selbstverständlichkeit von Grundpflege fehlt oft das Bewusstsein für das Recht auf Selbstbestimmung. Sowohl Patient*in wie auch Pflegepersonal werden aber von einem realisierten Recht auf Autonomie profitieren. Vorstellungen und Erwartungen in der Interaktion zwischen Patient*in und Pflegepersonal sind oft sehr unterschiedlich, ohne dass diese Divergenzen angesprochen werden oder offen zum Vorschein kommen. Maßnahmen und Zielvorgaben des Pflegepersonals können von Patient*innen oft nicht nachvollzogen werden, andererseits herrschen Unbehagen und Unzufriedenheit seitens der Pflegekräfte, wenn Patient*innen nicht „mitarbeiten" oder Ansprüche und Forderungen stellen, die unverständlich sind und manchmal sogar als unverschämt eingeschätzt werden. Diese Konflikte, die zwischen geplanter Pflege und Mitarbeit von Patient*innen entstehen, können vermieden werden, wenn Patient*innen für sich bestimmen, welche Ziele sie anstreben. Die Forderung, Patient*innen in die Pflegeplanung einzubeziehen, ist nicht immer möglich und auch nicht von allen Betroffenen erwünscht. Pflegeplanungen grundsätzlich jedoch ohne Einbezug von Patient*innen durchzuführen widerspricht dem Prinzip der Autonomie. Pflegende sind als Profession aufgefordert, die Autonomie von Patient*innen zu respektieren und achtsam zu sein.

Die Umsetzung des Rechts auf Autonomie kann ebenso zu Gewissenskonflikten bei der Pflegeperson führen. Autonomie kann deshalb keine absolute Verpflichtung sein, da eine solche Verpflichtung in Konflikt mit der Verantwortung der Profession treten kann, zum Wohle der Patient*innen zu handeln, und so die moralische Autonomie des Gesundheitsberufes missachtet würde (Hyland, 2002, S. 477).

Es ist Teil der Krankenpflege, die Autonomie von Patient*innen anzuerkennen, zu fördern und wiederherzustellen. Praktisch umsetzbar ist es, Autonomie als Leitgedanken in das Erstgespräch miteinzubeziehen. Hier können Patient*innen auf ihr Recht hingewiesen und auch aufgefordert werden, dieses Recht geltend zu machen, wenn es ihrem Wunsch entspricht (ohne mit negativen Konsequenzen rechnen zu müssen). Sie können aufgeklärt werden, nach welchem Pflegeverständnis auf der Station, in der Hauskrankenpflege, im Hospiz, im Seniorenheim usw. gepflegt wird, und es sollte ihnen das Angebot gemacht werden, an der Pflegeplanung als Entscheidungsträger*innen aktiv teilzunehmen.

Ausführliche und respektvolle Gespräche können auch dann hilfreich werden, wenn es offensichtlich wird, dass die Ziele der Pflege nicht mit den

Vorstellungen der Patient*innen übereinstimmen. Viel Zeit, Ärger und Unmut können wegfallen, wenn Pflegende versuchen, Körperpflege und Mobilisation nicht mehr nur nach ihren Idealvorstellungen auszuführen, sondern die Ziele der Patient*innen respektieren. Dies kann auch dazu führen, dass ein*e Patient*in die Maßnahmen der Pflegenden, die er/sie zuvor abgelehnt hat, nachvollziehen kann und für sich als gewinnbringend erachtet.

Zentrale Überlegungen hinsichtlich der Autonomie sollen von Pflegenden beachtet und überdacht werden:

- *Bewusstmachen der Bedeutung von Patientenautonomie in der Pflege*
  Pflegende müssen sich dessen bewusst sein, welche wesentliche Rolle Patientenautonomie in der Pflege einnimmt. Die Autonomie der Patient*innen muss in einer professionellen Pflege als grundlegender Wert gelten.
- *Bewusstmachen des Anspruchs auf Autonomie*
  Pflegende können Patient*innen deren Anspruch auf Autonomie deutlich machen. Dies geschieht einerseits durch ein gezieltes Erstgespräch beim Eintritt in eine gesundheitspolitische Einrichtung und andererseits durch professionell Pflegende, die in ihrem pflegerischen Handeln die Patientenautonomie achten (in der Gesprächsführung, in der Setzung von Handlungen usw.).
- *Autonomiebefähigung*
  Pflegende müssen Patient*innen darin unterstützen, ihr Recht auf Autonomie wahrnehmen zu können: Verminderung von autonomiebeeinträchtigenden Einflüssen (Schmerzen, institutionelle Hemmnisse, Asymmetrie, Unsicherheit, Angst, Beseitigung entwürdigender Maßnahmen) und verständliche Übermittlung von Information und Wissen tragen dazu bei, dass Patient*innen ihre eigenen Entscheidungen gemäß ihrem Wertbild und ihrer Lebensplanung treffen können.

1.7 Ergänzende Fallbeispiele

Pflegende dürfen nur solche Handlungen ausführen, denen ein*e Patient*in zugestimmt hat. Das Recht auf Autonomie sowie das Recht auf Fürsorge geraten in Konflikt, wenn Patient*innen Handlungen, die die Pflege als dringend notwendig erachtet (und die zur Grundversorgung gezählt werden), nicht zustimmen. Dazu folgendes Beispiel:

Patientin lehnt pflegerische Prophylaxen ab

Fr. T. ist aufgrund einer malignen Erkrankung bettlägerig. Sie ist seit sechs Wochen stationär aufgenommen. Starke Medikamente lindern die Schmerzen, jedoch können sie keine Schmerzfreiheit verschaffen. Sie schläft trotz Schlafmedikation sehr schlecht. Bei pflegerischen Tätigkeiten wie Waschen, Drehen oder Aufsetzen im Bett klagt Fr. T. trotz der Medikation über starke Schmerzen. Sie kann kaum eine gemütliche Lage finden. Die Patientin hat bei der Aufnahme einen Dekubitus 2. Grades am Steiß.

Aufgrund ihrer Bettlägerigkeit und des schlechten Allgemeinzustandes besteht die Gefahr eines weiteren Wundliegens. Die ihr angebotene Wechseldruckmatratze muss nach zwei Nächten entfernt werden. Die Patientin klagt über das störende Geräusch des Motors. Zudem kann auf der Matratze keine angenehme Lage gefunden werden. Als Alternative wird eine Weichlagerung gewählt, die jedoch aufgrund des schlechten Allgemeinzustandes nicht ausreichend ist. Um weitere Lagerungsschäden zu verhindern, muss die Patientin (trotz Mikrolagerungen) dreistündlich gedreht werden. Die Patientin will aufgrund ihrer Schmerzen und des gestörten Schlafes den Lagerungswechsel (Makrolagerung) nicht durchführen lassen. In weiterer Folge will Fr. T. auch nicht mehr gewaschen werden und lehnt die Wundversorgung des bestehenden Dekubitus ab.

Das Prinzip, zum Wohle von Patient*innen zu handeln, das Prinzip des Nichtschadens und das Prinzip der Autonomie treten in diesem Fall in Konflikt und müssen gegeneinander abgewogen werden. Um ein Wundliegen zu verhindern bzw. eine Verschlechterung des bestehenden Dekubitus zu vermeiden, muss ein regelmäßiger Lagerungswechsel durchgeführt werden. Dieser ist immer mit Schmerzen verbunden. Da die Patientin generell sehr schlecht schläft, wird sie bei jedem Lagerungswechsel wach und kann auch danach lange nicht mehr einschlafen. Ihre Nachtruhe ist somit gestört. Die Patientin bittet aufgrund der Schmerzen und der gestörten Nachtruhe, ihrem Wunsch, in Ruhe gelassen zu werden, Folge zu leisten.

Soll der Wunsch der Patientin akzeptiert werden oder soll der Lagerungswechsel aufgrund der pflegerischen Indikation mit etwas Druck doch durchgesetzt werden, da die Folgeschäden doch gravierend sein können? Soll die hygienische Grundpflege durchgeführt werden oder ist die Pflege von ihrer Fürsorgepflicht entbunden, da die Patientin die Pflegemaßnahmen ablehnt? Die Patientin kann ihre Wünsche ausdrücken, hat die Fähigkeit, Entscheidungen zu treffen, und versteht die Konsequenzen. Wird der Wunsch der Patientin respektiert und das Prinzip der Autonomie hierarchisch am höchsten gewertet, besteht ein sehr hohes Risiko, dass es zu einer Verschlechterung des bestehenden Dekubitus und weiteren Lagerungsschäden, zu einer Minderdurchlüftung der Lunge und demzufolge zu einer Pneumonie kommt. Bei der Versorgung entstandener und sich verschlechternder Lagerungsschäden muss die Patientin wiederum gedreht werden, was erneut Schmerzen hervorruft. Die dadurch notwendigen Verbandwechsel sind auch pflegerisch und finanziell aufwändig. Eine Vermeidung von Lagerungsschäden, die Wundversorgung und Pneumonieprophylaxe sind standardisiert und gehören zu den grundlegenden Fürsorgeaufgaben der Pflege. Das Prinzip der Fürsorge (Schaden zu verhindern) wird verletzt. Fürsorge in der Pflege inkludiert, notwendige Prophylaxen sorgfältig durchzuführen. Andererseits ist es ein Grundrecht jedes Menschen, bestimmen zu können, was am eigenen Körper getan wird. Wird ein Lagerungswechsel durchgeführt, obwohl die Patientin dieser pflegerischen Maßnahmen nicht zustimmt, so wird ihr Recht auf Bestimmung des Eigenwohls verletzt. Im Sinne der Autonomie ist es das Recht der Patientin, diese Risiken und Schäden bewusst auf sich zu nehmen.[11]

Pflegende müssen gemäß dem Recht auf Autonomie diese Entscheidung auch gegen ihre Überzeugung akzeptieren. In der Praxis wird in diesem Fall das Akzeptieren des Patientenwunsches vielen Pflegenden schwerfallen. Prophylaktische Maßnahmen stellen ein Mindestmaß an Pflege dar und werden von Pflegenden als berufliche Pflicht verstanden. Eine Unterlassung dieser Handlungen widerspricht dem Fürsorgegedanken der meisten Pflegenden und des Berufsbildes.

Denise M. Dudzinski und Sarah E. Shannon (2006, S. 612) weisen darauf hin, dass die Pflege verpflichtet ist sicherzustellen, dass die Patientin über die Konsequenzen ihrer Entscheidung aufgeklärt ist (d.h. die Gründe der Pflegehandlungen sowie Risiken, Nutzen, mögliche Alternativen kennt).

> Im Kontext einer therapeutischen Beziehung eruiert die Pflegeperson, warum ein Patient die Pflege ablehnt, schlägt verschiedene Behandlungsmethoden vor und erörtert Kurz- und Langzeitziele, basierend auf den Wünschen des Patienten. (Dudzinski & Shannon, 2006, S. 613)

Fraglich ist, ob eine Patientin, die in ihrer Situation ein höchstes Bedürfnis nach Schmerzfreiheit und Ruhe hat, die Folgen einer Nichtlagerung in ihrem ganzen Ausmaß abschätzen kann. Aber auch wenn die Patientin sich nicht der ganzen Tragweite der Folgen bewusst ist, stellt sich die Frage, ob dies eine Einschränkung der Autonomie rechtfertigt oder nicht doch ihrem aktuellen

[11] Siehe Kap. 1.1, S. 43: Autonomie als negatives Recht bzw. Abwehrrecht.

Bedürfnis nach Schmerzfreiheit und ungestörtem Schlaf der Vorrang gegeben werden muss.

Im Pflegealltag werden in vielen Fällen die als pflegerisch notwendig erachteten Handlungen einfach durchgeführt: „Es ist ja gleich vorbei." Während verbal auf die Notwendigkeit der Pflegemaßnahmen hingewiesen und der Patientin gut zugeredet wird, wird das Waschwasser schon vorbereitet und mit der Grundpflege begonnen. Je nach Pflegeperson wird dabei mehr oder weniger auf die Bedürfnisse der Patientin Rücksicht genommen.

Denise Dudzinski und Sarah E. Shannon erläutern anhand eines ähnlichen Fallbeispiels unterschiedliche Konzepte und Möglichkeiten, auf die Situation zu reagieren:

1. Autonomiekonzept

Ist sichergestellt, dass die Ablehnung informiert und ohne Zwang erfolgt ist, wäre eine Antwort unter reiner Berücksichtigung der Autonomie die Akzeptanz der Patientenentscheidung mit Inkaufnahme aller Konsequenzen, d.h. Entstehung von Dekubiti, Gefahr einer Pneumonie und Thrombose, bis hin zur Nichtentfernung von Fäkalien usw. Fällt es den Pflegepersonen auch schwer, diese Komplikationen zu akzeptieren sowie die Patientin tagelang ungewaschen zu lassen, so liegt es bei diesem Konzept an ihnen selbst, mit ihren Gefühlen umzugehen, da dem Respekt vor der Autonomie größte Bedeutung beigemessen wird.

Ein reines Autonomiekonzept ignoriert jedoch, dass Entscheidungen in einem sozialen Kontext getroffen werden, d.h. andere Personen von der Entscheidung beeinflusst werden und nicht unabhängig von ihrem Umfeld gesehen werden können. Pflegepersonen versuchen im Hinblick auf langfristige Ziele, Patient*innen von notwendigen Handlungen zu überzeugen, auch dann, wenn dies mit kurzfristigem Leid oder Schmerz verbunden ist. Ein reines Autonomiekonzept vereinfacht die Ablehnung der Patient*innen zu grob. Trotz der leidvollen Situation, in der sich die Patientin befindet, gibt es vernünftige Gründe, sie regelmäßig hygienisch bzw. pflegerisch zu versorgen, vorausgesetzt, es erfolgt im Vorfeld eine Behandlung der Schmerzen (Dudzinski & Shannon, 2006, S. 612f.).

2. Ablehnung aus Gewissensgründen

Die Ablehnung aus Gewissensgründen als ethischer Bezugsrahmen berücksichtigt einerseits das Recht der Patientin, die Pflege abzulehnen, respektiert jedoch auch das Recht der Pflegepersonen, an Handlungen, die sie für nicht richtig erachten, auch nicht teilzunehmen. Eine Pflegeperson, die die Entscheidung der Patientin nicht akzeptieren kann, muss dann versuchen jemanden zu finden, der bereit ist, die Wünsche der Patientin zu berücksichtigen, kann aber nicht dazu verpflichtet werden, gegen eigene professionelle Standards zu handeln. Diese Ansicht erkennt den moralischen Standpunkt der Pflege an und wahrt deren Wertvorstellungen, auch wenn sie sich von denen der Patientin unterscheiden. Dieses Konzept wird im Kontext von Schwangerschaftsabbrüchen oder Sterbehilfe herangezogen.

Diese Antwort ist jedoch kritikwürdig, da Grundpflege und Wundmanagement ein wesentlicher Bestandteil der Pflege sind und daher nicht mit Situationen wie Schwangerschaftsabbruch und Sterbehilfe verglichen werden können. Zudem wird es praktisch kaum möglich sein, eine pflegerische Einrichtung zu finden, die den Wünschen der Patientin gänzlich zustimmt. Pflegeeinrichtungen sind verpflichtet, Grundpflege zu gewährleisten. Die Verantwortung wäre somit nur verschoben. Dasselbe gilt, wenn die Verantwortung auf andere Kolleginnen weitergegeben würde (Dudzinski & Shannon, 2006, S. 613f.).

3. Paternalismuskonzept

Dies würde erlauben, dass die Pflege mit Berufung darauf, *im besten Interesse* zu handeln, die Patientin gegen ihren Willen dreht, wäscht und notwendige Pflege durchführt. Hier weisen Dudzinski und Shannon darauf hin, dass dies in der Praxis kaum durchführbar ist. Da betroffene Patient*innen versuchen werden, sich gegen die Bemühungen der Pflege zu wehren, besteht die Gefahr von Verletzungen; die Nötigung zur Grundpflege gleicht zudem einer Körperverletzung.

Die ablehnende Haltung kann aus dem Blickwinkel mancher Pflegepersonen als Zeichen verminderter Entscheidungsfähigkeit interpretiert werden, da aus pflegerischer Sicht viele vernünftige Gründe dafür sprechen, Grundpflege, Wundversorgung und Lagerungswechsel durchzuführen. Es wird daher als notwendig empfunden, die Patientin vor irrationalen Entscheidungen zu schützen, und eine Pflege gegen ihren Willen wird auf dieser Basis gerechtfertigt, auch mit dem Gedanken, dass die Patientin später froh darüber sein wird.

Diese Annahme ist dahingehend eine Spekulation, da, wie in dem angeführten Beispiel, Fr. T. sehr wohl *aus ihrer Perspektive* vernünftige Gründe angibt, warum sie weder gedreht noch saubergemacht werden will.

Aus dem paternalistischen Blickwinkel wird jedoch dem pflegerischen Standpunkt der Vorzug gegeben: Das kurzfristige Leid (Schmerzen durch Bewegung) und auch die Ignoranz den Wünschen der Patienten gegenüber werden im Hinblick auf die Erreichung langfristiger Ziele hingenommen.

Wie auch das reine Autonomiekonzept ignoriert das Paternalismuskonzept die Wichtigkeit von Dialog und Gegenseitigkeit in der therapeutischen Beziehung. Ein paternalistischer Zugang geht davon aus, dass das Pflegepersonal am besten weiß, welche Pflege notwendig ist. Dem sollten Patient*innen zustimmen. Diese Haltung scheint die Anwendung von Zwang und Gewalt zu rechtfertigen (Dudzinski & Shannon, 2006, S. 614).

4. Gemeinwohl – utilitaristische Antwort

Dieser ethische Zugang basiert auf einem wechselseitigen Konzept der Pflege, nach dem die Autonomie Einzelner aufgrund von Interessen der Gemeinschaft beschränkt werden kann, d.h., werden andere Personen durch die Entscheidung der Patientin beeinflusst, müssen auch die Interessen und Werte dieser Personen beachtet werden (Ärzt*innen, Pflegepersonal, Familie, Freund*innen, Gemeinschaft, Einrichtungen). Sind auch andere Personen (medizinisches Personal, Mitpatient*innen, Besuch), z.B. durch unangenehmen Geruch, betroffen, so ist es gerechtfertigt, dass auch vonseiten der Patientin ein Entgegenkommen erwartet wird (vorausgesetzt, dass dem eine Schmerzbehandlung vorausgeht). Der Nutzen wie auch der Schaden der pflegerischen Handlungen müssen mit Rücksichtnahme aller Beteiligten gegeneinander abgewogen werden. Der Patientin zum Wohle der anderen übermäßige Schmerzen zuzufügen, erscheint hingegen unverhältnismäßig, verglichen mit dem Schaden der anderen, die durch den Geruch belästigt werden.

Die Ablehnung der pflegerischen Grundversorgung durch die Patientin hat moralische Bedeutung für das Pflegepersonal. Inwieweit ist man als Pflegeperson und Mensch bereit, Patient*innen trotz verzweifelten Einspruchs Schmerzen zuzufügen, um die Basispflege durchzusetzen? Inwieweit toleriert man, dass sich Patient*innen selbst in eine Lage der Ungepflegtheit bringen? In beiden Fällen spiegelt die Reaktion der Pflegeperson das Eigenbild der Pflege und ihrer Professionalität wider (Dudzinski & Shannon, 2006, S. 616f.).

5. Auf Verhandlung basierender Zugang

Eine auf Verhandlung basierende Annäherung ist der Versuch, durch den Dialog einen Kompromiss zu finden, der die Autonomie von Patient*innen so wenig wie möglich einschränkt, die Interessen anderer Betroffener berücksichtigt, aber auch ein Einlenken bzw. Entgegenkommen von Pflege- wie Patientenseite fordert. Hier kann der Patientin z. B. ein aggressives Schmerzmanagement angeboten werden, um ein Minimum an Hygiene durchführen zu können. Es wird versucht, einen Ausgleich zu finden zwischen Respekt vor der Autonomie, Respekt vor der Verletzlichkeit von Patient*innen und Respekt vor anderen. Es wird sowohl die Autonomie der Patientin berücksichtigt wie auch die Rechte der Pflege und anderer Beteiligter. Sowohl Patientin als auch Pflege kommen den Ansprüchen und Interessen der anderen Seite entgegen. Beide können ihre Werte artikulieren, auch wenn diese nicht mit der Vorstellung der anderen Seite einhergehen.

Der Wunsch von Fr. T. aus Fallbeispiel 18 ist nicht allgemein gegen den Zweck der Pflege gerichtet, sondern ihr Anliegen ist es, keine weiteren Schmerzen zu erleiden. Um die Bedürfnisse von Fr. T. zu erfüllen, bedarf es zusätzlicher Schritte und des Einsatzes von Ressourcen, die in diesem Fall notwendig erscheinen. Der Patientin kann entsprechende Sedierung angeboten werden. Diese erlaubt der Pflege, die Grundpflege durchzuführen, und die Bedürfnisse von Fr. T. können ebenfalls berücksichtigt werden (Dudzinski & Shannon, 2006, S. 617ff.).

Fazit

Die Reflexion dieses Beispiels kann hilfreich sein, um schnelle und voreilige Urteile zu vermeiden, der Autonomie zu mehr Gewicht zu verhelfen und nach alternativen Lösungen zu suchen. Wird der Wunsch von Patient*innen akzeptiert, so ist es möglich, dass sie zu einem späteren Zeitpunkt den Pflegemaßnahmen teilweise oder ganz zustimmen. Durch Zuhilfenahme von Kolleg*innen und Fachwissen aus der Kinästhetik ist der Lagerungswechsel für die Patientin weniger belastend. Mikrolagerungen können einen Lagerungswechsel nicht auf Dauer ersetzen, aber eine Makrolagerung hinauszögern. Der Schlafrhythmus der Patientin wird dadurch weniger gestört. In Zusammenarbeit mit den Mediziner*innen kann eine intensive Schmerztherapie bzw. eine Sedierung zur Durchführung der Pflege eingeleitet werden. Ein völliger Verzicht auf pflegerische Versorgung hingegen widerspricht den Pflichten der Pflegepersonen, für die Patientin zu sorgen, ist in medizinischen bzw. pflegerischen Einrichtungen kaum zu realisieren und würde auch langfristig weitere Schäden mit sich bringen. Die Patientin ist nicht in einem Sterbeprozess, Wissen aus der palliativen Pflege und Medizin kann jedoch helfen, dass unter Wahrung der Wünsche der Patientin eine pflegerische Sorge gewährleistet werden kann.

Die verschiedenen ethischen Zugänge haben aufgezeigt, dass die Suche nach gemeinsamen Lösungen und Alternativen dabei helfen kann, die Rechte der Patient*innen wie auch die Rechte anderer betroffener Personen zu achten. Dazu ist der Dialog mit den Patient*innen notwendig. Ein reines Konzept der Autonomie oder der Fürsorge (Fürsorgepaternalismus) führen zu keiner zufriedenstellenden Lösung. Um angemessen handeln zu können, ist es notwendig, die Gründe der Ablehnung zu ermitteln. Je besser Pflegende ausgebildet sind und je mehr Erfahrung sie haben, desto leichter wird es ihnen möglich sein, dem Willen von Patient*innen zu entsprechen und Alternativen zu finden. Kreative Lösungen können helfen, den Patientenwunsch zu unterstützen. Ist es nicht möglich, annehmbare Alternativen zu finden, und ein*e Patient*in trifft eine Entscheidung, die Schaden für sie/ihn nach sich zieht, entsteht ein Konflikt zwischen dem Recht von Patient*innen auf Autonomie und der Fürsorgepflicht des Pflegepersonals. Das Pflegepersonal sollte unter Rücksicht auf das Recht der Autonomie versuchen, Patient*innen von der Notwendigkeit von pflegerischen oder medizinischen Maßnahmen zu überzeugen. Dies muss allerdings ohne Einsatz von Zwang oder Drohung erfolgen.

> Die Entscheidung eines von der Pflege sehr abhängigen Patienten zu respektieren, erfordert eine hohe Sensitivität der Pflege gegenüber der Verletzlichkeit des Patienten. Dies kann von der Pflege erfordern, sich für Veränderungen der üblichen Pflegepraxis bzw. Politik einer gesundheitspolitischen Institution einzusetzen (Yeo, Moorhouse, Kahn & Rodney, 2020, S. 119).

Der Weg zum Krankenbett

Eine ältere Patientin kommt zur Aufnahme ins Krankenhaus: Mit Reisetasche und einem Gehstock betritt die Patientin die Eingangshalle und geht auf den Portier zu, der gerade telefoniert. Nach einiger Zeit erblickt er die Patientin, hält in seinem Telefonat kurz inne und fragt: „Was wollen Sie?" Die Patientin antwortet: „Ich komme zur Aufnahme auf die interne Station. Wo muss ich denn da hin?" Der Portier antwortet. „Da müssen Sie aber zuerst in die Aufnahmekanzlei, die befindet sich im ersten Stock." Er kümmert sich nicht weiter um die Patientin, dreht sich weg und telefoniert weiter.

Die Patientin geht weiter und sucht den ersten Stock. Dort angekommen, geht sie zum Aufnahmebeamten. Dieser nimmt die Daten auf. Nicht unhöflich, aber sehr sachlich schickt er die Patientin weiter: einmal links, dann geradeaus und in den zweiten Stock. Um das betrübliche Gesicht der Patientin kümmert er sich nicht weiter und geht sofort wieder seiner Arbeit nach. Auch dass die Patientin gehbehindert ist, kümmert ihn nicht.

Auf dem Weg zur Station schaut sich die Patientin hilfesuchend um und erblickt eine Ärztin, die geradewegs auf sie zukommt. Diese fragt sie nochmals nach dem Weg zur Station. Die Ärztin hat es aber sehr eilig und gibt ihr sehr kurz angebunden Antwort: „Hier sind Sie völlig falsch, gehen Sie einfach wieder den Weg zurück und danach nach links und dann immer geradeaus – dann befinden Sie sich auf der internen Frauenstation." Und sie geht weiter.

Als sich die Patientin sichtbar verzweifelt umdreht und kehrtmachen will, kommt ein Haustechniker auf sie zu. Dieser bemerkt, dass sich die Patientin nicht auskennt und verzweifelt um sich schaut, weil sie offensichtlich nicht mehr weiter weiß. Er geht auf sie zu und fragt freundlich, ob er ihr denn helfen könne. Die Patientin – sehr überrascht ob dieser freundlichen Geste – sieht ihn zweifelnd an und sagt: „Oh ja, das wäre sehr nett!" und wiederholt ihr Anliegen. Der freundliche Haustechniker nimmt ihr die Tasche ab und bringt sie auf die Station zur Stationsleitung. Diese begrüßt die Patientin höflich und sachlich und fragt nach denselben Daten wie schon zuvor der Aufnahmebeamte. Danach drückt sie ihr einen Harnbecher in die Hand: „Ihr Bett ist noch nicht frei. Sie müssen daher im Aufenthaltsraum Platz nehmen, aber vorher geben Sie mir bitte einen Mittelstrahlharn." Sie wendet sich ab und hinterlässt eine offensichtlich ratlose Patientin.[12]

Das hier dargestellte Verhalten der Krankenhausangestellten führt zu einer zunehmenden Verunsicherung der Patientin im Laufe der Aufnahme. Anhand des Fallbeispiels wird offensichtlich, wie in einem Routinebetrieb die Bedürfnisse einzelner Patient*innen unbedachterweise übergangen werden. Die Aufnahme in die neue Umgebung des Krankenhauses bringt Unsicherheit und Ängste mit sich. Es geht um das wichtige Gut der Gesundheit. Die Patientin ist auf Hilfe angewiesen. Ihr ist unklar, was alles auf sie zukommen wird und wie Menschen, von denen sie in ihrer Krankheit abhängig ist, ihr entgegentreten. Sie hat Angst vor unangenehmen Untersuchungen und noch unklaren Diagnosen. Unannehmlichkeiten wie z. B.Inkontinenz, die sie zu Hause auf ihre Art handhaben konnte, werden in einem Krankenhaussetting offensichtlich und wahrgenommen.

Die Patientin ist vom ersten Schritt in das Krankenhaus an in einem Informationsvakuum. Menschen, von denen sie hofft, in ihrer Krankheit und in der neuen Umgebung wohlwollend unterstützt zu werden, begegnen ihr mit oberflächlicher Höflichkeit, ohne ihre Bedürfnisse zu erkennen. Durch diese Erfahrung ist die Patientin vom ersten Moment an verunsichert. Dies trägt dazu bei, dass sie auch in Zukunft wenig Chancen haben wird, ihre Autono-

---

[12] Das Fallbeispiel wurde von der Theatergruppe der Ethiktagung „Ethik denken – Ethik leben" (Barmherzige Brüder Kainbach, Juni 2006) übernommen.

mie im *System Krankenhaus* zu behaupten. Das Prinzip zur Förderung der Autonomie wird missachtet. Verunsicherte, verängstigte oder überforderte Patient*innen können ihre Autonomie dann nicht wahrnehmen.

Überlegte Handlungsweise des Personals sowie eine Optimierung von organisatorischen Abläufen können dazu beitragen, dass Patient*innen an Vertrauen gewinnen und eine Basis erhalten, um eigene Ziele und Wünsche festzulegen. Von medizinischer und pflegerischer Seite sollte bedacht werden, dass viele Faktoren Einfluss darauf nehmen, ob und wie Patient*innen als Persönlichkeit selbstbestimmt handeln können oder eben Informationsmangel und Unsicherheit zu einem passiven Rückzug führen. In der täglichen Pflegepraxis sollten Faktoren, die die Autonomie der Patient*innen stören, beachtet und eine Förderung des Selbstbestimmungsrechtes angestrebt werden.

Autonomie im Kontext der Familie

Hr. G. wurde einige Tage im Krankenhaus behandelt, da er zu Hause gestürzt war. Es wurde eine TIA diagnostiziert. Beim Sturz hat er sich eine kleine Platzwunde an der Stirn zugezogen, die chirurgisch versorgt wurde.

Hr. G. lebt alleine zu Hause. Seine Ehefrau ist vor zwei Jahren verstorben. Trotz einer Parkinsonerkrankung kann er sich selbst versorgen. Seine zwei Töchter leben im Umkreis von 40 km. Sie besuchen ihren Vater regelmäßig und kontaktieren ihn abwechselnd telefonisch. Beim vorangegangenen Sturz konnte Hr. G. das Telefon selbst erreichen und den Rettungswagen rufen.

Nachdem die medizinische Versorgung im Krankenhaus abgeschlossen ist, möchte Hr. G. wieder nach Hause entlassen werden. Beide Töchter sind besorgt darüber, was passiert, wenn Hr. G. nochmals stürzt oder erneut eine TIA oder einen Schlaganfall hat. Er würde über Stunden unversorgt in seiner Wohnung liegen.

Hr. G. will nicht in einem Seniorenheim leben. Er will in der Wohnung bleiben, in der er so viele Jahre mit seiner Ehefrau und seiner Familie verbracht hat. Er weiß, dass das Risiko besteht, dass er bei einem erneuten Sturz oder einer anderen akuten Erkrankung für Stunden unversorgt ist. „Lieber liege ich alleine am Boden, als im Seniorenheim vielleicht auch noch reanimiert zu werden." Er will keiner lebensrettenden medizinischen Versorgung „ausgesetzt" sein.

Die ältere Tochter kann den Wunsch ihres Vaters verstehen. Auch wenn sie mit der Lösung nicht zufrieden ist, akzeptiert sie seinen Wunsch und tritt für eine Entlassung nach Hause ein. Die jüngere Tochter ist verzweifelt. Die Vorstellung, dass ihr Vater für Stunden zu Hause am Boden liegen könnte, ist für sie unerträglich. Sie bittet Pflege und Mediziner*innen, alles daran zu setzen, den Vater nicht nach Hause zu entlassen, bis sie einen „guten Platz" für ihn gefunden hat.

Hr. G. ist verärgert und verletzt. Er will für sich entscheiden, wie er leben will oder sterben muss. Seine Tochter wolle ihn „in ein Altersheim stecken". Er wisse, was zu Hause passieren könne, aber das sei ihm lieber als alles andere. Nur weil eine geringe Wahrscheinlichkeit bestehe, dass etwas passieren könne, solle er sein ganzes Leben verändern. „Vielleicht bin ich noch Jahre quietschfidel", und nur weil seine Tochter Angst habe, solle er „im Altersheim versauern".

Viele alte Menschen haben über Jahrzehnte ihr Leben selbst bestimmt. Sie haben versucht, ihren Lebensplan zu verwirklichen, und wissen, was ihnen guttut. Auch ihren Lebensabend wünschen sie so gestalten zu können, wie es ihren Bedürfnissen entspricht. Risiken und eventuelle Abhängigkeiten wollen sie nicht als Grund dafür akzeptieren, ein Leben nach den Vorstellungen anderer führen zu müssen.

Ältere Menschen und medizinisches Personal können unterschiedliche Ansichten darüber haben, was wichtig ist. Während medizinisches Personal das Augenmerk eher auf Sicherheit richtet, mag es sein, dass ältere Patient*innen um ihre Autonomie, die Erfüllung ihrer Rolle in der Familie und die Fortführung ihres Lebensstils besorgt sind (Perrin & McGehee, 2006, S. 115). Der moralische Konflikt entsteht zwischen den Prinzipien der Fürsorge und der Autonomie. Können Pflege und Mediziner*innen einer Entlassung nach Hause zustimmen? Dem Wunsch nicht zu entsprechen, würde einem Fürsorgepaternalismus gleichkommen. Hr. G. ist voll entscheidungsfähig und hat eine klare Vorstellung davon, wie er sein Leben gestalten und welche Risiken er dafür in Kauf nehmen will.

In diesem Fall ist es jedoch bedeutsam, die autonome Entscheidung im Kontext der Familie zu sehen. Die Entscheidung von Hrn. G. hat Auswirkungen auf das Leben seiner jüngeren Tochter. Dieses ist von der Sorge um ihren Vater stark beeinflusst. Es stellt sich jedoch die Frage, ob es für die Pflege möglich und angebracht ist, diese Überlegungen in ihr Urteil einfließen zu lassen, oder ob dies nicht eine Überverantwortung darstellt und der Wunsch des Patienten für sie ausschlaggebend sein sollte. Gut ausgebildetes Pflegepersonal kann seine kommunikativen Fähigkeiten und pflegerisches Fachwissen einsetzen, um bei einer Lösungsfindung innerhalb der Familie und für den Patienten unterstützend zu wirken. Es ist jedoch ein zu hoher Anspruch an die Pflege und eine Überschätzung der eigenen Position, wenn Pflegefachkräfte stark lenkend in Familienkonstellationen eingreifen. Dazu fehlen häufig ausreichend Hintergrundwissen und fachliche Fähigkeiten.

Patient lehnt Diabetesdiät ab

Hr. K. (82 Jahre) ist schon seit vielen Jahren an Diabetes mellitus Typ II erkrankt. Er wurde vom Hausarzt ins Krankenhaus eingewiesen, weil es diesem seit längerer Zeit nicht mehr möglich ist, Hrn. K.s Blutzuckerwerte einzustellen. Im Krankenhaus stellt sich bald heraus, dass Hr. K. sehr wenig von dem ihm angebotenen Essen einnimmt, ihm aber seine Frau regelmäßig Essen von zu Hause mitnimmt, unter anderem auch Schokolade und Süßigkeiten. Hr. und Fr. K. werden von der Pflege darauf hingewiesen, wie wichtig es bei Diabetes ist, sich an die Ernährungsvorschriften zu halten, und welche Dauerschäden durch falsche Ernährung und die dadurch bedingten hohen Blutzuckerwerte entstehen können. Im Gespräch wird klar, dass Hr. K. sehr gut über seine Diabeteserkrankung informiert ist und auch regelmäßig die Diabetesberatung besucht hat. Der Patient meint, dass er jetzt 82 Jahre alt sei und sich seit Jahren beim Essen zurückhalte. Er möchte die letzten Jahre seines Lebens „normal" verbringen und sich nicht mehr an irgendeine Diät halten müssen. Er will endlich wieder einmal normale Schokolade essen können und nicht die geschmacklosen Diätprodukte. Er will auch nicht mehr Broteinheiten zählen müssen.

Erhöhte Blutzuckerwerte führen zu schweren Folgeerkrankungen (Nierenveränderungen, Nervenschädigung, Augenschädigung, Durchblutungsstörungen), die auch im hohen Alter relevant sind. Andererseits ist der Wunsch des Patienten verständlich, ein normales Leben zu führen. Hr. K. ist offensichtlich über die Folgen seiner Handlungen informiert und versteht die Gefahren, die die Nichteinhaltung einer Diät mit sich bringt.[13] Hr. K. möchte die Möglichkeit haben, für sich zu entscheiden, wie er sein Leben mit seiner Krankheit gestaltet. Eine hohe Lebensqualität für kürzere Zeit erscheint ihm erstrebenswerter als ein langes Leben, das nach seinem Ermessen mit viel Verzicht verbunden ist.

Für die Pflege stellt sich die Frage, ob sie den Patienten (im Sinne der Autonomie) in seiner Entscheidung unterstützen oder ihn durch Überredung und Druck zur Einhaltung der Diät drängen soll (Fürsorge).

> Patienten bedürfen möglicherweise zusätzlicher Unterstützung, um ihre eigenen Entscheidungen ausdrücken und schützen zu können, besonders wenn ihre Entscheidungen dem medizinischen Personal als seltsam oder nicht bevorzugt erscheinen (Schwartz, 2002, S. 38).

[13] Auch die meisten Raucher*innen kennen die negativen Folgen des Nikotinkonsums

Dem Patienten geht es um seine Lebensqualität. „Fürsorge" bedeutet hier nicht nur das Vermeiden von Folgeschäden, es bedeutet auch, die Lebensqualität, auf die der Patient großen Wert legt, zu achten. In diesem Fall ist für Pflegepersonen sowohl der Weg der absoluten Akzeptanz der Autonomie wie auch der Weg des fürsorglichen Zwangs nicht annehmbar. Es ist sowohl im Sinne der Fürsorge wie der Autonomie, nach Alternativen zu suchen, die für den Patienten annehmbar sind. Hier kann die Pflege durch erneute Koordination der Diabetesberatung (mit dem Ziel der Steigerung der Lebensqualität und nicht nur mit dem Blick auf „ideale" Diabetesernährung) unterstützend wirken und sie kann den Patienten ermutigen, mit dem ärztlichen Team nach Behandlungsalternativen zu suchen.

Außer den individualethischen Fragen, die sich hier für die Pflege stellen, sind auch sozialethische Gesichtspunkte wesentlich. Dauerschäden, die durch Diabetes entstehen, belasten das Gesundheitssystem. Hr. K. hat die Möglichkeit, diese Dauerschäden zu vermeiden, sieht jedoch darin eine Einschränkung der Lebensqualität, zu der er nicht mehr bereit ist.

Die moralische Frage, inwieweit Hr. K. gegenüber der Gesellschaft und dem Gesundheitssystem verpflichtet ist, führt zur generellen Frage, inwieweit jeder Bürger verpflichtet ist, auf die eigene Gesundheit zu achten. Nimmt man die moralische Position ein, dass Hr. K. die Diabetesdiät einhalten sollte, so müssen auch Fragen nach den Konsequenzen z. B. für Raucher*innen, Übergewichtige bzw. Extremsportler*innen beantwortet werden. Denn auch hier besteht ein hohes Risiko von Folgeschäden, die vom gesamten Gesundheitssystem gedeckt werden.

2 Das Prinzip des Wohltuns – Fürsorge in der Pflege

Das Wohl von Patient*innen steht im Mittelpunkt pflegerischer Handlungen. Die Fürsorge, das *Für-Patient*innen-Sorgen,* ist eine Grundhaltung in der pflegerischen Tätigkeit. Da der Mensch verletzlich ist, sind Fürsorge und Pflege notwendig. Fürsorge ist eines der grundlegenden ethischen Prinzipien in der Pflege (Großklaus-Seidel, 2002, S. 142).

Basisaufgaben der Pflege sind die Förderung der Gesundheit, die Verhütung von Krankheit, die Wiederherstellung von Gesundheit und das Lindern von Leid. Fürsorge ist ein Grundelement in der Erfüllung dieser Aufgaben. Kranke Menschen brauchen Hilfe bei der Körperpflege und der Mobilität wie auch Zuwendung. Sie brauchen Hilfe bei pflegetherapeutischen Maßnahmen und/oder bei der Unterstützung zur Bewältigung ihrer Krankheit sowie

Begleitung im Sterben. Pflege ist Fürsorge am kranken, sterbenden oder unterstützungs- und hilfsbedürftigen Menschen.

Individualethisch ist das Prinzip des Wohltuns im Wesentlichen durch die Patientenautonomie und die Fähigkeiten bzw. durch das Fachwissen des Pflegepersonals bestimmt. Die Patient*innen entscheiden, welche Handlungen und Ziele ihr Wohl fördern und unterstützen. Um den Aufgaben der Pflege im Rahmen der Fürsorge entsprechen zu können, bedarf es menschlicher, kommunikativer und fachlicher Kompetenz der Pflegenden. Sozialethische Betrachtungen betreffen organisatorische Rahmenbedingungen, die das Wohl der Patient*innen positiv oder negativ beeinflussen. Grundlegend für das Fürsorgeprinzip ist im Besonderen eine Umgrenzung des Begriffes *Wohl* in der Pflege. Nicht alles, was zum Wohl von Patient*innen beiträgt, kann von der Pflege geleistet werden. Andererseits können Einschränkungen in der Gesundheitspolitik oder den Einrichtungen eine angemessene Pflege behindern. Es stellt sich die Frage, welche Fürsorge die Pflege leisten kann und wo die Fürsorge an ihre Grenzen stößt. Idealistische Vorstellungen der aufopfernden, helfenden Pflegeperson entsprechen nicht mehr dem Zeitgeist der professionellen Pflege.

Patient*innen vertrauen meist darauf, dass in ihrem Sinne gehandelt wird. Pflegende wollen zum Besten für die Patient*innen handeln, es ist jedoch klar zu unterscheiden zwischen den guten Absichten Pflegender und den tatsächlichen Konsequenzen ihres Handelns. Es geht nicht nur darum, Gutes tun zu *wollen*, sondern pflegerische Fähigkeiten und Kenntnisse im Sinne der Patient*innen einzusetzen.

Es stellen sich Fragen wie:

- Was ist das *Gute*?
- Was dient dem Wohle der Patient*innen?
- Wer entscheidet über das Wohl der Patient*innen?
- Wo sind die Grenzen der Fürsorge?
- Welche Fürsorge kann Pflege leisten?
- In welcher Beziehung steht das Prinzip des Wohltuns zum Prinzip der Autonomie und des Nichtschadens?
- In welchem Verhältnis stehen das individuelle Wohl eines/einer Patient*in und das Gesamtwohl der dem Pflegepersonal anvertrauten Menschen?

Das Fürsorgeprinzip in der Pflege kann folgendermaßen definiert werden:

Im Allgemeinen beinhaltet das Prinzip, Gutes zu tun, die Verpflichtung, dem anderen das zu gewähren, was ihm „gut tut", was ihm nützt. Ferner drückt es die

> Verpflichtung aus, die Interessen des anderen, sein Leben, seine Sicherheit, seine Gesundheit zu schützen und zu verteidigen.
>
> **In der Pflege** bedeutet die Pflicht Gutes zu tun, den Zugang zu einer bestmöglichen Pflege für alle zu ermöglichen. Das „Gute“ ergibt sich jeweils aus einer gemeinsamen Anstrengung der Patienten und ihrer Bezugspersonen, der Pflegenden sowie der Institutionen, aber auch aus dem Abwägen der Risiken und des Nutzens, der Kosten und der Zweckmäßigkeit (Ethik in der Pflegepraxis – Leitfaden des Schweizer Berufsverbandes der Pflegefachfrauen und Pflegefachmänner; Körtner, 2012, S. 122).

Beauchamp und Childress explizieren das Prinzip der Fürsorge als Sollensforderung:

- Man sollte Übel und Schaden verhindern.
- Man sollte Übel oder Schaden beseitigen.
- Man soll Gutes tun und Gutes fördern (Beauchamp & Childress, 2019, S. 157).

„Gutes zu tun“ und „Gutes zu fördern“ – was dies genau in der Praxis heißt und wozu Pflegende auf Basis dieses Prinzips den Patient*innen gegenüber verpflichtet sind, was aber darüber hinaus ein übergebührliches[14] Verhalten ist, lässt sich nicht eindeutig abgrenzen. So ist z. B. der Aufbau einer Beziehung zu Patient*innen ein wesentlicher Teil des Berufsbildes vieler Pflegekräfte und wird auch in Pflegemodellen und als Berufsethos gefordert (Großklaus-Seidel, 2002, S. 153). Welche Form der Beziehung erwartet oder gefordert werden kann, ist jedoch nicht klar zu bestimmen. So haben viele Pflegende sehr hohe Ansprüche an sich selbst, wie auch Patient*innen und Angehörige oftmals sehr hohe Erwartungen an das wohltätige Verhalten von Pflegenden haben. Die Grenze zwischen Ideal, Übergebührlichkeit und Verpflichtung ist jedoch nicht eindeutig geklärt.

> [...] wir sind moralisch nicht verpflichtet, alle möglichen großzügigen wohltätigen Handlungen durchzuführen, die anderen zugutekommen würden. Viel fürsorgliches (wohltätiges) Verhalten ist eher ein ideales als ein verpflichtendes Handeln; die Grenze zwischen einer Verpflichtung zur Wohltätigkeit und einem moralischen Ideal der Wohltätigkeit ist oft unklar (Beauchamp & Childress, 2019, S. 219).

[14] über die Pflicht hinaus

Diese Unklarheit des „Wohltuns“, die verschiedenen Perspektiven und auch Idealvorstellungen führen in der Praxis zu Kontroversen. Viele Pflegekräfte und auch der Berufskodex orientieren sich an sehr hohen Idealen. Dies ist keine Selbstverständlichkeit, sondern ein sehr hoher Wert, den die Pflege hier vertritt. Die Reflexion der Idealvorstellungen und Verpflichtungen innerhalb einer Pflegeethik kann verschiedene Ansprüche und Erwartungen klären und differenzieren helfen.

Der Grad der von Patient*innen gewünschten Fürsorge unterliegt im Wesentlichen zwei weiteren Einflüssen: einerseits der Persönlichkeitsstruktur der einzelnen Betroffenen, andererseits der Schwere der Erkrankung. Die Palette der Ansprüche an Pflegende ist weitreichend und abhängig vom Individuum. Manche der sich in Pflege befindlichen Menschen wünschen eine so geringe Fürsorge wie möglich. Nur dort, wo es an Fachwissen und Können fehlt und es trotz Bemühungen nicht möglich ist, *Aktivitäten des täglichen Lebens*[15] selbst durchzuführen, wird der Wunsch nach Unterstützung ausgesprochen. Andere verlangen die Fürsorge der Pflegenden auch in Bereichen ihres sozialen und psychischen Umfeldes sowie bei Tätigkeiten, die sie selbst durchzuführen in der Lage wären. Der Wunsch nach Fürsorge ist gleichermaßen abhängig von der Schwere der Erkrankung wie von der Krankheitsphase. Je schwerer die Erkrankung, umso mehr begeben sich Patient*innen in die Fürsorge der Pflegenden und umso weniger nehmen sie meist ihr Recht auf Autonomie wahr. Professionelle Pflege reflektiert diese asymmetrische Beziehung und reagiert angemessen, zum Wohle der Betroffenen.

Wie auch beim Prinzip der Autonomie wird im Folgenden versucht, das Prinzip der Fürsorge weiter zu entfalten und zu differenzieren, und es werden konkrete Anforderungen an die Pflegekräfte und an das Umfeld formuliert. Des Weiteren werden Aspekte, die im Rahmen der Fürsorge wichtig zu beachten sind, aufgegriffen, wie die besondere Beziehung zwischen Helfenden und Hilfsbedürftigen, Grenzen der Fürsorge, Gedanken zum Begriff der Pflegequalität und Wahrhaftigkeit sowie Pflegende als Fürsprecher*innen für Patient*innen.

In das Prinzip der Fürsorge fallen auch Überlegungen zu Nutzen von medizinischen Behandlungen und pflegerischen Tätigkeiten, dies oft in Abwä-

[15] Anm.: In den Pflegemodellen von Juchli, Henderson und Krohwinkel werden Grundbedürfnisse, die bei einem gesunden Menschen automatisch erfüllt werden, als Basis für die Pflege beschrieben. Pflege setzt dort an, wo diese Grundbedürfnisse nicht mehr erfüllt werden können. Der Begriff der *Aktivitäten des täglichen Lebens* wurde hier von Juchli übernommen.

gung mit dem Nichtschadensprinzip, d.h. es wird abgewogen, inwiefern eine Behandlung oder pflegerische Tätigkeit Patient*innen mehr nutzt oder schadet, wie es sich bei den Überlegungen zu den Fallbeispielen über Bedeutung von freiheitsbeschränkenden Maßnahmen zum Schutz von Patient*innen gezeigt hat.

2.1 Anforderungen im Rahmen des Fürsorgeprinzips

Aus dem Anspruch, das Wohl pflegebedürftiger Menschen zu fördern und schützen zu müssen, ergeben sich weitere Folgerungen und Anforderungen an die professionelle Pflege.

1. Fachwissen (state of the art)
2. Kooperation und Förderung der inner- und interdisziplinären Zusammenarbeit
3. Institutionelle und strukturelle Rahmenbedingungen
4. Sorge um sich selbst

Ad 1. Fachwissen (state of the art)
Um zum Wohle der Patient*innen handeln zu können, ist es notwendig, dass Pflegende Wissen über den aktuellen Erkenntnisstand der Pflegewissenschaft haben (Pflege state of the art = gemäß dem aktuellen Stand der Pflegewissenschaft) und sich Kenntnisse über pflegewissenschaftliche Entwicklungen und Spezialgebiete aneignen. Der regelmäßige Besuch von Weiterbildungen bzw. das Lesen von Fachliteratur ist unumgänglich. Nur mit ausreichendem Fachwissen können Pflegekräfte auch zum Wohle der pflegebedürftigen Menschen handeln. Hier sind insbesondere auch Ausbildungseinrichtungen gefordert, angehenden Pflegepersonen eine qualitativ hochwertige Ausbildung anzubieten.

Sowohl im eigenverantwortlichen Tätigkeitsbereich, bei der Mitwirkung in medizinischer Diagnostik und Therapie und in den vielen Spezialgebieten der Pflege (z.B. Intensivpflege, OP-Pflege, Wundmanagement, Pflege demenzkranker Menschen, Psychiatrische Pflege, Anästhesiepflege, Kinderpflege u.v.m.) bedarf es eines umfassenden Fachwissens. Menschen werden in den verschiedenen Lebensphasen, von Geburt bis Sterben, pflegerisch begleitet. Ob operativ, intensivpflegerisch, geburtshilflich, konservativ bis hin zur palliativen Betreuung und Pflege ist fundiertes Grundlagen- und Spezialwissen notwendig. Aus dem Prinzip der Fürsorge ergibt sich, dass jede Pflegeperson selbst verpflichtet ist, sich dieses Grundlagenwissen und je nach Bedarf

Spezialwissen anzueignen und auf dem aktuellen Stand der Wissenschaft zu halten, um Patient*innen einerseits nicht zu schaden, aber vorrangig um durch professionelle Pflege zu deren Wohl beizutragen.

An der regelmäßigen Teilnahme bei Fortbildungen und am Lesen von aktueller Fachliteratur muss Pflegenden persönlich gelegen sein. Verantwortliche im Pflegemanagement sind gefordert, Fort- und Weiterbildungen zu unterstützen und ihren Mitarbeiter*innen anzubieten.

Ad 2: Kooperation und Förderung der inner- und interdisziplinären Zusammenarbeit

> Die Pflegende sorgt für eine gute und respektvolle Zusammenarbeit mit ihren Kolleginnen und mit den Mitarbeitenden anderer Bereiche (ICN, 2014, S. 3).

Wesentlich für das Wohl der Patient*innen ist die Zusammenarbeit und Kommunikation innerhalb des Pflegeteams und mit den Mitarbeiter*innen der interdisziplinären Bereiche. Bestmögliche Förderung der Gesundheit ist nur dann möglich, wenn Informationen über den Krankheitsverlauf und Begleitumstände der Patient*innen weitergeleitet werden. Pflegeziele, Pflegemaßnahmen und Beobachtungen müssen an Kolleg*innen übermittelt werden, um qualitative Pflege bieten zu können.

> Im Gesundheitswesen ist eine optimale Zusammenarbeit zwischen Pflege und Ärzten entscheidend für die Qualität des Behandlungsprozesses – aber diese entsteht nicht von selbst (Leever, et al., 2010, S. 612).

In der interdisziplinären Zusammenarbeit ist eine respektvolle, offene Kommunikation notwendig. Nur dann kann im Sinne des Wohls von Patient*innen gehandelt werden. Gegenseitige Akzeptanz der Handlungsbereiche und ein Austausch sind unumgänglich. Leider wird diesem Umstand in der Praxis oftmals zu wenig Rechnung getragen. In der Literatur werden die Notwendigkeit und Dringlichkeit einer guten Kommunikation und Kooperation insbesondere zwischen Mediziner*innen und Pflege beschrieben und untersucht.

> Kommunikationsdefizite haben Folgen; bei der Arbeit mit Menschen, die durch ihr Leiden beeinträchtigt und von Hilfeleistungen abhängig sind, kann dies besonders gravierende Auswirkungen haben. Mangelhafte Schmerzbekämpfung, längere Liegedauer, Verunsicherung der Patienten, Ernährung wider Willen, unnötige Verlegungen zwischen Pflegeheim und Krankenhaus (Drehtür-Effekt) sind oft Resultat eines unzureichenden Dialogs zwischen Ärzten und Krankenschwestern/-pflegern (Hofmann, 1999, S. 51).

> Unzureichende Kommunikation zwischen den Berufsgruppen ist der Grund für Verbitterung, für Frustration und Misstrauen, welches zu einer mangelhaften Versorgung und zu einem höheren Fehlerrisiko führen kann (Burke, Boal & Mitchell, 2004, S. 40).

Im Jahr 2005 hat die American Association of Critical-Care Nurses eine Studie in Auftrag gegeben, um die Auswirkungen und Möglichkeiten der Kommunikation zwischen den Berufsgruppen zu untersuchen. Sie ist zu dem Ergebnis gekommen, dass die Verbesserung der Kommunikation ein zentraler Punkt der Führung gesundheitspolitischer Einrichtungen sein sollte, da dies große Auswirkung auf die Qualität der Patientenversorgung hat (VitalSmarts, 2005).

Eine partnerschaftliche Beziehung zwischen Medizin und Pflege mit dem gemeinsamen Ziel, das Wohl der Patient*innen zu fördern, sind Teil einer bestmöglichen Versorgung. Gegenseitige Beschuldigungen, das Abwälzen von Arbeit auf andere, Verurteilungen und Vorurteile stehen diesem Ziel im Wege. Das Fürsorgeprinzip fordert Pflegende dazu auf, die interdisziplinäre Zusammenarbeit positiv zu beeinflussen und einen respektvollen Umgang zu pflegen.

Kleine Gesten

Pflegekraft K. möchte gerade vom Dienstzimmer in die Küche gehen und sich einen Kaffee holen. In diesem Moment kommt die Oberärztin in das Dienstzimmer, möchte einen Patienten besprechen und danach auf Visite gehen. Die Visitenzeiten sind fix vereinbart und zwischen Pflege und Mediziner*innen abgestimmt. Sollten diese Zeiten von einer Seite aus triftigen Gründen nicht eingehalten werden können, ist es üblich, dass dies telefonisch geklärt wird. Die Oberärztin sieht müde aus. Pflegekraft K. fragt die Medizinerin, ob sie ebenfalls eine Tasse Kaffee wünscht, sie würde ihr einen mitnehmen. Diese nimmt das Angebot freudig an.

Pflegekraft T. ist noch neu auf der Station und hat das Geschehen beobachtet. Ungewohnt ist für sie, dass Visitenzeiten eine Vereinbarung zwischen Pflege und Mediziner*innen sind und dass nicht, wie sie es gewohnt ist, die Pflege dann zur Verfügung steht, wenn es von ärztlicher Seite gewünscht ist. Nach der Visite weist die Pflegekraft T. ihre Kollegin freundlich darauf hin, dass die Zeit, in der Pflegende den Ärzt*innen den Kaffee nachgetragen haben, eigentlich vorbei sei, und sie finde das nicht gut, wenn Pflegekräfte dies machen. Pflegekraft K. erklärt ihrer Kollegin, dass freundliche Gesten auf der Station hier üblich sind – unabhängig davon, mit welcher Berufsgruppe man kooperiert. Unnotwendige Grabenkämpfe werden so vermieden, und Pflege und Medizin begegnen einander mit Respekt und auf Augenhöhe. Dies habe sich erst langsam in den letzten Jahren entwickelt, unter anderem auch, weil sich das Pflegeteam bewusst um Professionalität und Kooperation bemüht hat und auch mit Kompetenz auf Augenhöhe auftritt.

Gute Zusammenarbeit fördert jedoch nicht nur Qualität und Arbeitszufriedenheit, sondern wird auch von Patient*innen wahrgenommen und schafft Vertrauen in das Behandlungsteam. Der respektvolle und freundliche Umgang mit Kolleg*innen und Mitgliedern des interdisziplinären Bereichs strahlt nach außen Vertrauen und Sicherheit aus. Durch gute Zusammenarbeit des medizinischen und des pflegerischen Teams können auch ethisch herausfordernde Situationen gemeinsam gelöst werden, wovon langfristig alle Beteiligten profitieren.

Dies betrifft nicht nur das Zusammenarbeiten innerhalb der Pflege oder zwischen ärztlichem und Pflegeteam, sondern auch alle anderen Bereiche in der Versorgung pflege- und hilfsbedürftiger Menschen, wie z. B. Physio-, Logo- oder Ergotherapie, Reinigungspersonal, Küche, Labor, Ambulanzen, Entlassungsmanagement u. v. m.

Bolz (2015) verweist auf die Verpflichtung von Pflegepersonal, Zusammenarbeit und Kooperation zu fördern und sich notwendiges Wissen anzueignen, am Beispiel der integrierten Versorgung[16] alter Menschen.

> Die Zunahme des Stellenwertes der integrierten Versorgung mit dem Ziel der Steigerung des Patientenwohls rückt die Frage der Zusammenarbeit zwischen internen Abteilungen und externen Leistungsanbietern in den Vordergrund (Bolz, 2015, S. 2).
>
> Die Bedeutung der integrierten Versorgung der Patienten bringt es mit sich, dass sowohl Führungskräfte als auch Pflegepersonal die Bereitschaft und Fähigkeit entwickeln, bestehende Prozesse und Verhaltensweisen zu verändern. Dabei kommt es besonders darauf an, für eine gute pflegerische Versorgung im Sinne des Patienten über die klassischen Grenzen gleich- oder verschiedenartiger Leistungserbringer hinweg die Versorgung interdisziplinär zu gestalten. Dies setzt entsprechende Qualifikationen in der zwischenmenschlichen Kommunikation des Pflegepersonals sowie im Wissen über die fachlichen, organisatorischen

[16] Der Begriff beinhaltet die Organisation einer Versorgung, die den Behandlungsprozess in den Vordergrund stellt und über die klassischen Grenzen gleich- oder verschiedenartiger Leistungserbringer hinweg die Versorgung interdisziplinär gestaltet. Dabei ist es das Ziel, eine bedarfsgerechte Zusammenarbeit von Einzel- und Gemeinschaftspraxen, Praxisnetzen, Medizinischen Versorgungszentren, Krankenhäusern, Pflege- oder Rehabilitationseinrichtungen, Therapie, Apotheken oder Sanitätshäusern zu erreichen. Die Integration der Versorgung kann sich über verschiedene Bereiche erstrecken (Bolz, 2015, S. 25).

> und rechtlichen Möglichkeiten der Kooperation mit anderen Leistungserbringern und Abteilungen voraus (Bolz, 2015, S. 26f.).

Dieses Beispiel zeigt die Notwendigkeit von Pflegeethik sowohl in der Pflegepraxis wie auch in Management und Organisation und betont die professionelle Verantwortung im eigenverantwortlichen Kompetenzbereich der Pflege.

Der Austausch von Fachwissen und eine offene Kommunikation zwischen Mediziner*innen, Gesundheitsberufen und Pflege dienen dem Wohl der Patient*innen. Das Pflegepersonal sollte sein Handeln sowohl fachlich als auch moralisch begründen und argumentieren können. Jede Berufsgruppe im Behandlungsteam ist gefordert, aktiv an einer positiven und konstruktiven Zusammenarbeit mitzuwirken. Es gibt viele Beispiele in der Praxis, wo gute Zusammenarbeit und Kooperation funktionieren und im Sinne der Patient*innen gemeinsam gehandelt wird. Mancherorts herrschen jedoch innerhalb oder zwischen den Berufsgruppen Unmut und Unverständnis. Die Schuld wird „im anderen, in den anderen" gesehen. Als eigenständige Berufsgruppe ist Pflege hier herausgefordert, professionell zu handeln, d.h. sich Fähigkeiten anzueignen, Konflikte anzusprechen, diesen konstruktiv zu begegnen und eine gute Zusammenarbeit in allen Bereichen zu fördern. Professionelle Pflege kann sich nicht in eine Opferrolle zurückziehen, sondern ist als Profession aufgefordert, in der Zusammenarbeit gestalterisch und konstruktiv zu wirken.

Ad 3: Institutionelle und strukturelle Rahmenbedingungen

> Finanzielle, organisatorische und räumliche Rahmenbedingungen pflegerischer Arbeit sind zwingend zu beachten. Hier geht es um die Verantwortung der Träger, der Einrichtungsbetreiber, der Arbeitgeber im Gesundheitswesen. Wie können sie ihrer Verantwortung für menschenwürdige Pflege gerecht werden? Indem sie ausreichend Personal beschäftigen, indem sie Qualifikation, Fortbildung und Supervision der Mitarbeiter unterstützen, indem sie Rahmenbedingungen schaffen, in denen menschenwürdige Pflege institutionell unterstützt und als Norm akzeptiert wird (Brandenburg, 2000, S. 174).

Personalschlüssel, Qualifikation der Mitarbeitenden, Organisationskultur, Form der Trägerschaft oder Heimbetreiber, Fehlermanagement, Kommunikations- und Informationskultur, Organisationale Lernfähigkeit, Abläufe, Mitarbeiterzufriedenheit, organisationsethische Strukturen und Prozesse – dies alles beeinflusst das Wohl der pflegebedürftigen Menschen in Einrichtungen und Krankenhäusern und deren Versorgungs- und Lebensqualität. Nicht alle institutionellen und strukturellen Parameter können hier aufgezählt werden. Die angeführten Beispiele sollten exemplarisch zeigen, wie vielfältig das Umfeld und die Gestaltung der gesundheitspolitischen Organisationen ist.

Ein Angelpunkt in der Pflege und in der Versorgungsqualität sind unter anderem Qualifikation der Pflegekräfte, der Faktor Zeit und die Verfügbarkeit von personellen Ressourcen: Wie viel Zeit und Ressourcen stehen für einzelne auf Hilfe angewiesene Menschen zur Verfügung? Sind ausreichend personelle Ressourcen vorhanden, kann z. B. ein dementer Mensch, der herumwandert und agitiert ist, durch diese Phase mit Zuwendung begleitet werden? Gibt es Zeit für Aufklärungs- und klärende Gespräche? Ist ausreichend Zeit und Pflegekompetenz vorhanden, um Bedürfnisse der Patient*innen zu hören, wahrzunehmen und fachlich und auch mit Zuwendung adäquat darauf zu reagieren?

Die Verantwortung für institutionelle und strukturelle Rahmenbedingungen liegt hauptsächlich bei Führungskräften. Diese Rahmenbedingungen sind auch abhängig von gesundheitspolitischen Entscheidungen sowie Entscheidungen von Krankenhaus- oder Heimbetreibern. In der alltäglichen pflegerischen Praxis ist der Einfluss von Pflegekräften auf diese Rahmenbedingungen sehr unterschiedlich – sowohl faktisch wie auch subjektiv, wenn Pflegende häufig das Gefühl haben, an den gegebenen Bedingungen nichts ändern zu können. Führungskräfte und Entscheider*innen in den Führungsgremien haben hier mehr gestalterischen Spielraum und tragen auch die Verantwortung für die Rahmenbedingungen. Jedoch kann jede einzelne Person zu einer Organisationskultur beitragen und es gibt viele Möglichkeiten zur Mitgestaltung oder auch des Hinweisens, wenn Strukturen dazu führen, dass keine angemessene Pflege mehr geleistet werden kann. Welche Handlungen von einzelnen Pflegekräften (wie z. B. Absenden einer Überlastungsanzeige) bis hin zum Urgieren in den Führungsgremien verpflichtend gefordert werden können und was übergebührliches Handeln ist, bleibt unscharf. Wie viel Pflegende zu positiven Veränderungen von Strukturen und Einrichtungen beitragen, auch wenn sie nicht in der Führungsverantwortung sind, ist abhängig vom eigenen Glauben daran, Dinge verändern zu können, von Kommunikationsfähigkeiten und von Ressourcen und Interesse, inwieweit sich jemand in der eigenen Organisation für eine Verbesserung engagieren möchte. Sollten Patient*innen zu Schaden kommen, ist es notwendig, dass agiert wird. Wünschenswert ist, wenn darüber hinaus Pflegende konstruktiv und aktiv, auch dann, wenn sie nicht in der Führungsverantwortung sind, mitgestalten und positive Veränderungen herbeiführen.

Ad 4.: Sorge um sich selbst

> Die Pflegende achtet auf ihre eigene Gesundheit, um ihre Fähigkeit zur Berufsausübung nicht zu beeinträchtigen (ICN, 2014, S. 2).

Die Pflege von hilfs- und pflegebedürftigen Menschen ist häufig sowohl psychisch wie auch körperlich belastend. Daher ist es unbedingt notwendig, dass Pflegepersonen auch auf ihr eigenes Wohl bedacht sind. Zur Verfügung stehende Hilfsmittel sollten von Pflegenden eingesetzt werden, z.B. Lifter, die die körperliche Beanspruchung erleichtern. Wissen und Fähigkeiten im Umgang mit Stress- oder Konfliktsituationen schützen vor Frustration und Ausbrennen. Ein wichtiger Faktor ist auch, wie ethische Konflikte gelöst oder behandelt werden können, um moralischen Stress und die negativen Folgen zu vermeiden (Fölsch, 2014). Die Sorge um sich selbst ist Teil des Fürsorgeprinzips, da erschöpftes Pflegepersonal keine angemessene Pflege leisten kann.

2.2 Fürsorge als asymmetrische Beziehung – Fürsorgepaternalismus

Professionelle Pflege zu leisten, die allen Beteiligten gerecht wird, heißt auch, die Grenzen der Fürsorge zu kennen. Das Bild der Fürsorge hat sich in den letzten Jahrzehnten stark gewandelt, doch noch immer fließen alte Bilder der Pflege ein. Aufopferung und Berufung prägen das Bild der Pflege. Aufopfernde Hilfe birgt jedoch die Gefahr, aus dem eigenen Gefühl heraus, gebraucht zu werden, die Bedürfnisse anderer, die auf die Hilfe angewiesen sind, nicht mehr zu erkennen. So wird an den Bedürfnissen der auf die Hilfe Angewiesenen vorbei geholfen. In diesem Fall entwickeln Pflegende das Gefühl, aufgrund ihrer menschlichen und fachlichen Kompetenz Gewissheit darüber zu haben, was das Beste für die Patient*innen ist. Wird die gebotene Fürsorge von Patient*innen in dieser Form nicht akzeptiert oder als nicht angemessen empfunden, führt dies zu Missstimmung, Unverständnis und möglicherweise zur Abwertung den Patient*innen gegenüber.

> Unter diesen Bedingungen ergeben sich alltägliche Übergriffe der Pflegenden auf die Autonomie des Patienten unter dem Aspekt der „Fürsorge". [...]. Es gehört

> zur Aufgabe einer Ethik pflegerischen Handelns, sich der Problematik angemessener Grenzziehungen zwischen der Autonomie des Patienten und der Fürsorgepflicht der Pflege zu stellen. Überzogene Ideale der Fürsorge negieren das Recht des Patienten auf eine eigene Entscheidung und programmieren weitere Konflikte vor, die sich aus Widerstand und Verweigerung von Patientenseite und der daraus entstehenden Frustration und Aggression auf Pflegeseite ergibt (Großklaus-Seidel, 2002, S. 154).

Fürsorge birgt somit Gefahren des Missbrauchs oder der Missachtung. Daher ist es notwendig, Bedingungen der Fürsorge näher zu beleuchten und zu reflektieren.

> Patienten und Klienten sind verletzlich, insbesondere dann, wenn diese krank oder behindert sind. Sie können auf das Pflegepersonal angewiesen sein, nicht nur zur Erfüllung ihrer körperlichen Bedürfnisse, sondern auch, um vor Übergriffen und Täuschungen geschützt zu werden. Wenn Patienten als Folge ihrer Erkrankung unter dem Verlust ihres Gehör-, Seh- oder Urteilsvermögens leiden, können sie eingeschüchtert und verletzbar sein. Sie können Schwierigkeiten haben, die Erklärungen ihrer Behandlung zu verstehen. Es mag sein, dass der Patient, wenn auch nur vorübergehend, außerstande ist, eine vernünftige und objektive Entscheidung zwischen Alternativen zu treffen. Es liegt in der Verantwortung Pflegender, den Patienten dahingehend zu unterstützen, dass dieser die ihm dargebotenen Informationen so weit wie möglich verstehen kann. Pflegepersonal sollte jedoch die durch sein Wissen und seine Fähigkeiten begünstigte Position nicht dazu nutzen, den Patienten eher zu einer möglichen Entscheidung zu überreden als zu einer anderen (Rumbold, 2004, S. 81f.).

Das ethische Prinzip der Fürsorge ist durch eine asymmetrische Konstellation gekennzeichnet, da es eine Seite gibt, die Hilfe und Zuwendung anbietet, und eine, die diese benötigt. Diese asymmetrische Konstellation fordert die Übernahme von Verantwortung des *Helfers* gegenüber dem *Empfänger*, da diese Machtstellung missbraucht werden kann oder Abhängigkeiten erzeugt. Durch diese Asymmetrie besteht die Gefahr, dass die pflegende Person das *Gute* für die Patient*innen will und ihre eigenen Wertvorstellungen unreflektiert durchsetzt. Es ist jedoch ein Wandel bemerkbar. Der Wille der Patient*innen gewinnt zunehmend an Bedeutung (Großklaus-Seidel, 2002, S. 142).

Patient*innen sind in vielen Bereichen von der Pflege abhängig. Sie warten auf eine Reaktion auf ihr Läuten, warten auf Schmerzmittel, auf Arzt bzw. Ärztin oder auf Hilfe bei der Grundpflege. Sich auf die Fürsorge berufend, trifft das Pflegepersonal im Alltag eventuell Entscheidungen, die nicht gerechtfertigt sind, da sie das Prinzip der Autonomie verletzen oder es gar nicht in Betracht ziehen. Körperpflege ist eines der wesentlichen Themen, bei denen die Autonomie von Patient*innen und der Gedanke der Fürsorge vonseiten der Pflege immer wieder divergieren. So wird von vielen Pflegepersonen das Maß der Körperhygiene vorgegeben, dem Patient*innen oft nichts entgegenzusetzen haben. Für viele Pflegepersonen ist es nach wie vor undenkbar, dass nicht täglich eine Ganzkörperhygiene durchgeführt wird. Diese wird als fürsorgende Pflicht der Pflegeperson angesehen. Pflegende, die bei der Grundpflege auf die Wünsche von Patient*innen eingehen und die Körperpflege nicht durchführen, werden von Kolleg*innen nicht selten als faul, schlampig oder als unsauber bewertet. Eigene Ansichten und Werte sowie berufsspezifische Vorgaben und Pflegetheorien werden den Patient*innen übergestülpt.

> In einem Krankenhaus ist man mehr oder weniger ‚aufgegabelt' [*picked up*] und sie sagen dir: „Jeder wird täglich gewaschen, und für dich wird keine Ausnahme gemacht." Du hast keine Wahl (Gremmen, 1999, S. 518).

Auch wenn sich Pflegephilosophien in den letzten Jahren stark verändert haben, sind es „alte" Traditionen und Vorstellungen von Pflege, die bis in die Gegenwart wirken. Ein Blick auf die Geschichte der Medizin, die auch die Pflege stark beeinflusst hat, macht erneut deutlich, wie Fürsorge verstanden wurde und auch zum Teil heute noch verstanden wird. Der Begriff der Fürsorge ist zentral in der hippokratischen Tradition:

> [...] ich werde die Grundsätze der Lebensweise nach bestem Wissen und Können zum Heil der Kranken anwenden, dagegen nie zu ihrem Verderben und Schaden (Hippokratischer Eid, zitiert nach Sass (Hg.), 1999, S. 351).

> I will follow that system of regimen which, according to my ability and judgment, I consider for the benefit of **my** patient, and abstain from whatever is deleterious and mischievous (Hippokratischer Eid, zitiert nach Rumbold, 2004, S. 5).

> Die Gesundheit meines Patienten wird meine erste Sorge sein (Genfer Ärztegelöbnis, zitiert nach Sass (Hg.), 1999, S. 355).

In diesen Formulierungen sieht Rumbold den von ihm kritisierten Paternalismus verdeutlicht; es scheint, als gehörten Patient*innen dem Arzt bzw. der Ärztin. Das Prinzip der Fürsorge wird zu einem Fürsorgepaternalismus. Mit

„Paternalismus" meint Rumbold, dass Erwachsene von der handelnden Person wie Kinder behandelt werden, als ob diese die elterliche Autorität hätte.

Die Beziehung zwischen Patient*in und pflegender Person soll hingegen eine partnerschaftliche sein (Rumbold, 2004).

> [...] darum sind die Prinzipien der Fürsorge und des Nichtschadens mit Pflegephilosophie vereinbar, jede Denkweise von Paternalismus oder Parentalismus ist es mit Sicherheit nicht (Rumbold, 2004, S. 8).

> Das Gleichgewicht zwischen Autonomie und Fürsorge kann durch eine unreflektiert ausgeübte oder missbrauchende Fürsorge ins Wanken geraten (Großklaus-Seidel, 2002, S. 152).

Fürsorgepaternalismus ist in der Praxis oft einfacher als die Wahrung der Autonomie auf der Basis der dafür notwendigen Informationen. Paternalistisches Handeln erfordert weniger Rechtfertigungsgründe gegenüber Patient*innen, kostet weniger Zeit und persönlichen Einsatz, da es nicht notwendig ist, sich mit den Patient*innen intensiv auseinanderzusetzen. Folgende Antwort schrieb ein Leser auf einen Artikel in einer Ärztezeitung, in dem berichtet wird, dass Pflegende Patient*innen zu pflegerischen Maßnahmen, die sie für dringend notwendig halten, zwingen:

> Ich war über die Haltung, wir wissen, was das Beste ist, angewidert [...] Niemand, nicht der allerbeste Arzt der Welt oder die bestausgebildetste und fürsorglichste Schwester, weiß, was mein bestes Interesse ist, als ICH SELBST. [...] Wenn jemals eine Pflegeperson mir eine Handlung aufzwingt, obwohl ich diese ausdrücklich abgelehnt habe, der einzige Grund warum sie noch mal in mein Zimmer kommen könnte, wäre sich bei mir zu entschuldigen. Jedes Vertrauen und jeder Glaube, den ich je in den medizinischen Berufsstand gehabt habe, wäre zerschlagen, und ich würde nie wieder einer Pflegeperson vertrauen.[17]

2.3 Reflexion eigener Wertvorstellungen und Annahmen

Mehrmals wird in diesem Buch darauf hingewiesen, wie wichtig es ist, eigene Wertvorstellungen zu reflektieren. Pflegende interpretieren aufgrund ihrer subjektiven Wahrnehmung, ihrer Vorannahmen, ihrer persönlichen Werte und Pflegemodelle, was das *Beste* für Patient*innen ist. Ein weiteres Beispiel ist die Anwendung der *Goldenen Regel*. Diese dient in der Praxis vie-

[17] http://jme.bmj.com/cgi/eletters/30/4/346

len als Richtlinie, um das Wohl von Patient*innen festzulegen. Die Goldene Regel lautet: „Was du nicht willst, das man dir tu', das füg' auch keinem andern zu". Die Umkehrung der Goldenen Regel gilt Pflegenden als Eckpfeiler ihres Handelns: *Ich pflege die mir verantworteten Patient*innen so, wie auch ich gepflegt werden möchte.*

Diese Regel drückt das Selbstverständnis der meisten Pflegenden aus. Aufgrund ihrer angenommenen menschlichen und fachlichen Kompetenz als Pflegefachkraft sind Pflegende der Überzeugung, dass die von ihnen bevorzugte Pflege die beste Pflege ist. Von vielen Patient*innen wird diese Fürsorge geschätzt und anerkannt. Vorstellungen von guter Pflege korrespondieren häufig mit den Vorstellungen und Bedürfnissen der Patient*innen.

So zielführend die Anwendung dieser Regel sein kann und in vielen Fällen auch ist, birgt sie doch die Gefahr, von eigenen Vorstellungen abweichende Ansichten zu ignorieren. Pflegende sollten sich bewusst sein, dass die Bedürfnisse im Verlauf einer Krankheit nicht allgemeingültig sind, wie auch das Wohl von Patient*innen nicht generell aus den eigenen Pflegevorstellungen abzuleiten ist. Das von den Patient*innen bestimmte Wohl muss in den Mittelpunkt rücken. Eigene Vorstellungen darüber, wie man gepflegt werden will, müssen nicht mit den Vorstellungen der Betroffenen übereinstimmen. Es besteht die Gefahr, dass Pflegende in die Falle der Subjektivität und der Vermutungen geraten. Fähigkeiten und Werte, die sie für ihr Leben als Qualität empfinden, werden unreflektiert als allgemeingültig angenommen. Es muss bedacht werden, dass das eigene Lebenskonzept sich von dem Lebenskonzept der Patient*innen unterscheiden kann.

Eigene Wertvorstellungen fließen bei der Pflege und der Betreuung Angehöriger immer ein. Pflegende haben berufliche Erfahrung, fachliches Wissen und Kenntnisse im Umgang mit Sterbenden und Kranken. Sie können diese Fähigkeiten dazu einsetzen, Patient*innen und Angehörigen als Ratgeber zur Seite zu stehen. Eigene Wertvorstellungen sollten jedoch nicht als allgemeingültig angesehen werden.

Eigene Wertvorstellungen

Bei einer jungen Krebspatientin zeichnet sich ab, dass sie in wenigen Stunden versterben wird. Angehörige und Freunde sind verständigt. Fr. K., eine sehr enge Freundin der Patientin, kommt kurz nach dem Eintreten des Todes in das Krankenhaus. Die verstorbene Patientin ist noch in ihrem Zimmer. Einige Freunde sind bei ihr und nehmen gemeinsam Abschied. Fr. K. wendet sich, bevor sie das Zimmer betritt, an die zuständige Pflegekraft. Sie hat Angst davor, ihre Freundin tot in ihrem Bett liegen zu sehen.

Die Pflegekraft ist überzeugt davon, dass es wichtig ist, Angehörige oder Freunde im Sterben zu begleiten oder auch von Toten Abschied zu nehmen. Fr. K. ist noch sehr zögerlich, aber die Pflegekraft ermutigt sie mit Nachdruck, sich von ihrer toten Freundin zu verabschieden, dies sei wichtig und sie werde es im Nachhinein bereuen, wenn sie sich nicht verabschiedet hätte. Sie kann sie jedoch nicht begleiten, da einige Patienten auf ihre Versorgung warten. Durch den vehementen Zuspruch lässt sich Fr. K. überzeugen. Kurze Zeit später stürzt Fr. K. aus dem Zimmer der Toten und verlässt unter Tränen die Station.

Als sich einige Wochen später der Lebensgefährte der verstorbenen Patientin noch einmal auf der Station meldet, um sich für die Betreuung seiner Freundin zu bedanken, erfährt die Pflegekraft, dass Fr. K. nach wie vor tief schockiert ist und es bereut, die tote Freundin noch einmal gesehen zu haben.

Dies zeigt, dass das, was jemand für richtig und wichtig erachtet, nicht als allgemeingültig angenommen werden kann. Die Situation wäre vielleicht anders verlaufen, wenn Fr. K. professionell begleitet worden wäre.

Motive pflegerischen Handelns

Warum welche Pflege geleistet oder angeboten wird, basiert auf unterschiedlichsten Motiven, die, da sie das Wohlbefinden von Patient*innen betreffen, moralisch relevant sind. Handlungen werden durchgeführt, weil sie ein*e Patient*in wünscht, weil es so Standard ist oder weil andere Personen das Handeln beurteilen.

Anhand der Grundpflegetätigkeit der *Waschung* werden nun einige der Motive, die pflegerisches Handeln leiten, aufgezeigt. Jedes dieser Motive bzw. die darauffolgende Handlung sollte reflektiert und einer Kritik unterzogen werden.

Die Pflegeperson wäscht den Patienten,

- weil der Patient den Wunsch hat, gewaschen zu werden.
- weil es der Routineablauf so vorsieht.
- weil sie gegenüber der Stationsleitung und Kolleg*innen nicht als faul oder nachlässig erscheinen will.
- weil der Patient zu einer Untersuchung muss, und wenn er noch nicht gewaschen und das Bett nicht frisch überzogen worden ist, würde das ein schlechtes Licht auf das Pflegepersonal werfen.
- weil die Visite (evtl. sogar Chefvisite) kommt und bis dahin alles in Ordnung sein muss.

- weil es ihren Vorstellungen von Pflege entspricht, dass alle Patient*innen einmal am Tag gewaschen werden müssen.
- weil der Patient geschwitzt hat und daher gewaschen werden muss.
- weil er inkontinent ist und es sonst zu Hautreizungen kommt und die Gefahr eines Dekubitus besteht.

Es ist noch nicht allzu lange her, dass Motive wie das Einhalten der Routine und klare Vorstellungen der Pflege maßgeblich waren (Patient*in und Bett müssen sauber sein!). Es wurde von Pflegenden und auch in der Ausbildung z. B. besonderer Wert darauf gelegt, dass die Ecken der Leintücher vorschriftsmäßig an der Matratzenkante gefaltet sind.[18] Dies vermittelt einen Eindruck vom Eigen- und Fremdbild der Pflege und zeigt, dass es wesentlich ist, die Bedürfnisse von Patient*innen in den Mittelpunkt zu stellen. Bewusst oder unbewusst werden moralische Aspekte aufgrund verschiedener Motive missachtet.

2.4 Grenzen der Fürsorge

Fürsorge als wesentlicher Faktor einer professionellen Pflege impliziert auch die Auseinandersetzung mit ihren Grenzen. Zwei wesentliche Aspekte sind hier zu beachten: die Autonomie der Patient*innen und die Frage, welche Fürsorge die Pflege leisten kann.

Fürsorge und Autonomie

> Die Gewalt fängt nicht da an, wenn Kranke getötet werden. Sie fängt an, wenn einer sagt: „Du bist krank. Du musst tun, was ich sage." (*Erich Fried)*

Autonomie und Fürsorge als hierarchisch gleichgestellte Prinzipien stehen in einem sich bedingenden und abgrenzenden Verhältnis.

> Fürsorge kann nicht losgelöst von der Selbstbestimmtheit desjenigen ausgeübt werden, dem sie gilt. Wem am Wohl des Anderen liegt, der muss dessen Willen beachten. Wer die Autonomie des Anderen achten will, dem kann dessen Wohl nicht gleichgültig sein. Damit ist auch die Achtung der Würde gewährleistet. Diese impliziert sowohl die Achtung der Autonomie wie die Verpflichtung zur Fürsorge (Geisler, 2004).

[18] Anm.: Dieses Denken war vielerorts noch bis Anfang der 1990er-Jahre vertreten (es war kaum vorstellbar, dass in vielen Bereichen Spannleintücher benutzt werden könnten, wie es heute der Fall ist).

Fürsorge impliziert die Achtung des Rechtes auf Selbstbestimmung des eigenen Wohls. Schwierigkeiten treten dort auf, wo Entscheidungen der Patient*innen von Pflegenden als schädigend beurteilt werden. Begrenzungen der Autonomie mit Berufung auf Fürsorge wurden in den Betrachtungen über das Recht auf Autonomie ausgeführt. Anhand eines Fallbeispiels von Sara Fry werden Konflikte, die zwischen Fürsorge und Autonomie entstehen, veranschaulicht:

Selbstmedikation gegen ärztliche Anordnung

Hr. J., 82 Jahre alt, wird aufgrund einer Pneumonie stationär aufgenommen. Während seiner Behandlung klagt Hr. J. anfangs über „Verstopfung", das Problem hat sich laut Hr. J. jedoch gelöst. Der Patient erholt sich von seiner Erkrankung und kann in Kürze entlassen werden. Die Pflegekraft Fr. P. bemerkt, dass Hr. J. nun Durchfall hat. Auf Nachfrage äußert er, dass alles in Ordnung sei, besser Durchfall als Verstopfung. Der zuständige Arzt und die Pflegekraft sind aufgrund des Durchfalls jedoch beunruhigt. Es deutet einiges darauf hin, dass Hr. J. „heimlich" Laxanzien einnimmt. Fr. P. wird vom Arzt beauftragt, diesem Verdacht nachzugehen, ohne dass es Hr. J. bemerkt. Sie soll im Nachtschrank nachsehen, ob Hr. J. Laxanzien bei sich hat (Fry & Veatch, 2000, S. 127).

Die ärztliche Anordnung fordert in diesem Fall von der Pflegefachkraft, die persönlichen Dinge von Hrn. J. in seiner Abwesenheit nach Laxanzien zu durchsuchen. Für Fr. P. stellen sich folgende Fragen:

- Soll sie Hrn. J.s persönliche Dinge durchsuchen, wenn er das Zimmer verlässt? Eine dauerhafte Einnahme von Laxanzien gefährdet die Gesundheit.
- Findet sie in diesem Fall Abführmittel, ist es ihr erlaubt, diese einfach zu entfernen? Hat nicht der Patient das Recht, seine Stuhlfunktion selbst zu regulieren? Ist dieses Recht aufgrund der Tatsache, dass der Patient sich in die Fürsorge eines Krankenhauses begeben hat, eingeschränkt?
- Welche Rolle spielen Menschenbild und Alter? Würde bei einem jungen Patienten unter den gleichen Umständen gleich gehandelt?
- Ist Fr. P. in einem solchen Fall an die ärztliche Anordnung gebunden?

Sowohl das Prinzip der Autonomie (das Recht von Patient*innen, ihr Eigenwohl selbst zu bestimmen) wie auch das Prinzip der Fürsorge sprechen gegen ein heimliches Vorgehen. Die Sorge um das Wohl des Patienten spricht dafür, der auf Dauer gesundheitsgefährdenden Einnahme von Laxanzien entgegenzuwirken. Ein heimliches Vorgehen ist unter Beachtung von Autonomie und Fürsorge jedoch nicht zu rechtfertigen. Im Fürsorgegedanken ist die Pflege jedoch sehr schnell verleitet, unbedacht, möglicherweise sogar mit einer gewissen Selbstverständlichkeit einzugreifen. Viele andere Möglichkeiten und Alternativen werden somit gar nicht bedacht. Zu überlegen ist auch die Gleich- bzw. Ungleichbehandlung von Patient*innen. Inwieweit besteht bei älteren Menschen oder Menschen, die weniger selbstbewusst auftreten, eher die Gefahr, paternalistisch behandelt zu werden, als bei jungen oder selbstbewussten Patient*innen?

Welche Fürsorge kann die Pflege leisten?

Pflegende müssen zum Wohle der Patient*innen handeln! Dieses umfasst weitreichende Bedingungen. Physische, psychische, soziale, ökonomische und auch religiöse Bedürfnisse beeinflussen das Wohlbefinden von Patient*innen. Hier enthalten Fürsorge und Pflege noch viele nicht geklärte Fragen. Faktisch ist es unmöglich, alle Bereiche des Wohlbefindens in die Pflege miteinzubeziehen. Konzentriert man sich jedoch nur auf die körperliche Gesundheit, so werden für den Genesungsprozess wichtige Faktoren außer Acht gelassen, die auf das Wohlbefinden der Patient*innen relevanten Einfluss haben. Wird der Tätigkeitsbereich der Pflegenden auf das Gesamtwohl der Patient*innen ausgerichtet, so geraten Pflegende in Gebiete, in denen ihnen zum Teil die notwendige fachliche Ausbildung fehlt (etwa psychische Betreuung), wie sie auch bezüglich zeitlicher und personeller Ressourcen überfordert werden. Des Weiteren besteht die Gefahr, dass Patient*innen zunehmend Eigenverantwortung an das Pflegepersonal abgeben. Die Forderungen von Patient*innen sind von der Pflege oft nicht erfüllbar (Fry & Veatch, 2000, S. 70).

In der Pflege wird zunehmend ein psychosomatisches Konzept vertreten, soziale und psychische Aspekte werden in die Pflege miteinbezogen. Organisatorische Rahmenbedingungen schränken andererseits diese Tendenzen ein. Zum Beispiel stehen Pflegende, die in der häuslichen Pflege tätig sind, häufig vor dem Problem, dass ihre Zeit bei den Patient*innen auf die direkte Pflege abgestimmt ist. Die behandelten Patient*innen bedürfen oftmals eines Gesprächs, kleiner Tätigkeiten im Haushalt (verschmutzte Wohnungen) oder Erledigungen (Apotheke, Sanitätshaus, Arzt). Die Pflege kann diesen Wünschen nicht gerecht werden. Weiteres Hilfspersonal kann von vielen Patient*innen nicht finanziert werden. Unzufriedenheit und Frustration bei Patient*in und Pflegeperson kennzeichnen derartige Situationen. Ähnlichen Problemstellungen stehen auch Pflegende in Krankenhäusern und Seniorenheimen gegenüber. Eine Pflegedienstleiterin der Hauskrankenpflege berichtet: „Wir würden gerne so pflegen, dass die Patienten Dinge, die sie selbst tun können, auch selbst durchführen. Einige der Patienten können sich mit ein wenig Unterstützung selbst waschen und würden das auch gerne tun. Für die meisten Patienten ist es um vieles angenehmer, selbst die Körperpflege durchführen zu können, und nicht von einer unter Zeitdruck stehenden Pflegenden ‚hinuntergewaschen' zu werden. Auf meine eigenen Erkundigungen bei den zuständigen Stellen, die die Stundensätze entscheiden, bekam ich zur Antwort, dass darauf nicht Rücksicht genommen werden kann."

Welche Fürsorge Pflege leisten soll oder kann, ist eine Frage des Selbstbildes der Pflege, des Selbstverständnisses von Organisationen im Gesundheitswesen, der Vorstellungen und Ansprüche von Patient*innen sowie eine Frage der wirtschaftlichen Rahmenbedingungen. Zunehmende Professionalisierung, Veränderungen in der Aufgabenstellung zwischen Medizin und Pflege, Veränderungen des Patientengutes und zunehmende Ökonomisierung fordern die Pflege heraus, sich der Frage zu stellen, wie sich Fürsorge in der Pflege jetzt und in der Zukunft gestalten sollte (Fiechter & Meier, 1998).[19]

2.5 Kriterien der Pflegequalität

Die Kriterien der Pflegequalität sind ein Parameter dafür, welche Fürsorge geleistet wird. Diese Kriterien können anhand der vier Prinzipien ethisch beleuchtet werden.

- *Gefährliche Pflege:* Patient*innen erleiden Schaden oder sind durch Unterlassungen oder Fehler in der Pflege gefährdet. Persönliche Gewohnheiten werden nicht berücksichtigt.
- *Sichere Pflege:* Patient*innen werden mit dem Nötigsten versorgt und erleiden keinen Schaden. Persönliche Gewohnheiten werden nur beschränkt berücksichtigt. Die Förderung der Selbstständigkeit wird nicht gepflegt.
- *Angemessene Pflege:* Bedürfnisse und Gewohnheiten der Patient*innen werden berücksichtigt, wenn sie diese klar zum Ausdruck bringen. Das Pflegepersonal plant und beurteilt die Pflege.
- *Optimale Pflege:* Es gibt Möglichkeiten der Mitgestaltung in der Pflege und die Patient*innen werden in den Pflegeprozess einbezogen. Sie erhal-

[19] Zum Thema Ökonomisierung empfiehlt sich das Buch von G. Maio (2014), der dem stark vorherrschenden ökonomischen Denken eine bedenkliche Veränderung der inneren Haltung der Heilberufe zuschreibt.

> ten gezielte Hilfe bei ihrer Anpassung an veränderte Umstände (Fiechter & Meier, 1998, S. 178).

Im Rahmen des Fürsorgeprinzips in der Pflege sollte geklärt werden, welche Bereiche des Patientenwohls für die Pflege von Bedeutung, sinnvoll und erfüllbar sind. Finanzielle wie gesundheitspolitische Gründe und auch das Berufsbild Pflegender machen es nicht möglich, alle Bereiche des Wohlbefindens abzudecken. Dies ist auch nicht sinnvoll. Es ist jedoch notwendig darüber nachzudenken, welchen Herausforderungen sich die Pflege vernünftigerweise annehmen will oder soll und wie ein derartiges Pflegekonzept gesundheitspolitisch finanziert und durchgesetzt werden kann. Sichere Pflege wird von den meisten gesundheitspolitischen Einrichtungen gewährleistet und angemessene Pflege angestrebt. Viele Pflegende und Patient*innen wünschen sich eine optimale Pflege, die jedoch nur ein Idealbild bleibt. Fraglich ist, ob sichere Pflege dem Prinzip des Wohltuns Genüge leistet. Es ist zu beachten, dass die Möglichkeit der Patient*innen, am Pflegeprozess teilzunehmen, nur in der optimalen Pflege berücksichtigt wird. Pflegeplanung und Pflegeprozess sind wichtige Elemente, die in der praktischen Umsetzung auch ethisch reflektiert werden müssen.

Im folgenden Beispiel wird gezeigt, dass Pflegende in der Praxis vor der Frage stehen, wie weit ihre Fürsorge gehen sollte oder kann:

Wie weit geht die Fürsorge?

Fr. A., eine junge Mutter, wird aufgrund abdomineller Beschwerden im Krankenhaus aufgenommen. Es konnten jedoch keine physischen Ursachen für die Schmerzen festgestellt werden. Daher rät der behandelnde Arzt zu einer psychologischen Beratung. Fr. A. erzählt wenig aus ihrem privaten Leben, äußert jedoch gegenüber der Pflegekraft, dass sie bedrückt und niedergeschlagen sei. Ihre Depression führt sie darauf zurück, dass sie mit zwei kleinen Kindern alleine zu Hause ist und kaum soziale Kontakte hat. Sie versuchte schon mit ihrem Mann über die Situation zu reden, dieser kann ihre Gefühle jedoch nicht verstehen und versteht auch nicht, warum sie unglücklich ist.

Der Ehemann sieht die Frau in der Rolle als Mutter und Hausfrau. Als Mann sieht er seine Aufgabe darin, die Familie zu ernähren, damit seine Ehefrau „nicht arbeiten zu gehen braucht". Er erwartet von seiner Frau, dass sie mit der Rolle als Hausfrau und Mutter zufrieden ist. Bevor Fr. A. heiratete, hat sie als Lehrergehilfin in einer Grundschule gearbeitet, was ihr sehr viel Spaß machte. Vor ihrer Heirat war ihr das klare und starre Rollenbild ihres Mannes nicht bewusst.

Ihr Ehemann ist gegen eine psychologische Beratung und Fr. A. möchte nicht gegen den Wunsch ihres Mannes handeln. Die Pflegekraft ist davon überzeugt, dass Fr. A. von einem psychologischen Gespräch profitieren würde und dass Aktivitäten außerhalb der Familie zu ihrem Wohlbefinden beitragen könnten. Für sie stellt sich die Frage: Wie kann sie Fr. A. helfen und was sollte sie tun? (Yeo & Moorhouse, 1996, S. 71)

Es ist zu berücksichtigen, dass in verschiedenen Kultur- und Gesellschaftskreisen, aber auch individuell ethische Prinzipien anders bewertet und gewichtet werden. So steht in anderen Gesellschaften oder Gemeinschaften der Gemeinsinn oder die Familie vor der Autonomie Einzelner. Die unterschiedliche Bewertung moralischer Vorstellungen muss von der Pflege respektiert werden. In diesem Fall besteht die Schwierigkeit darin, dass innerhalb der Familie Vorstellungen nicht übereinstimmen und es daher zu Konflikten und negativen Konsequenzen kommt. Die Pflegekraft sieht, dass die ihr anvertraute Patientin darunter leidet. Der Konflikt entsteht zwischen dem, was die Pflege für die Patientin, die offenbar unter ihrer Situation leidet, für das Beste hält, und den Wünschen des Ehemannes. Fr. A. will ihre eigenen Wünsche gegenüber dem Mann nicht äußern. Es stellt sich für die Pflege die Frage, ob sie für die Interessen von Fr. A. eintreten soll oder ob dies außerhalb ihres Verantwortungsbereiches liegt. Ist die Pflegefachkraft hauptsächlich für die Patientin verantwortlich oder auch für den Angehörigen, da das Beste für Fr. A. nicht das Beste für ihren Ehemann bzw. die Familie sein muss? Die Pflegekraft ist überzeugt, dass Fr. A. von einer psychologischen Beratung profitieren würde, aber es bleibt offen, inwieweit dies die Dynamik der Familie belasten würde.

Fr. A. leidet unter einer depressiven Verstimmung und steht unter dem Einfluss ihres Mannes. Es ist für die Pflegekraft unklar, ob Fr. A. unter diesen Gegebenheiten ihre Autonomie wahrnehmen kann, ob sie sich bewusst ist, was sie selbst will, und ob sie die Möglichkeit hat, ihre Wünsche auszudrücken.

Während ihren pflegerischen Tätigkeiten versucht die Pflegekraft, für Gespräche Zeit zu finden, um Fr. A. dabei zu helfen, eine eigene Entscheidung zu treffen. Sie versucht, die Autonomie der Patientin im Gespräch zu unterstützen, indem sie der Patientin zuhört und damit eine Basis zur Eigenreflexion schafft, sodass sie möglicherweise besser für sich entscheiden kann, ob sie psychologische Unterstützung möchte. Die Pflegekraft bespricht ihre Beobachtungen mit dem behandelnden Arzt und schlägt vor, dass dieser das Gespräch mit dem Ehemann sucht. Eine Intervention vonseiten der Pflege erscheint ihr in der gegebenen Konstellation nicht fruchtbar. Der Arzt als männlicher Ansprechpartner und medizinische Autoritätsperson kann dem Ehemann den notwendigen Handlungsbedarf möglicherweise auf einer anderen Ebene vermitteln.

Viele Unklarheiten machen es für die Pflegeperson schwer möglich, eine richtige Entscheidung zu treffen. Eine reine Beschränkung auf die Verabreichung der angeordneten Antidepressiva erscheint der Pflegefachkraft im Sinne der Fürsorge allzu wenig. Ein direktes Eingreifen in die familiäre Situation überfordert pflegerische Ressourcen. Zudem fehlen ihr spezielle Fähigkeiten in der psychischen Betreuung und Mediation. Im Hinblick auf ihre Fürsorge versucht sie, den behandelnden Arzt auf das Problem hinzuweisen. Die Situation bleibt für die Pflege unbefriedigend. Einerseits will sie der Patientin helfen, andererseits geht eine Unterstützung weit über die körperliche Betreuung hinaus. Es bleibt die Frage offen, ob sich die Pflege von den familiären Problemen distanzieren oder sich für die Patientin einsetzen soll. In diesem Fall versucht die Pflegekraft durch Weitergabe der Verantwortung an den Arzt Unterstützung für die Patientin zu bekommen, andererseits versucht sie der Patientin zuzuhören.

Es gilt kritisch darauf zu achten, wie eigene Wertvorstellungen in die ethische Entscheidung einfließen. Es wird für Pflegende schwer sein, in diesem Fall objektiv zu urteilen. Eigene Vorstellungen von familiärem Leben, vom Bild einer Ehefrau und von der Rolle der Frau in der Gesellschaft werden die eigene Entscheidung unweigerlich beeinflussen.

2.6 Fürsorge am Beispiel aktivierender Pflege

Aktivierende Pflege setzt sich zum Ziel, eigene Ressourcen der Patient*innen zu fördern. Diese sollen, soweit es möglich ist, Selbstständigkeit erlangen und Tätigkeiten, die selbst übernommen werden können, sollten auch selbst durchgeführt werden. Bei den *Aktivitäten des täglichen Lebens* soll nur dort Unterstützung gegeben werden, wo Patient*innen an ihre eigenen Grenzen stoßen.

Forderung nach Fürsorge trotz eigener Ressourcen

Eine 75-jährige Patientin wird aufgrund eines reduzierten Allgemeinzustandes im Krankenhaus aufgenommen. Die ersten Tage braucht die Patientin Unterstützung bei der Nahrungsaufnahme und bei der Körperpflege, die anfänglich im Bett erfolgt.

Nach vier Tagen medizinischer und pflegerischer Behandlung ist es der Patientin wieder möglich, selbstständig zu essen sowie die Körperpflege teilweise selbstständig durchzuführen. Die Patientin will jedoch weiterhin im Bett gewaschen werden und folgt den Aufforderungen des Pflegepersonals, die Körperpflege am Waschbecken durchzuführen, sowie den Angeboten der Mobilisierung nicht. Aufklärende Gespräche über die Gefahr einer Pneumonie durch die Immobilität und auch die Aussicht, ihre Selbstständigkeit wieder zu erlangen, zeigen nicht den gewünschten Erfolg.

Die Pflegenden äußern gegenüber der Patientin ihren Unmut, da sie ihre Aufgabe darin sehen, dort Unterstützung anzubieten, wo Patient*innen an ihre Grenzen stoßen. Das Unterstützen von „Bequemlichkeit" wird als ungerechtfertigte Forderung empfunden. Dies umso mehr, als die zeitlichen Ressourcen sehr begrenzt sind.

Aktivierende Pflege und die Erreichung bestmöglicher Unabhängigkeit sind Teil des pflegerischen Selbstverständnisses und in vielen Pflegemodellen verankert (Böhm, Roper, Orem, Henderson). Virginia Henderson stellt z.B. das Bemühen um die Patient*innen, um so schnell wie möglich Unabhängigkeit und Selbstständigkeit zu erlangen, in den Vordergrund. Diesen Modellen und dem Selbstverständnis der aktivierenden Pflege liegt die Annahme zugrunde, dass Unabhängigkeit und Selbstständigkeit als Gut angenommen werden und somit dem Wohle der Patient*innen dienen. Im konkreten Fall bedeutet das, dass Patient*innen das Essen nur dann eingegeben wird, wenn sie selbst nicht in der Lage sind zu essen. Auch die Grundpflege sollten Patient*innen so weit wie möglich selbstständig durchführen. Patient*innen werden in ihrer Mobilität gefördert und dazu angehalten, darauf zu achten, dass ihre Mobilität erhalten bleibt oder dass sie diese wiedererlangen. Im Alltag kommt es jedoch in diesen Bereichen häufig zu Konflikten. Die aktivierende Pflege wird von sehr vielen Pflegekräften als grundlegendes Prinzip der Pflege angesehen. Dieses Prinzip basiert auf dem Fürsorgegedanken. Es scheint allgemeingültig zu sein, dass jeder Mensch so viel Selbstständigkeit erhalten oder wiedererlangen sollte, wie für ihn möglich ist. Selbstständigkeit wird von Pflegenden als hohes Gut angesehen. Die Krankheit und die damit einhergehende Fürsorge und Zuwendung können jedoch von manchen Patient*innen als Gewinn empfunden werden. Je weniger sie selbst können, umso mehr Fürsorge und Zuwendung wird ihnen entgegengebracht. Darum schöpfen sie nicht aus ihren eigenen Ressourcen und verlieren freiwillig an Selbstständigkeit, um dafür an Aufmerksamkeit zu gewinnen. Dieses Verhalten widerspricht dem Prinzip der aktivierenden Pflege. Die hohe Bewertung des Gutes *Selbstständigkeit* bleibt unreflektiert. Zum *Wohle* der Patient*innen wird sie gefördert. Patient*innen, die nicht aktiv mitarbeiten, erzeugen dann

Missmut bei den Pflegenden und Unverständnis. Das der Pflegetheorie zugrundeliegende Menschenbild wird von Pflegenden oft nicht reflektiert und hinterfragt.

Ist die Pflegekraft in einem konkreten Fall aus guten und vernünftigen Gründen überzeugt, dass das Wiedererlangen der Selbstständigkeit zum Wohle der Patientin bzw. des Patienten ist, kommt es zum Wertekonflikt zwischen Fürsorge und Autonomie:

- Kann sie Betroffene im Sinne der Fürsorge gegen deren Willen zur Selbstständigkeit drängen?
- Können Pflegende die geforderte Unterstützung verweigern, wenn Patient*innen eigene Ressourcen haben, die sie ungenutzt lassen?
- Ist es das Wohl der Patient*innen, ihre Selbstständigkeit wiederzuerlangen, oder ist das Bedürfnis nach Zuwendung schwerer zu gewichten?
- Trägt die Zuwendung nicht mehr zum Wohle der Patient*innen bei als deren Selbstständigkeit?
- Können Patient*innen von Pflegenden Unterstützung fordern, die sie aus physischer Perspektive nicht brauchen, sondern die vom Wunsch nach Zuwendung motiviert ist?
- Können Patient*innen persönliche Zuwendung von Pflegenden verlangen – was kann erwartet werden, was ist „zu viel"?
- Kommt es durch die geforderte Zuwendung, bei knappen Ressourcen in der Pflege, zu einer Benachteiligung anderer Patient*innen?
- Haben Patient*innen Anspruch darauf, Unterstützung dort zu fordern, wo sie Handlungen selbst durchführen können?
- Gibt es eine moralische Verpflichtung einer Person, eigene Ressourcen zu erhalten, zu fördern und zu nutzen?[20]

Derartige Forderungen belasten das gesamte Gesundheits- und Sozialsystem, insbesondere die Institution, die für die Betreuung dieser Patient*innen verantwortlich ist. Bobbert ist der Ansicht (für sie gilt Autonomie als oberstes Prinzip), dass Pflegepersonen im Falle einer Verweigerung von präventiven oder aktivierenden Maßnahmen aufgrund des Rechts auf Festlegung des Eigenwohls die Entscheidung der Patient*innen akzeptieren müssen (Bobbert, 2002, S. 229). Wird das Prinzip der Autonomie dem Prinzip der Gerechtigkeit gleichwertig gegenübergestellt, ergeben sich unterschiedliche Betrachtungsweisen (Autonomie als mittleres Prinzip), zudem ist die Frage, welche Fürsorge Pflege beinhaltet, nicht eindeutig geklärt.

[20] Hegel und Aristoteles sehen im Erhalt und in der Förderung der eigenen Fähigkeiten eine ethische Pflicht. Siehe auch: Kruse (2005, S. 279ff.)

Ein wichtiger Aspekt ist die Perspektive der Pflege selbst. Die Förderung der Selbstständigkeit ist Teil des Berufsverständnisses. Dieses Berufsverständnis kann im Hinblick auf die Autonomie der Patient*innen infrage gestellt werden, aber ob eine Umsetzung in die Praxis möglich und sinnvoll ist, ist zweifelhaft. Sozialethisch wäre es demnach notwendig, die personellen Ressourcen zur Verfügung zu stellen, um auch Patient*innen, die ihre persönlichen Ressourcen nicht nutzen, gemäß ihren Wünschen zu versorgen. Ob dies ein generelles Ziel der Gesundheitsversorgung sein kann oder sein sollte, ist eine gesellschaftliche Frage sowie eine Frage des Verständnisses von Pflege. In der derzeitigen Situation ist es jedenfalls nicht möglich, auf Ressourcen der Patient*innen zu verzichten. Nichtsdestotrotz sollten Pflegepersonen die Wünsche der Patient*innen achten und durch Gespräche und Suche von Alternativen eine gemeinsame Lösung finden. Patient*innen sollten darüber informiert sein, was das Gesundheitssystem und die Pflege leisten können und bereit sind zu leisten. Es stellt sich somit nicht nur die Frage, welche Rechte, sondern darüber hinaus auch, welche Pflichten Patient*innen haben.

2.7 Die Pflege als Fürsprecherin der Patient*innen

> Die Pflegende greift zum Schutz des Einzelnen, der Familie und der sozialen Gemeinschaft ein, wenn deren Wohl durch eine Pflegende oder eine andere Person gefährdet ist (ICN, 2014, S. 3).

Was soll getan werden, wenn Kolleg*innen oder Mediziner*innen gegen das Wohl der Patient*innen handeln oder organisatorische Rahmenbedingungen den Patient*innen schaden? Wie ist zu agieren, wenn Angehörige gegen das Wohl der Patient*innen handeln? Der ICN-Ethikkodex überträgt den Pflegenden die Aufgabe, sich für die Patient*innen dann einzusetzen, wenn diese durch andere Personen gefährdet werden. Viele Führungskräfte der Pflege greifen dort ein, wo das Wohl der Patient*innen durch Kolleg*innen missachtet wird. Unsicherheiten treten besonders dort auf, wo die Rechte der Patient*innen durch Medizin, Institution oder Angehörige verletzt werden. Rumbold überträgt der Pflege eine Verantwortung als Anwältin des Patienten zur Verteidigung gegen ärztlichen Paternalismus (Rumbold, 2004, S. 8).

Pflegende stehen immer wieder vor Situationen, in denen das Wohl von Patient*innen durch Kolleg*innen oder Mediziner*innen missachtet wird.[21]

[21] Auch Mediziner*innen stehen diesem Problem gegenüber. In dieser Arbeit sind jedoch pflegeethische Situationen

Handlungen gegen das Wohl der Patient*innen sind die Missachtung der Autonomie, schädigende Handlungen, Behandlungsfehler, abwertendes oder bevormundendes Verhalten sowie auch unsachgemäße Behandlung aus Wissensmangel oder Nachlässigkeit und Gewalt. Auch organisatorische Rahmenbedingungen verletzen das Prinzip des Wohltuns. Unbegründete einschränkende Maßnahmen oder Personalmangel sowie starre hierarchische Strukturen vermindern die Qualität der Pflege. Werden die Rechte der Patient*innen missachtet oder können Patient*innen ihr Recht nicht geltend machen, so ist es die Pflicht des Pflegepersonals, sich für die Patient*innen und ihre Autonomie einzusetzen, unabhängig davon, wie es die Entscheidung dieser Patient*innen bewertet. Werden Rechte nicht verteidigt oder geschützt, gibt es kein Recht (Rumbold, 2004, S. 8).

> […] die Pflegekraft muss den Patienten in den Entscheidungsprozess miteinbeziehen und ihn über Pflege und Behandlung vollständig informieren. Dies bedeutet auch, dass die Pflegekraft dafür verantwortlich ist, das Vorgehen anderer medizinischer Berufsgruppen sowie Politik und Funktionsweisen organisatorischer Strukturen zu bezweifeln, wenn sie diese als schädigend für den Patienten oder die Patienten empfindet (Rumbold, 2004, S. 132).

> Wo institutionelle Rahmenbedingungen eine gute Pflegearbeit mehr behindern als fördern, gehört es zur kollektiven Verantwortung der Pflegenden, auf diese Missstände immer wieder in entsprechender Form argumentativ hinzuweisen und konstruktive Vorschläge für Veränderungen einzubringen (Lay, 2015, S. 149).

Hierarchische Strukturen, Autoritätsglaube, Sprachlosigkeit und Angst vor den Folgen führen in der Praxis dazu, „wegzuschauen". Strukturmängel werden von Pflegenden mitgetragen. Arzthörigkeit, das Von-sich-Schieben der Verantwortung, fehlendes Selbstvertrauen und fehlendes Bewusstsein der Verantwortung sind Gründe, warum Pflegepersonal dazu bereit ist, die Fürsorge für Patient*innen zu vernachlässigen.

Der besondere Charakter der Patienten-Pflege-Beziehung (Nähe und Dauer) bedingt, dass vorzugsweise die Pflege die Rolle der Fürsprache für Patient*innen übernimmt. Wann und wie diese Rolle übernommen werden kann und sollte, stellt die Pflege vor viele neue Fragen. Ebenfalls zu beachten ist, dass die Unterstützung der Rechte von Patient*innen im Einverständnis mit diesen erfolgen muss. Es ist nicht zulässig, sich nach eigenem Ermessen für Patient*innen einzusetzen, wenn diese es nicht wollen.

---

relevant.

Fürsprache

Fr. L. äußert gegenüber der Pflegekraft, dass bei der Visite eine Koloskopie angeordnet wurde. Sie habe vor zwei Jahren schon einmal eine solche Untersuchung gehabt. Die spezielle Flüssigkeit, die sie als Vorbereitung trinken sollte, habe sie mehrmals erbrochen und die Untersuchung war ausgesprochen schmerzhaft, peinlich und unangenehm. Sie habe sich geschworen, diese Untersuchung nie wieder über sich ergehen zu lassen. Bei der Visite habe sie zwar gezeigt, dass sie nicht sehr erfreut sei, aber der Arzt habe nur gemeint, dass es notwendig sei. Die Pflegekraft bietet Fr. L. an, den Arzt noch einmal darauf anzusprechen, wenn sie es will. Fr. L.: „Das wäre sehr nett. Vielleicht muss es ja doch nicht sein."

Patient*innen sind während der Visite häufig passiv. Sie hören zu, können aber an der Planung ihrer Behandlung oftmals nicht teilnehmen. Deshalb können Fragen mit dem Pflegepersonal vor und nach der Visite besprochen werden. Es geht dabei nicht darum, die Verantwortung für die Patient*innen zu übernehmen oder andere Berufsgruppen von ihrer Verantwortung zu entbinden. Jedoch ist es Realität im Krankenhausalltag, dass Patient*innen durch Zeitdruck, Unbedachtheit oder Routineabläufe nicht immer so an ihrer Behandlung teilnehmen können, wie sie es sich wünschen. Hier kann die Pflege die Patient*innen unterstützen. Dennoch soll nicht das Ziel aus den Augen verloren werden, eine Umgebung zu schaffen, in der eine Fürsprache nicht notwendig ist.

Wie soll die Pflegekraft handeln, wenn die Patientin aus Angst, der ärztlichen Autorität zu widersprechen[22], die Anordnung hinnimmt und ihre Befürchtungen und Wünsche nur gegenüber der Pflege äußert? Wie sollte die Pflegekraft reagieren, wenn die Patientin ihre Wünsche nur ihr gegenüber ausdrückt, aber nicht will, dass der Arzt darauf angesprochen wird?

Die Rolle der Anwaltschaft beinhaltet: die Unterstützung von Patient*innen dabei, ihre Fragen oder Wünsche ausdrücken zu können, den Arzt darauf hinzuweisen, wenn die Patientin nicht gehört wird, Fachsprache zu übersetzen, wenn sie nicht verstanden wird, Informationen zu vermitteln, die Autonomie von Patient*innen zu schützen und zu fördern, deren Wünsche und Sichtweisen zu vertreten und Missverständnisse zu klären. Informationen, die nicht oder nur teilweise verstanden wurden, können von der Pflege klargelegt werden.

[22] Anm.: Diese Angst kann auch unbegründet und unabhängig von der ärztlichen Person eine Grundeinstellung von Fr. L. sein.

Sterben unter Monitoring

Eine 86-jährige Patientin liegt mit einem großen Hinterwandinfarkt auf der Überwachungsstation. Trotz medikamentöser Therapie ist der Zustand der Patientin sehr schlecht. In den Abendstunden kommt es zu einem Atemstillstand – die Intensivpflegekraft verständigt sofort die Ärztin und beginnt unter Zuhilfenahme des Ambubeutels die Beatmung. Einige wenige Hübe sind ausreichend, um die Eigenatmung der Patientin wieder anzuregen. Einige Zeit später kommt es zu einer ausgeprägten Bradykardie. Die diensthabende Ärztin entscheidet sich für einen externen Herzschrittmacher. Sollten im weiteren Verlauf eine Intubation und künstliche Beatmung zur Lebenserhaltung notwendig sein, so entscheidet die Ärztin, wäre dies nur eine Verlängerung des Sterbeprozesses und soll somit nicht durchgeführt werden. Der Zustand der Patientin verschlechtert sich weiterhin. Es kommt zu längeren Atempausen und es ist absehbar, dass die Patientin trotz des externen Herzschrittmachers in naher Zeit sterben wird. Die Intensivpflegekraft informiert die Ärztin erneut über die Verschlechterung. Diese ist sehr ungehalten darüber, dass sie erneut in der Nacht gestört wird – die Patientin „dürfe sterben".

Der externe Herzschrittmacher verursacht bei jedem Impuls ein starkes Zucken des Oberkörpers[23] – der Anblick dieser sterbenden Frau, deren Oberkörper alle paar Sekunden durch einen elektrischen Impuls vibriert, ist für die Intensivpflegekraft kaum zu ertragen.

Sie glaubt, dass es der Ärztin darum ging, mit weniger invasiven Mitteln zu versuchen, das Leben der Patientin aufrechtzuerhalten. Da jedoch offensichtlich ist, dass der Herzschrittmacher nicht den erwünschten Erfolg bringt, hält die Intensivpflegekraft einen Abbruch der Maßnahmen für richtig. So wäre ein ruhiges Sterben der Patientin möglich, wie auch die Angehörigen verständigt werden sollten. Aufgrund der Ungehaltenheit der Ärztin am Telefon hat sie nicht den Mut, noch einmal anzurufen. Die Ärztin weiß, dass die Patientin im Sterben liegt. Soweit es ihr neben der Betreuung der Mitpatient*innen möglich ist, versucht die Intensivpflegekraft, die Patientin nicht alleine sterben zu lassen. Andererseits ist sie nicht unfroh darüber, wenn andere Tätigkeiten sie beschäftigen, da sie ein derartiges Sterben nur schwer mitansehen kann. In den Morgenstunden verstirbt die Patientin. Die Intensivschwester informiert die Ärztin – diese kommt auf die Station, entfernt den externen Herzschrittmacher und ruft die Angehörigen an.

Nach Dienstschluss verlässt die Intensivpflegekraft das Krankenhaus. Sie ist aufgewühlt, wütend und traurig. In ihr herrscht das Gefühl, versagt zu haben. Das Bild

[23] Anm.: Der externe Herzschrittmacher verursacht Kontrakturen der Skelettmuskulatur. Da diese für den Patienten sehr unangenehm und auch schmerzhaft sein können, werden wache Patienten häufig sediert.

der sterbenden Patientin, alleine und durch die elektrischen Impulse geschüttelt, gehen ihr nicht aus dem Kopf. In der Zeit des Sterbens der Patientin versuchte sie die anderen Patient*innen adäquat zu versorgen und für die sterbende Patientin doch irgendwie da zu sein. In ihrer Hilflosigkeit hat sie die gegebene Situation hingenommen und versucht, nach ihren Möglichkeiten das Beste zu geben. Ihre Machtlosigkeit führt zu einem Gefühl zwischen Wut, Zorn und Verbitterung. Erst als alles vorbei ist, stellt sie sich die Frage: „Was mache ich da? Warum habe ich ein solches Sterben zugelassen?"

Idealerweise ist die Beziehung zwischen Patient*in und Gesundheitspersonal dadurch geprägt, dass alle Entscheidungen im Interesse der Patient*innen getroffen werden. So wie wir jedoch nicht in einer idealen Welt leben, pflegen wir auch nicht in einer idealen Welt. Wie in diesem Fallbeispiel gibt es Situationen, in denen Patient*innen Unterstützung brauchen, damit ihre Interessen vertreten werden und sie ihre Bedürfnisse ausdrücken können.

> Um ein wirksamer Fürsprecher sein zu können, muss Pflegepersonal von anderen und sich selbst als gleichwertiger Partner im multidisziplinären Team wahrgenommen werden. Ebenso muss es sich der Unterstützung des Arbeitgebers und der Berufsverbände sicher sein können (Hyland, 2002, S. 480).

> Schuldzuweisungen, das Meiden von persönlicher Verantwortung und das Verstecken hinter der Hierarchie kann schwerlich als Hilfe gesehen werden, um ein Umfeld zu schaffen, in dem Menschen gemeinsam lernen können, sachkundige ethische und verantwortungsbewusste Urteile zu fällen (Pattison, 2001, S. 14).

Die Hilflosigkeit der Pflegekraft, wie in diesem Fallbeispiel beschrieben, kennen viele Pflegende. Manche haben den Mut, sich in solchen Situationen für die Patient*innen einzusetzen. Dazu bedarf es kommunikativer Kompetenzen, Selbstvertrauen, Unterstützung, Fachwissen und der Fähigkeit der ethischen Reflexion und der ethischen Urteilsbildung. In dem beschriebenen Fallbeispiel kann eine Begrenzung der Therapie begründet und die wahrgenommene Übertherapie verhindert werden. Dafür braucht es das Wissen, was der Begriff der Übertherapie bezeichnet und wie eine Therapiebegrenzung gut fachlich und ethisch begründet wird. Das Gefühl, dass eine Therapie nicht mehr sinnvoll ist, bedarf eines argumentativen Fundaments. Gefühle müssen reflektiert werden und Überlegungen gegenüber anderen Berufsgruppen verbalisiert werden können. Fehlen diese Kompetenzen und werden solche Situationen nicht angesprochen, kann dies zu moralischem Distress führen.

Das Setzen von Maßnahmen, um moralischen Distress ansprechen zu können, und die Vermittlung von Strategien, um ihm begegnen zu können, wird vom AACN (American Association of Critical-Care Nurses) als moralischer Imperativ beschrieben. Pflegekräfte werden dazu aufgefordert, moralische Belastungen wahrzunehmen, ihr Wissen und Verständnis über die Auswirkungen moralischer Belastungen zu erweitern, Fähigkeiten zu entwickeln, um damit umzugehen, und sich für Veränderungen im Arbeitsumfeld einzusetzen. Arbeitgeber sind aufgefordert, Situationen zu erkennen und zu überwachen, die wiederkehrenden moralischen Distress auslösen, und angemessene Maßnahmen zu setzen. Es muss für Pflegekräfte die Möglichkeit bestehen, Belastungen an geeigneter Stelle anzusprechen. Richtlinien für schwierige Situationen sollten entwickelt und ethische Systeme und Prozesse implementiert werden, die auch eine Beteiligung der Pflegekräfte sicherstellen (Fölsch, 2014, S. 32).

2.8 Wahrhaftigkeit und Fürsorge

Einige Pflegeethiker*innen geben das Prinzip der Wahrhaftigkeit als zusätzliches mittleres Prinzip an. Wahrhaftigkeit ist eng verknüpft mit Fürsorge und Autonomie und ist in beiden dieser Prinzipien enthalten. Patient*innen können nur dann autonom und zu ihrem Wohle entscheiden, wenn sie über Krankheitszustand, Behandlung und Folgen informiert sind.

Die Aufklärung von Patient*innen ist ärztliche Pflicht und somit in erster Linie ein Thema der Medizinethik. Eine fehlende Aufklärung hat jedoch auch weitreichende pflegeethische Konsequenzen. Pflegekräfte geraten z.B. dann in Konflikt, wenn sie mit der Verunsicherung von Patient*innen, die durch unzureichende Aufklärung verursacht wurde, konfrontiert sind. Die unklare Situation wird von Patient*innen häufig als belastender empfunden als das Wissen über ihre Krankheit. Da die Pflicht zur Aufklärung in den ärztlichen Kompetenzbereich fällt, hat Pflegepersonal rechtlich weder eine Aufklärungspflicht noch ein Aufklärungsrecht. Mit zunehmender Bedeutung der Autonomie und geringerer Aktualität von paternalistischer Fürsorge hat wahrheitsgerechte Aufklärung der Patient*innen in den letzten Jahrzehnten an Gewicht gewonnen.

Gründe, die für das Vorenthalten von Informationen angegeben werden, beziehen sich oft auf das Prinzip der Fürsorge. Mediziner*innen oder Angehörige[24] entscheiden zum Wohle der Patient*innen, da sie befürchten,

[24] Anm.: Besonders bei älteren Menschen ist es üblich, dass Angehörige vorinformiert werden. Ein solches Vorgehen ist bezüglich des Rechts auf Autonomie sowie der Verschwiegenheitspflicht sehr problematisch.

dass eine Aufklärung über den kritischen Krankheitszustand diesen schadet. Sie nehmen an, dass die Patient*innen mit der Information überfordert sind oder dass ihnen im Hinblick auf ihren Krankheitsverlauf dieses Wissen mehr schaden wird. Konsequenzen einer solchen Handlungsweise für Kommunikation und Beziehung zwischen Personal und Patient*innen wie auch zwischen Angehörigen und Patient*innen werden nicht beachtet. Das Patientenwohl wird subjektiv von Mediziner*innen oder Angehörigen bestimmt. Das Verschweigen der Wahrheit führt dazu, dass nicht offen kommuniziert werden kann und dadurch noch mehr Verunsicherung entsteht. Den Patient*innen wird die Möglichkeit genommen, Dinge, die ihnen wesentlich sind, noch erledigen oder abschließen zu können. Außerdem werden unangenehme Nebenwirkungen von Therapien weniger akzeptiert, da sie aufgrund mangelnder Aufklärung nicht nachvollzogen werden können und so die Kooperationsbereitschaft der Patient*innen negativ beeinflussen (Beauchamp & Childress, 2019, S. 330).

Bei malignen Erkrankungen wird als Rechtfertigung der nicht durchgeführten Aufklärung die Befürchtung in den Vordergrund geschoben, dass Patient*innen in der Folge nicht mehr bereit sein könnten, gegen die Krankheit anzukämpfen. Rumbold stellt dazu die Frage: Spielt das eine Rolle? Ist das wirklich schädlich für die Patient*innen? Und er beantwortet diese Frage so: Patient*innen haben das Recht, auf dieses Wissen in ihrem Ermessen zu reagieren. Es ist ihr Recht, sich zu entscheiden, ob sie gegen die Erkrankung kämpfen oder aber sich aufgeben und der Erkrankung und dem unvermeidlichen Tod ihren Lauf lassen. Nicht die Wahrheit zu sagen, spricht gegen fundamentale ethische Prinzipien und ist selten zum Vorteil der Patient*innen (Rumbold, 2004, S. 168f.).

> Wenn ein Patient nicht die Wahrheit erfährt, kann er keine autonomen Entscheidungen treffen. Wahrhaftigkeit und Autonomie sind unweigerlich miteinander verbunden. Wird dem Patienten nicht die Wahrheit gesagt, so wird sein Recht auf Autonomie nicht respektiert (Lipp, 1998, S. 129).

Der nicht aufgeklärte Ehemann

Hr. W., 72 Jahre alt, wird im Krankenhaus aufgenommen. Er leidet unter Schmerzen in der Brust und anhaltendem Husten. Ein chirurgischer Eingriff ergibt, dass Hr. W. an einem inoperablen Bronchuskarzinom erkrankt ist. Die Wucherung wird belassen und der Brustkorb wieder geschlossen. Hr. W. wird vorübergehend nach Hause entlassen. Man lässt ihn in dem Glauben, dass er nach Besserung des Allgemeinzustandes für eine weitere Operation wieder aufgenommen wird. Seiner Ehefrau wird die Wahrheit mitgeteilt, nämlich, dass er an Krebs erkrankt ist und es keine Möglichkeiten einer Therapie gibt. Man sagt der Frau, ihr Ehemann sei im Endstadium seiner Krebserkrankung. Nach einigen Wochen verschlechtert sich der Allgemeinzustand des Patienten zunehmend und Hr. W. bemerkt, dass – entgegen den Aussagen des Chirurgen – keine Besserung in Aussicht ist.

Fr. W. ist besorgt, dass ihr Ehemann ihr Fragen stellt, die sie schwer beantworten kann, und so verbringt sie immer weniger Zeit bei ihm. Sie geht nur noch in das Zimmer des Ehemannes, wenn dieser nach ihr ruft oder sie ihm die Mahlzeiten oder die Medikamente bringt, und verlässt den Raum so schnell wie möglich wieder. Das Ehepaar ist 50 Jahre verheiratet und führte bisher eine enge und liebevolle Beziehung, die in dieser Phase gestört ist. Eines Tages fragt Hr. W. die Hauskrankenpflege direkt, ob es ihm wieder einmal besser gehen wird. Die Pflegekraft fragt ihn daraufhin, was er denkt, und bestätigt ihm behutsam seinen Verdacht, dass sich sein Zustand zunehmend verschlechtern wird und es nicht mehr möglich ist, diesen Prozess aufzuhalten. Die Hauskrankenpflege informiert Fr. W. über das Gespräch mit Hrn. W. und darüber, dass ihr Ehemann die Information angenommen hat. Von diesem Moment an verbringt Fr. W. die meiste Zeit am Bett ihres Ehemannes und beide genießen die gemeinsame Zeit, die ihnen noch bleibt (Rumbold, 2004).

> Die Familie wird gezwungen, in dieser Situation mit einer Lüge zu leben, und empfindet es daher zunehmend als schwierig, mit dem Patienten zu kommunizieren. […] Gemäß den ethischen Prinzipien hat jeder das Recht auf Wahrheit, sofern man nicht selbst entscheidet, dass man die Wahrheit nicht wissen will (Rumbold, 2004, S. 167).

Unzureichende Aufklärung erschwert den Umgang mit Betroffenen, die Kommunikation mit ihnen und ihre Pflege. Pflegeziel und Pflegemaßnahmen können nicht gemeinsam mit ihnen erarbeitet oder besprochen werden. Kommunikation und Pflege werden durch Geheimnisse und Unwahrheiten behindert. Das Recht der Patient*innen, für sich zu entscheiden, wie sie mit den erhaltenen Informationen umgehen, wird missachtet.

Müssen Pflegepersonen der Anordnung, Patient*innen nicht die Wahrheit zu sagen und gegebenenfalls auch zu lügen, Folge leisten?

> […] Pflegekräfte haben die gleiche Pflicht wie Ärzte, die Wahrheit zu sagen und das Recht des Patienten auf Information zu wahren und müssen daher für sich entscheiden, ob sie die Wahrheit sagen oder verschweigen. Jedes Individuum trägt persönliche Verantwortung für die eigenen moralischen Entscheidungen,

> und eine Verteidigung mit dem Argument „jemand hat mir gesagt, ich soll“ ist niemals eine moralische Rechtfertigung (Rumbold, 2004, S. 174).

> [...] ein Arzt kann nicht von Pflegekräften erwarten, dass diese gegenüber dem Patienten lügen, nur weil er es angeordnet hat (Rumbold, 2004, S. 177).

Demgegenüber spricht Großklaus-Seidel von der Notwendigkeit einer professionellen Distanz in konflikthaften Situationen. Auch wenn das Pflegepersonal das Bedürfnis von Patient*innen nach Information versteht und als gerechtfertigt ansieht, ist es ethisch nicht dazu verpflichtet, Patient*innen über ihre Diagnose aufzuklären. Eine Pflicht zur Wahrheit kann in solchen Situationen zu schwerwiegenden Konsequenzen führen (Großklaus-Seidel, 2002, S. 164).

Professionelle Distanz darf aber nicht heißen, sich dem Konflikt zu entziehen. Die medizinische Anordnung hat in diesem Fall auch Konsequenzen für die Pflege der Betroffenen und den Umgang mit den Angehörigen. Pflegende sind in der Praxis immer wieder mit den Unsicherheiten von Patient*innen konfrontiert und dienen als Ansprechpartner für Fragen, die aus dieser Unsicherheit entstehen. Eine Verpflichtung, gegen die ärztliche Entscheidung die Wahrheit zu sagen, ist nicht zielführend und kann die interdisziplinäre Zusammenarbeit sowie auch das Vertrauensverhältnis zwischen Arzt bzw. Ärztin und Patient*innen auf Dauer stören. Fehlendes Wissen der Pflegekräfte über Diagnose und Prognose kann dazu führen, dass falsche Informationen weitergegeben werden und mehr Unsicherheiten entstehen. Eine Verpflichtung zu lügen kann vom Pflegenden dennoch nicht gefordert werden und steht in vielen Fällen dem Wohle der Patient*innen entgegen. Pflegende dürfen es nicht hinnehmen, von anderen Berufsgruppen zu Handlungen gedrängt zu werden, die sie als ethisch falsch beurteilen und die die Pflege der Patient*innen beeinträchtigen. Mediziner*innen sind sich der weitreichenden Auswirkungen einer fehlenden Aufklärung auf die Pflege, auf Patient*innen und deren Angehörige oftmals nicht bewusst. Es ist für sie selbstverständlich, dass derartige Entscheidungen von Pflegenden kritiklos angenommen werden. Interdisziplinäre Gespräche, in denen die Pflege ihre Sichtweise kompetent und begründet darlegt, können zu einem überlegten gemeinsamen weiteren Vorgehen und auch zu einem Umdenken führen.

2.9 Zusammenfassende Schlussbemerkungen

Es ist eine wesentliche Pflicht des Pflegepersonals, das Wohlbefinden von Patient*innen zu verbessern bzw. aufrechtzuerhalten und Wissen und Fähigkeiten dementsprechend einzusetzen.

Das Prinzip der Fürsorge stellt uns vor Fragen wie:

- Was ist das Wohl der Patient*innen? Worin sehen Patient*innen ihr eigenes Wohl? Was glaube ich als Pflegekraft, sei das Beste für die Patient*innen?
- Wie kann ich Patient*innen bestmöglich unterstützen und welchen Nutzen hat das Handeln der Pflege für diese Patient*innen?
- Darf die Pflege den Willen von Patient*innen aufgrund ihrer Fürsorgepflicht einschränken und wenn ja, welche Kriterien müssen beachtet werden?
- Wie weit geht die Fürsorge für Patient*innen (physische, psychische, soziale, ökonomische, religiöse Bedürfnisse)?
- Welches Fachwissen und welche Kompetenzen braucht es, um kompetent und unter Berücksichtigung ethischer Aspekte für Patient*innen „gut" sorgen zu können?

Einige dieser Fragen, die sich im Zusammenhang mit dem Fürsorgeprinzip in der Pflege stellen, wurden hier beleuchtet. Es wurde versucht, Antworten zu finden, um eine Basis für weitere Reflexionen zu schaffen.

Das Prinzip der Fürsorge ist ein wesentlicher Bestandteil der Pflege. Pflegende haben die Aufgabe, für kranke Menschen, ihre Gesundheit und ihr Wohlergehen zu sorgen. Es gilt, nach dem Wohle der Patient*innen zu handeln. Entscheidungsfähige Patient*innen können ihre Wünsche und Bedürfnisse äußern und ihr eigenes Wohl bestimmen. Pflegende sollen die Selbstbestimmung des Wohls akzeptieren und die Patient*innen als Individuen betrachten, die für sich selbst Ziele festlegen. Fürsorgliche Bevormundung darf nicht Teil der Pflege sein. Patient*innen, die nicht in der Lage sind, ihre Bedürfnisse zu äußern, stellen Pflegende vor die Situation, Urteile für Dritte und deren Wohl zu fällen. Pflegefachkräfte sollten fähig sein, Vorannahmen und persönliche Werte zu reflektieren und von einer Verallgemeinerung zu abstrahieren. Die Umkehrung der goldenen Regel kann hilfreich sein, darf aber nicht als allgemeingültiges Gesetz angenommen werden.

Fürsorge für Patient*innen beinhaltet auch fachliche und kommunikative Kompetenzen der Pflegepersonen. Diese sollen eine gute Zusammenarbeit im interdisziplinären Team fördern. Schlechte Zusammenarbeit, Missstimmungen und lückenhafte Informationsübermittlung führen zu Fehlern und machen die bestmögliche Behandlung und Pflege unmöglich. Strukturmängel und Fehler Dritter dürfen von Pflegenden nicht mitgetragen werden. Ihre Verpflichtung zur Förderung des Patientenwohls impliziert, sich auch für dieses Wohl einzusetzen. Jedes Mittragen von Mängeln und Missständen verfestigt und unterstützt deren Vorhandensein.

Sozialethische Überlegungen richten sich auf eine Umgrenzung des Pflegeangebotes unter Einbeziehung ethischer Faktoren. Es gilt zu klären, was Pflege zum Wohle der Patient*innen anbieten kann, ohne Pflegepersonal, organisatorische und finanzielle Strukturen zu überfordern oder die Abgabe der Eigenverantwortung von Patient*innen an Pflegepersonal zu erzielen. Sichere Pflege ist ein Mindestmaß an Fürsorge. Optimale Pflege ist eine faktisch kaum umsetzbare Idealvorstellung. Es stellt sich die Frage, welche Pflege wünschenswert und welche umsetzbar ist. *Angemessene Pflege* ist ein erstrebenswertes und realistisches Ziel. Kann aufgrund organisatorischer und struktureller Rahmenbedingungen eine angemessene Pflege dauerhaft nicht geleistet werden, führt dies zu Unzufriedenheit bei Patient*innen und zu Frustration beim Pflegepersonal. Das Berücksichtigen der Bedürfnisse von Patient*innen ist Teil des Selbstverständnisses des Pflegeberufs. Die Beschränkung der Pflege auf nötigste Versorgung führt unter anderem dazu, dass die Motivation, diesen Beruf auszuüben, verloren geht und gutes Fachpersonal in andere Berufssparten wechselt.

Die Sorge für Patient*innen hat ihre Grenzen durch das Recht auf Autonomie. Professionelle Fürsorge ist kein Fürsorgepaternalismus, sondern ein Handeln im Sinne der Patient*innen. Die Prinzipien der Autonomie, der Gerechtigkeit und des Nichtschadens sind eng mit dem Fürsorgeprinzip verbunden, können aber in der Praxis miteinander konkurrieren. Fürsorgliches Handeln, ohne die Autonomie einzuschränken, bedarf moralischer Charakterbildung und kommunikativer Fähigkeiten. Es zeigt sich, dass das Prinzip des Wohltuns ein wichtiger Bestandteil der Pflege ist und einer detaillierten Auseinandersetzung bedarf. Viele Fragen können nur in der Reflexion am konkreten Fall gelöst werden oder müssen auch dann noch offen bleiben. Dem vorausgehend müssen Pflegende allgemeine Betrachtungen der Fürsorge diskutieren. Pflegende können jedoch nicht alle Patientenwünsche erfüllen. Begrenzte Ressourcen und das Gesundheitssystem geben Rahmenbedingungen vor. Auch können Patient*innen nicht ohne Übernahme von Eigenverantwortung von Pflegenden erwarten, dass alle ihre Bedürfnisse erfüllt werden.

Wesentlich in der Pflege ist auch das eigene Wohl. Ausgebranntes und überfordertes Personal verursacht Fehler und es kommt zu schädigenden Handlungen an Patient*innen. Pflegehandlungen werden nicht oder nicht sachgerecht durchgeführt, auch Ungeduld und rücksichtsloses Verhalten gegenüber Patient*innen können negative Auswirkungen sein. Das Nichtbeachten des eigenen Wohls hat sowohl körperliche wie auch psychische Auswirkungen auf die Pflegeperson.

Professionelle Pflege bzw. wirksame Unterstützung der Patient*innen ist nur dann möglich, wenn Pflegende auch Sorge für ihr eigenes Wohlergehen tragen. Dazu gehören unter anderem die Abgabe von Verantwortung, lösungsorientiertes Handeln, Distanz, Kenntnis der Grenzen der Fürsorge, Wahrnehmen eigener Grenzen und der gekonnte Umgang mit Konfliktsituationen. Selbstsorge schützt vor Überforderung und dem Gefühl der Ausbeutung vonseiten der Patient*innen und der Institution. Viele Pflegekräfte laufen Gefahr, Verantwortung individuell zu übernehmen, und übersehen dabei die größeren Zusammenhänge innerhalb einer Institution und deren Verpflichtungen.

2.10 Ergänzende Fallbeispiele

Die Notwendigkeit, Patient*innen vor Verletzungen zu schützen, stellt Pflegende im Alltag vor moralisch oft schwer zu entscheidende Situationen. Eine Einschränkung der Freiheit belastet die Patient*innen und kann zu vermehrter Unruhe führen, da sie der Einschränkung entgegenwirken wollen. Eine Nichteinschränkung des Bewegungsspielraums birgt jedoch die Gefahr, dass die Patient*innen, etwa durch einen Sturz, zu Schaden kommen.

Freiheitseinschränkung zum Schutze des Patienten

Pflegekraft Hr. D. findet den 80-jährigen Patienten Hrn. B. bei seinen üblichen nächtlichen Kontrollgängen am Boden liegend vor. Beim Versuch, auf die Toilette zu gehen, ist der Patient gestürzt. Er ist nur teilorientiert und kann den Aufforderungen des Personals, die Glocke zu betätigen, um ihn auf dem Weg zur Toilette zu begleiten, nicht folgen.

Das Bett von Hrn. B. wird von der Pflegefachkraft an die Wand geschoben, sodass jener das Bett nur noch auf einer Seite verlassen kann. Die zweite Seite des Bettes wird mit Stühlen gesichert. Steht Hr. B. erneut allein auf, hat er einerseits Halt an den Stühlen, andererseits wird das notwendige Verschieben, um das Bett verlassen zu können, Lärm machen und die Pflegekraft zu Hilfe eilen lassen. Die Zimmertür wird offen gelassen, sodass die Pflegeperson einen eventuellen erneuten Versuch von Hrn. B., allein aufzustehen, hören kann.

Pfleger Hr. D. wird nach einiger Zeit von einem anderen Patienten gerufen und ist eine Weile in dessen Zimmer beschäftigt. Als er den Gang wieder betritt, hört er Rufe aus dem Zimmer von Hrn. B. Wieder findet er diesen am Boden liegend vor. Um einen weiteren Sturz zu verhindern, wird die Matratze des Patienten auf den Boden gelegt. Von dieser niedrigen Höhe aus ist es dem Patienten nicht möglich, alleine aufzustehen.

Der Pfleger ist mit dieser Lösung zufrieden, da er den Patienten vor einem erneuten Sturz und somit dem Risiko des Schadens bewahrt. Durch die Maßnahme ist es auch nicht nötig, die Freiheit des Patienten durch Bettgitter oder anderer Art einzuschränken, jedoch kann der Patient so nicht mehr alleine aufstehen. Hr. B. selbst ist mit dieser Lösung aber nicht einverstanden. Lautstark protestiert er gegen die Maßnahme und verlangt, sofort wieder ins Bett zu dürfen. Da Hr. B. darauf besteht, bringt ihn der Pfleger wieder zurück ins Bett und sichert die freie Bettseite mit weiteren Stühlen ab. Er fühlt sich unwohl und kontrolliert so oft, wie es neben der Betreuung der anderen Patienten möglich ist, die Vorgänge bei Hrn. B. Er ist weiterhin in Sorge, dass ein erneutes Aufstehen unbemerkt bleibt und sich Hr. B. bei einem nochmaligen Sturz verletzt. Das Anbringen von Bettgittern würde nicht nur die Gefahr in sich bergen, dass Hr. B. versucht, darüberzuklettern, sondern auch bewirken, dass er noch unruhiger oder sogar zornig wird, wie die Pflegekraft aus Erfahrung weiß.

Die Pflegefachkraft ist sehr bemüht, den Patienten vor Schaden zu bewahren und zu seinem Wohle zu handeln. Die vom Pflegenden als gut empfundene Alternative, den Patienten mit seiner Matratze auf dem Boden zu lagern, wird vom Patienten selbst als Belastung wahrgenommen. Trotz des Risikos, bei einem Sturz zu Schaden zu kommen, legt der Pfleger den Patienten zurück ins Bett, da das Schlafen am Boden für Hrn. B. nicht tragbar ist. Der Patient kann durch die Teilorientiertheit die Konsequenzen seines Tuns nicht im vollen Maße erfassen. Zur Erhaltung der dispositionellen Freiheit kann die aktuelle Freiheit eingeschränkt werden. Es ist jedoch voraussehbar, dass Hr. B. gegen das Anbringen von Bettgittern protestieren wird, wenn er nicht sogar versuchen wird, über diese hinauszuklettern. Andere Alternativen, die die Pflegeperson zum Schutze des Patienten versuchte, waren nicht fruchtbar.

In allen Fällen der Fixierung und Einschränkungen der Freiheit zum Schutze des Patienten muss beachtet werden, welche psychischen Auswirkungen diese Einschränkungen auf die Patient*innen haben. Pflegende sind aufgefordert, auch nonverbale Reaktionen von Patient*innen zu beobachten und nach Alternativen zu suchen. Der psychischen Belastung wird gegenüber der körperlichen Gefährdung in der Praxis oftmals weniger Bedeutung beigemessen. In erster Linie wird den meisten Pflegenden daran gelegen sein, Patient*innen vor körperlichen Schäden zu schützen. Wird die Freiheit der Patient*innen nicht eingeschränkt und es kommt zu Verletzungen, so besteht seitens der Pflege die Befürchtung, mit rechtlichen oder beruflichen Konsequenzen rechnen zu müssen. Inwieweit Freiheitseinschränkungen gerechtfertigt sind, ist ebenfalls rechtlich nicht immer eindeutig. Im Krankenhaus sind rechtliche Vorgaben oft unklarer als in Seniorenheimen. Dort gibt es Richtlinien und gesetzliche Bestimmungen, aber dennoch bleiben oft Unklarheiten beim Pflegepersonal – häufig auch aufgrund von unzureichenden Informationen oder rechtlichem „Pseudowissen", das hartnäckig seine Kreise zieht. Der Pfleger im obigen Fallbeispiel versucht, das Risiko einer Verletzung so weit wie möglich zu minimieren, und hofft, dass nichts passiert. Den Patienten durch Gabe von Medikamenten zu sedieren, damit er nicht mehr fähig ist, das Bett zu verlassen, erscheint der Pflegefachkraft unangemessen und nicht verhältnismäßig. Die Gabe des Medikamentes müsste zudem heimlich oder durch Zwang erfolgen, da der Patient die Medikation höchstwahrscheinlich nicht freiwillig einnehmen würde. Es wäre möglich, organisatorische Rahmenbedingungen so zu gestalten, dass die Umgebung für den Patienten sicher ist, ohne seine Freiheit einzuschränken. Zusätzliches Personal, das in Form von Bereitschafts- oder Springerdiensten eingesetzt wird, kann in solchen Fällen herangezogen werden. Eventuell sind auch Angehörige bereit, eine gewisse Zeit bei dem Patienten zu verbringen. Dazu bedarf es der räumlichen Möglichkeiten. Zudem ist es hilfreich, wenn Pflegende im Umgang mit desorientierten Patient*innen ausgebildet sind, um über kommunikative Wege Spannungen aus derartigen Situationen zu nehmen.

In der Langzeitpflege ist Pflegepersonal regelmäßig mit Fragen der Freiheitseinschränkung konfrontiert. Rechtlich werden Einschränkungen der Freiheit länderspezifisch geregelt. Praxisberichte haben hier gezeigt, dass die Einschätzung des Bedarfs der Einschränkung durch rechtliche Vertreter*innen und Pflege sehr unterschiedlich ausfallen kann. Rechtliche Entscheidungen müssen mit beschränkten Ressourcen von der Pflege in die Praxis umgesetzt werden. Sowohl rechtliche Vertreter*innen wie auch Pflegekräfte sollten sich gemeinsam darum bemühen, angemessene Lösungen für den betroffenen Menschen zu finden. In der Kooperation mit rechtlichen Vertreter*innen sind Pflegekräfte gefordert, ihr Fachwissen und ihre Einschätzung kompetent und begründet darzustellen. Es kann davon ausgegangen werden, dass desorientierte Menschen sich einen Schutz vor einem Sturz wünschen, wenn ein hohes Risiko des Sturzes und folglich von Verletzungen gegeben ist. Expertenstandards zur Sturzprophylaxe können hier hilfreich sein und ein überlegtes Abwiegen von Gefahren, Risiken und Möglichkeiten der Sturzvermeidung ermöglichen. Maßnahmen zum Schutz pflege- und hilfsbedürftiger Menschen müssen verhältnismäßig zu Gefahr und Folgen sein.

Entscheidungsträger gesundheitspolitischer Einrichtungen stehen in der Verantwortung, notwendiges Personal und Ressourcen zur Verfügung zu stellen, um freiheitsbeschränkende Maßnahmen zu vermeiden. Dennoch stehen Pflegepersonen in der Praxis häufig vor Situationen, in denen die personellen Ressourcen nicht ausreichen, und sie müssen unter den eingeschränkten Bedingungen Entscheidungen treffen.

Im Rahmen des Fürsorgeprinzips wird in einem weiteren Fallbeispiel auf Haltung und Menschenbild gegenüber pflege- und hilfsbedürftigen Menschen eingegangen:

Interaktion und Menschenbild

Hr. M., 72 Jahre, war Universitätsprofessor und lehrte Physik. Nach einem Schlaganfall vor zwei Jahren ist seine Mobilität aufgrund einer Halbseitenlähmung stark eingeschränkt. Vor wenigen Monaten verstarb unerwartet seine Frau, die ihn zu Hause versorgte. Da die Ehe kinderlos war, musste Hr. M. ins Seniorenheim umziehen. Er ist sehr zurückgezogen. Die meisten seiner Mitbewohner*innen, die er, wenn überhaupt, dann nur beim Mittagstisch sieht, findet er ungebildet und deren Gespräche über „Krankheit und Stuhlgang“ sind ihm zuwider. Hr. M. ist es gewohnt, mit „Herr Professor“ angesprochen zu werden oder zumindest mit „Hr. M.“. Diesen Morgen erscheint eine neue junge Pflegekraft und begrüßt ihn mit „Guten Morgen, Andi, ich bin Schwester Nicole“.

Hr. M. empfindet sein Umfeld sowie die Menschen um ihn als befremdend. Er ist von Menschen umgeben, mit denen ihn nichts verbindet und mit denen er nichts gemeinsam hat. Ferner erlebt er das Verhalten mancher Pflegepersonen als respektlos. Sein Wunsch, mit „Herr Professor“ angesprochen zu werden, wird abgewiesen, da dies in der Einrichtung nicht üblich sei. Den Versuch der Pflegekraft, durch eine Du-Beziehung Vertraulichkeit und Nähe aufzubauen, empfindet Hr. M. als demütigend und abschätzig. Er sehnt sich nach einem Menschen, der ihm mit Respekt begegnet und mit dem er ein paar interessante Worte wechseln kann.

Die Hilflosigkeit des Bewohners und das Gefühl, an einen Platz abgeschoben worden zu sein, wo er sich fremd fühlt, führen zu einer angespannten Situation zwischen Pflege, Mitbewohner*innen und Hrn. M. Sollte sich Hr. M. mit seiner Situation abfinden und kooperieren, oder ist es Teil der Fürsorge, ihn darin zu unterstützen, sich in seiner neuen Umgebung einzuleben und einen Platz zu schaffen, an dem er sich wohl fühlt? Wo sind die Grenzen der Fürsorge und wie kann die Pflege agieren, wenn Hr. M. in seiner Hilflosigkeit zunehmend angriffslustig und abwertend gegenüber Mitbewohner*innen und Pflegepersonal wird? Was bedeuten das Umfeld sowie das Auftreten der Pflege für seine Autonomie?

Die Fürsorge um die zu Betreuenden erfordert von der Pflege einen respekt- und würdevollen Umgang. Der Wunsch von Hrn. M., mit Titel angesprochen zu werden, kann auf Pflegende befremdend wirken. Manche Pflegende werden diesen Wunsch als Überheblichkeit oder Hochmut des Bewohners interpretieren. Was bedeutet dieser Wunsch jedoch für Hrn. M.? Das Verhalten der Pflegekraft verschärft die Situation und provoziert einen zunehmenden Rückzug und Abwehrhaltung seitens des Bewohners.

Dies sind Situationen, die im Alltag Gespräche und Reflexionen erfordern, um angemessene Lösungen zu finden, und Chancen, eigene Wertvorstellungen und das pflegerische Handeln im Team zu überdenken. Hier wird eine grundsätzliche Frage aufgeworfen: Sollten Bewohner*innen oder Patient*innen auf Wunsch mit Titel angesprochen werden? Hier können innerhalb des Pflegeteams sehr unterschiedliche Positionen vertreten werden. Hr. M. legt persönlich großen Wert darauf. Andere Bewohner und Bewohnerinnen bevorzugen es, geduzt zu werden. Wie kann bei diesen verschiedenen Vorstellungen über einen adäquaten Umgangston ein guter Weg gefunden werden?

Patient*innen lehnen pflegerische und therapeutische Maßnahmen aus verschiedensten Gründen ab. Pflegekräfte können diese Entscheidung als nicht ideal bzw. als schädigend erachten. Aufgrund des Glaubens an das eigene gesicherte pflegerische Wissen und aufgrund ihrer Fürsorgepflicht wandern Pflegekräfte oft auf einem schmalen Grat zwischen paternalistischem Handeln und dem Respekt vor dem Recht auf Autonomie.

Unterschiedliche Ziele – Pflege und Patientin

Fr. G. wird von der Hauskrankenpflege versorgt. Sie ist querschnittgelähmt und braucht unter anderem Hilfe, um in den und aus dem Rollstuhl zu kommen. Sowohl morgens wie auch abends kommt jeweils die Hauskrankenpflege und hilft Fr. G. beim Transfer zwischen Bett und Rollstuhl. In den letzten Tagen entwickelte sich am Gesäß von Fr. G. ein Druckgeschwür. Die Pflege rät ihr, für einige Zeit vermehrt liegend bzw. halb sitzend im Bett zu bleiben, damit das Geschwür abheilen kann. Fr. G. will jedoch nicht mehr Zeit im Bett verbringen. Das Druckgeschwür vergrößert sich in den darauffolgenden Tagen zunehmend. Auf den dringlichen Rat der Pflege, die Stelle zu entlasten und eine Zeit auf den Rollstuhl zu verzichten, reagiert Fr. G. unnachgiebig: „Es ist mein Leben und ich will so leben, wie ich es will." Die Hauskrankenpflege steht vor der Frage, ob sie Fr. G. weiterhin beim Transfer behilflich sein soll.[25]

Yeo und Moorhouse (1996) schlagen in diesem Fall vor, mit der Frage zu beginnen, warum Fr. G. den Rat der Pflege ablehnt, da z.B. Missverständnisse leicht aus dem Weg geräumt werden können. Um ein besseres Verständnis und einen besseren Einblick in die Lage der Patientin zu erhalten, können mit Hilfe von Angehörigen oder behandelndem Arzt und im Gespräch mit der Patientin wesentliche Fragen beantwortet werden: Was bedeutet es für Fr. G., wenn sie im Bett bleiben muss? Wie gestaltet sich ihr Leben, wenn sie nicht aufstehen kann? Gibt es Möglichkeiten, den Aufenthalt im Bett angenehmer zu gestalten? Welche Dinge kann Fr. G. nicht machen, wenn sie im Bett bleibt? Yeo und Moorhouse regen zur Suche nach kreativen Alternativen an. Gibt es alternative Wundbehandlungen? Gibt es andere pflegerische Interventionen, die eine Heilung ermöglichen und Fr. G.s Mobilität erhalten?

Sollten keine alternativen Lösungen für Fr. G. gefunden werden, stellt sich die Frage, ob der Wunsch der Patientin respektiert werden soll oder die Pflege die Hilfe zur Mobilisation ablehnt. Bieten die Pflegekräfte Frau G. keine Hilfe zur Mobilisation mehr an, sodass sie im Bett bleiben muss, so besteht die Möglichkeit, dass Fr. G. in eine depressive Stimmung verfällt. Auch das Verhältnis zwischen Pflege und Patientin kann deutlich darunter leiden.

Abgesehen von den möglichen negativen Konsequenzen stellt sich die Frage, ob es gerechtfertigt ist, dass die Pflege der Patientin ihre Vorstellungen aufzwingt. Fr. G. ist ein erwachsener Mensch und fähig, für sich Entscheidungen zu treffen. Andererseits ist die Autonomie der Patientin damit verbunden, dass sie von der Pflege ein Handeln verlangt, von dem diese überzeugt

[25] Fallbeispiel mit leichten Veränderungen übernommen aus: Yeo & Moorhouse, 1996, S. 76f.

ist, dass es der Patientin schadet. Ob dies auf der Basis der Autonomie verlangt werden kann, kann von der Schwere des Schadens abhängig gemacht werden (Yeo & Moorhouse, 1996, S. 77).

Überlegenswert ist auch die Ansicht, dass Patient*innen die Möglichkeit haben sollen, durch Erfahrung und Einsicht zu einem späteren Zeitpunkt den Ratschlag der Pflege zu befolgen. Vielleicht ist für die Patientin zum jetzigen Zeitpunkt die Lebensqualität, die sie im Moment durch die Mobilität im Rollstuhl hat, sehr wesentlich. Um sich diese zu erhalten, wird die Gefahr des Dekubitus negiert. Sieht sie jedoch im Laufe der Zeit selbst, dass es zu einer Verschlechterung kommt, so ist sie vielleicht zu einem späteren Zeitpunkt von sich aus bereit, vorübergehend Abstriche zu machen. Auch in unserem alltäglichen Leben treffen wir Entscheidungen, von denen uns andere abraten, und erst im Nachhinein müssen wir manchmal eingestehen, dass der gut gemeinte Rat sehr sinnvoll gewesen wäre. Würden wir es aber akzeptieren, zu diesem Rat gezwungen zu werden? Auch wenn wir im Nachhinein denken, es wäre besser gewesen, anders gehandelt zu haben, ist es einfacher, die Konsequenzen zu akzeptieren, da es unsere eigene Entscheidung war.

Außer den Prinzipien der Fürsorge und der Autonomie kommt das Prinzip der Gerechtigkeit zum Tragen. Respektiert man den Wunsch der Patientin und es kommt zu einer massiven Verschlechterung des Druckgeschwürs, ist die Versorgung mit einem finanziellen und zeitlichen Mehraufwand verbunden. Jedoch gestehen wir in unseren Gesundheitssystemen auch vielen anderen Menschen zu, dass sie Handlungen vollziehen, die ihrer Gesundheit abträglich sind, wie z. B. Rauchen oder auch gefährliche Sportarten.

Sollte es trotz verschiedener Angebote von Alternativen und druckentlastenden Maßnahmen dennoch zu einer Verschlechterung des Druckgeschwürs kommen, werden die Pflegekräfte zunehmend unter Druck geraten, da ihnen die Folgen eines sich verschlechternden Druckgeschwürs bekannt sind. Hilfreich kann hier auch das Abwiegen verschiedener Handlungsoptionen sein. Welche Konsequenzen hätte es, wenn die Pflege die Mobilisation der Patientin nicht mehr unterstützt? So mag es zu einer Verbesserung des Hautzustandes kommen, aber was bedeutet dies für den Alltag der Patientin und für die Beziehung zwischen Pflege und Patientin?

Das Verhalten Angehöriger gegenüber Patient*innen kann von der Pflege als verletzend oder einschränkend erlebt werden. Es stellt sich die Frage, wie und ob Pflegende als Fürsprecher zum Schutze von Patient*innen handeln sollen. Dazu das nächste Fallbeispiel:

Unangemessenes Verhalten von Angehörigen

Bei einer Bewohnerin im Seniorenheim zeichnet sich ab, dass sie bald versterben wird. Sie isst und trinkt seit einigen Tagen nichts mehr. In Absprache mit dem Arzt und den Angehörigen bekommt die Bewohnerin einmal täglich eine 500-ml-Infusion NaCl (physiologische Kochsalzlösung). Als ein Pfleger zur Gabe der Infusion in das Zimmer kommt, bemerkt er, dass der Sohn und dessen Frau begonnen haben, die privaten Dinge der Bewohnerin einzupacken. Auf den irritierten Blick des Pflegers antwortet der Sohn mit der Bemerkung: „Was schon mal erledigt ist, darum brauchen wir uns später nicht mehr zu kümmern."

Der Pfleger empfindet das Verhalten des Sohnes als unpassend und makaber. Da er nicht weiß, wie er reagieren soll, ignoriert er die unangenehme Situation, erledigt seine geplante Handlung und verlässt danach wortlos das Zimmer. Im Nachhinein ist er verunsichert darüber, ob er sein Empfinden gegenüber dem Sohn nicht hätte ausdrücken sollen.

Pflegende werden in ihrem Alltag damit konfrontiert, dass sie das Verhalten Angehöriger missbilligen, sei es durch respektloses oder schädliches Verhalten gegenüber ihren Verwandten oder durch Handlungen, die den Zielen der Pflege entgegenstehen (z. B. Überfürsorglichkeit statt Förderung der Selbstständigkeit). Der Pfleger steht vor vielen offenen Fragen:

- Sind seine Empfindungen gegenüber den Angehörigen gerechtfertigt oder nur ein subjektives Gefühl?
- Soll er sich für die Bewohnerin einsetzen?
- Soll er sich in innerfamiliäre Angelegenheiten einmischen oder überschreitet dies seine Kompetenzen?
- Da die Bewohnerin ihre Bedürfnisse nicht ausdrücken kann – welche Handlung wäre in ihrem Sinne?

Einfühlsame Begleitung des Sterbeprozesses wird in der Pflege als wesentliches Gut angesehen. Das Verhalten der Angehörigen wirkt auf die Pflegekraft sehr befremdend und auch anstößig, jedoch stellen sich Fragen wie:

- Ist dem Sohn bewusst, wie sein Verhalten auf seine Mutter wirken kann?
- Haben die Angehörigen selbst Angst vor dem Tod eines geliebten Menschen und versuchen sie, ihren Gefühlen durch Betriebsamkeit zu entfliehen?
- Will der Sohn nach dem Tod seiner Mutter das leere Zimmer nicht noch einmal betreten und nimmt er daher schon ihre persönlichen Dinge mit?
- Gibt es Konflikte bzw. ein gestörtes Verhältnis zwischen Mutter und Sohn,

das eine Annäherung auch am Ende des Lebens nicht mehr zulässt, sodass der Sohn die Sache emotionslos hinter sich bringen will?
- Geht es den Angehörigen einfach darum, Wertgegenstände zu sichern?

Beobachtungen verleiten dazu, sich ein Bild von einer Situation zu machen und das Verhalten anderer Menschen zu bewerten. Die unterschiedlichen Beweggründe zeigen, dass es wichtig ist, nicht vorschnell zu urteilen. Die jeweiligen Situationen erfordern weitere Überlegungen, wie gehandelt werden soll. Ist die Hilflosigkeit der Angehörigen der Anlass ihres Verhaltens, kann es Aufgabe der Pflege sein, die Angehörigen beim Sterben der Mutter zu begleiten, was dann auch dem Wohle der Bewohnerin dient. In solchen Situationen „richtig" zu reagieren, erfordert ein hohes Maß an Sensibilität und Kommunikationsfähigkeiten. Es bedarf auch ausreichender Reflexion der eigenen Position und der Rolle als Pflegekraft. Weder Ignoranz noch unüberlegter Aktionismus sind angebracht.

3 Das Prinzip des Nichtschadens

Das Prinzip des Nichtschadens ist eng verknüpft mit dem Prinzip des Wohltuns, welches im vorangegangenen Kapitel näher besprochen wurde. Es erscheint überflüssig zu erläutern, dass Pflegende und Mediziner*innen Patient*innen keinen Schaden zufügen sollen. Im Folgenden wird jedoch offensichtlich, dass sich Problematiken und Überlegungen ergeben, die über das banale Selbstverständnis weit hinausreichen. Das Nichtzufügen von Schaden scheint Priorität vor dem Handeln zum Nutzen der Patient*innen zu haben. Fügt eine Pflegeperson durch eine falsche Handlung, z.B. Verabreichung einer falschen Medikation, einer Patientin Schaden zu, so scheint die Verantwortung größer zu sein, als wenn eine Pflegeperson es unterlässt, einen Patienten zu unterstützen, wenn er gerade Hilfe braucht. Reiht man das Prinzip des Nichtschadens hierarchisch jedoch über das Prinzip der Fürsorge, so kann die Pflegeperson die Forderung des Nichtschadens erfüllen, indem sie nichts für die Patient*innen tut (Fry & Veatch, 2000, S. 67). Diese Folgen einer hierarchischen Reihung sind allerdings nicht wünschenswert.

Pflegerische Handlungen zum Wohle der Patient*innen fügen diesen oft unvermeidlich Schaden zu (oder es besteht das Risiko des Schadens). Verbandwechsel, Injektionen und Lagerungswechsel verursachen unter anderem Schmerzen. Einläufe und Katheterisierung sind mit Risiken verbunden.

Die Schädigung der Patient*innen wird in diesen Fällen durch den höheren Nutzen gerechtfertigt: Wird der Verbandwechsel nicht durchgeführt, verzögert sich der Heilungsprozess und es besteht die Gefahr einer Wundinfektion. Die bei Diabetiker*innen verursachten Schmerzen durch Insulininjektionen und regelmäßige Blutzuckerkontrollen werden relativ zu dem erzielten Nutzen gewertet. Wird das Insulin nicht verabreicht, kann dies zum Tode der Patient*innen führen. Zu hohe Blutzuckerwerte führen zu Dauerschäden. Es gibt zahlreiche derartige Handlungen, in denen Nutzen und Schaden gegeneinander abgewogen werden. Hier bedarf es nachvollziehbarer überlegter Kriterien.

Das Prinzip des Nichtschadens fordert die Unterlassung von schädigenden Handlungen und Maßnahmen. Hier die Definition des Nichtschadensprinzips vom Schweizer Berufsverband für Pflegende:

> **Im Allgemeinen** bedeutet Nichtschaden die Fähigkeit, im Einklang mit den neuesten Entwicklungen der Forschung und im gesellschaftlichen Bereich mögliche Risiken zu erkennen, zu mindern oder zu vermeiden. Es geht darum, bei anderen – absichtlich oder unabsichtlich – physischen oder psychischen Schaden weder zu verursachen noch zuzufügen; Schaden zu verhindern, und das, was Schaden verursacht, auszuschalten.
>
> In der **Pflege** führt das Prinzip des Nichtschadens dazu, dem Patienten oder der Gemeinschaft nicht zu schaden (Ethik in der Pflegepraxis – Leitfaden des Schweizer Berufsverbandes der Pflegefachfrauen und Pflegefachmänner, zitiert nach Körtner, 2012, S.124).

Das Prinzip des Nichtschadens ist das Verbot, Handlungen durchzuführen, die den Patient*innen schaden. Die Schadensvermeidung und -beseitigung wird bei Beauchamp und Childress dem Prinzip der Fürsorge zugeordnet. Das Prinzip des Nichtschadens bezieht sich konkret auf die Unterlassung von Handlungen, die den Patient*innen schaden (Beauchamp & Childress, 2019, S. 157).

Folgende exemplarische Regeln, die aus dem Prinzip des Nichtschadens folgen, werden von Beauchamp und Childress angeführt:

- Verbot, zu töten
- Verbot, Schmerzen oder Leiden zuzufügen
- Verbot, andere zu entmündigen
- Verbot, andere zu beleidigen
- Verbot, andere der Güter des Lebens zu berauben (Beauchamp & Childress, 2019, S. 159)

Die Unterscheidung zwischen Fürsorgeprinzip und Nichtschadensprinzip ist in der Praxis nicht immer eindeutig durchzuführen, aber, wie die Fallbeispiele zeigen, sehr oft möglich und hilfreich. Wichtig ist, sich dessen bewusst zu sein, dass Patient*innen nicht geschadet werden darf und, wenn dies unvermeidlich scheint, eine kluge und bedachte Abwägung von Nutzen und Schaden vollzogen werden muss. Pflege birgt die Gefahr, dass Handlungen gesetzt werden, die Patient*innen schaden. Dies ist durch die körpernahe Arbeit und eine asymmetrische Beziehung bedingt.

3.1 Schädigende Handlungen in der Pflege

Zu Schädigungen von Patient*innen kann es kommen, wenn Pflegepersonal die Pflege nachlässig, nicht fachgerecht oder nicht entsprechend den hygienischen Richtlinien durchführt. Auch organisatorische Faktoren können sich negativ auf Patient*innen auswirken, ebenso wie unangemessenes Verhalten bis hin zur Gewalt in der Pflege.

Nicht fachgerechte Pflege

Wie schon im Kapitel über die Fürsorge angemerkt wurde, müssen Pflegende ihr Wissen in ihrem Fachgebiet sorgfältig erlernen und immer wieder durch Fortbildungen und aktuelle Fachliteratur erweitern und aktualisieren. Nur gut ausgebildetes Pflegepersonal kann zum Besten für die Patient*innen handeln und Schaden verhindern. Nicht fachgerechte Pflege kann negative Folgen für die Patient*innen haben. Dazu zählen z. B.:

- frühzeitige oder falsche Mobilisation nach Operationen
- unzureichendes Fachwissen über Ernährungsaufbau nach Operationen oder über Diätvorschriften bei Diabetes und bei Magen-, Darm- oder Stoffwechselerkrankungen
- falsche Handhabung technischer Geräte wie Infusomaten, Perfusoren, Beatmungsgeräte usw.
- falsche Lagerungen (z. B. Entstehung von Kontrakturen und Hautschäden, Entstehung von Spastiken und Erlernen von falschen Kompensationsstrategien nach Apoplex)
- nicht fachgerechte Lagerung bei Operationen (Entstehung von Haut- oder Gewebeschäden, Nervenläsionen, Schäden am Gelenk- und Bandapparat durch heftige Bewegung)

- Exsikkose durch nicht ausreichende Flüssigkeitszufuhr
- zu späte Verständigung von ärztlichem Personal in einer Notsituation
- mangelndes Wissen über hygienische Richtlinien (z.B. Venflonpflege, Wundversorgung, langes Stehenlassen von Desinfektionslösungen, Übertragung von Krankenhauskeimen u.v.m.)
- falsches Hantieren mit Sondensystemen und Drainagen
- Einsatz von falschen Pflegemitteln, z.B. solchen, die zu einer Austrocknung der Haut und somit zu einer erhöhten Gefahr von Hautschäden führen

Viele der pflegerischen Maßnahmen bergen bei unsachgemäßer Durchführung die Gefahr, Patient*innen zu schaden.

Nachlässigkeit und mangelnde Sorgfalt

Nachlässigkeiten in der Pflege gefährden das Wohl der Patient*innen und können beachtliche Schäden zur Folge haben. Pflegende sind verpflichtet, ihre Handlungen sorgfältig und im Einklang mit dem *state of the art* durchzuführen. Verletzungen dieser Verpflichtung sind nicht vereinbar mit dem Prinzip des Nichtschadens. Nachlässigkeit bedeutet, dass Pflegende die schädigenden Konsequenzen, die aus ihrer Handlung oder aus ihrem Nichthandeln resultieren, voraussehen hätten können. Ein Beispiel für Nachlässigkeit in der Pflege sind unter anderem die Nichteinhaltung notwendiger und regelmäßiger Lagerungszeiten oder unzureichende Körperpflege. Es entstehen Dekubiti und Intertrigo, wodurch Patient*innen zusätzlichen Schmerzen und Infektionsrisiken ausgesetzt sind. Weitere Folgen einer Vernachlässigung der regelmäßigen Lagerung sind Kontrakturen und erhöhtes Risiko einer Pneumonie.

Mangelnde Sorgfalt bei der Durchführung ärztlicher Anordnungen hat ebenfalls weitreichende Konsequenzen für die Patient*innen, etwa wenn Medikamente falsch verabreicht oder die Dosierungen und Zeitvorgaben nicht eingehalten werden. Durch Nichteinhaltung hygienischer Richtlinien kommt es unter Umständen zur Übertragung von Keimen, die in der Folge schwerwiegende Infektionen verursachen können.

Schädigung durch Nachlässigkeit

Fr. P. läutet nach der Pflege, da sie Hilfe für ihren Toilettengang benötigt. Fr. P. ist nach einem Schlaganfall halbseitig gelähmt. Die Pflegekraft hilft Fr. P. auf den Toiletten stuhl und verlässt das Zimmer. Die Bremsen des Toilettenstuhls werden von der Pflegekraft nicht fixiert. Der gelähmte Arm wird ohne Unterstützung durch ein Lagerungshilfsmittel nur auf die Armlehne gelegt. Es ist bekannt, dass Fr. P. sehr unruhig ist und durch ihre Hemiplegie sehr leicht auf die geschwächte Seite kippt. Fr. P. fällt in der Folge vom Stuhl und zieht sich dabei eine Fraktur des Oberarmes sowie eine Wunde am Kopf zu.

Da notwendige Handlungen von der Pflegefachkraft nicht durchgeführt wurden, kam es zum Sturz und zu Verletzungen der Patientin. Durch Fixierung des Toilettenstuhls und im Weiteren entweder durch Anwesenheit im Zimmer oder durch Positionierung des Stuhles nahe dem Patientenbett hätte der Sturz verhindert werden können. Eine Unterstützung der hemiplegischen oberen Extremität durch Lagerungshilfsmittel, um ein Kippen auf die geschwächte Seite zu vermeiden, hätte darüber hinaus dazu beigetragen, die Sicherheit der Patientin zu gewährleisten.

Nicht nur falsch durchgeführte Pflegemaßnahmen, sondern auch nachlässiges Handeln können Patient*innen gefährden und ihnen (vermeidbaren) Schaden zufügen. Weitere Beispiele sind:
- Verwechslung von Medikamenten oder falsche Dosierungen
- unzureichende Prophylaxen (Dekubitus, Pneumonie, Versteifung von Gelenken)
- unzureichende Körperpflege (Entstehung von Intertrigo)
- Vernachlässigung der Flüssigkeitszufuhr
- Eingeben von großen Nahrungsstücken bei Schluckstörungen mit der Folge einer Aspiration
- unzureichende Aufsicht sturzgefährdeter Personen
- Verletzungen beim Legen eines Katheters u. v. m.

Schädigende organisatorische Faktoren

Auch organisatorische Strukturen können die Pflegequalität beeinträchtigen. Knappe Personalressourcen führen zu Pflegefehlern und auch zum Anstieg von Fehlern bei der Verabreichung von Medikamenten, zur Verwechslung von Patient*innen, Fehlern bei der Vorbereitung von Operationen etc. Eine dauerhafte Überforderung des Pflegepersonals führt zum *Ausbrennen*. Es fehlt die Zeit, Patient*innen fachgerecht zu versorgen, und durch die anhaltende Belastung schleichen sich zunehmend Nachlässigkeiten und Frustrationen ein, die sich gegenüber den Patient*innen entladen. Das kann bis hin zu gewaltsamen Handlungen führen.

Wie schon beim Prinzip des Wohltuns ausgeführt, sind auch schlechte Zusammenarbeit bzw. Kommunikation zwischen Kolleg*innen und im interdisziplinären Team eine Fehlerquelle. Dies führt nicht nur dazu, dass Patient*innen nicht bestmöglich betreut werden, sondern auch dazu, dass Patient*innen Schaden erleiden (z. B. Missverständnisse in der Medikamentenverabreichung, Nichtbeachtung von Symptomen auf Hinweis der Pflegenden, unzureichende Schmerztherapie).

Auch eine unzureichende Ausstattung gesundheitspolitischer Einrichtungen ist Anlass dafür, dass Patient*innen zu Schaden kommen. Veraltete Einrichtungsgegenstände, die nicht fachgerecht gereinigt werden können, schlecht gewartete technische Geräte oder Hindernisse für schwer gehfähige Patient*innen verursachen ein erhöhtes Risiko. Pflegende sind verpflichtet, keinen Schaden zuzufügen und das, was Schaden verursacht, auszuschalten. Im organisatorischen Bereich ist speziell das Pflegemanagement dafür verantwortlich, ein Umfeld zu schaffen, in dem Schädigungen von Patient*innen verhindert werden.

> Daher hat organisationsethische Reflexion große Bedeutung. Diese trägt dazu bei, dass strukturelle Fehlerquellen, die zu ethischen Fehlentscheidungen führen, aufgedeckt werden können. Durch Reflexion der organisationsspezifischen Entscheidungswege, Formen der Arbeitsteilung und Formen der Kommunikation und Information kann verhindert werden, dass es zu Schäden für den Patienten kommt. Auch die entstehenden moralischen Konfliktsituationen, insbesondere für die ausführenden Personen, können vermieden werden (Großklaus-Seidel, 2002, S. 138).

Organisatorische Mängel und Nachlässigkeit der Pflege

Ein Patient mit starken Schmerzen und gespanntem Oberbauch wird von der Ambulanz auf die Station gebracht. In der Ambulanz wurde er mit einer schmerzlindernden Infusionslösung versorgt. Da auf der Station kein Bett frei ist, wird der Patient im Aufenthaltsraum auf einen Stuhl gesetzt. Der Patient hat keine Möglichkeit zu läuten. Als eine Pflegefachkraft vorbeigeht, wendet er sich hilfesuchend an sie, da die Infusion nicht läuft. Der Patient wird mit einem „Ich komme gleich" vertröstet.

Injektionen durch Nylonstrümpfe

Eine Pflegefachkraft berichtet, dass sie in ihrer Einlernzeit in einem Seniorenheim erlebt hat, wie die Verabreichung von Insulinspritzen durch Nylonstrümpfe bzw. durch die Hosenbeine geschehen ist. Begründet wurde dieses Vorgehen damit, dass es zeitsparend sei. Das An- und Entkleiden ist immer sehr zeitaufwändig, besonders bei Patienten mit starken Bewegungseinschränkungen.

Dieses Vorgehen widerspricht den üblichen Pflegestandards und den Empfehlungen der Herstellerfirmen.

> Wenn Pflegepersonal gezwungen wird, aufgrund von Personalmangel minderwertige Pflege zu leisten, ist sie dennoch für die Pflege, die sie leistet, rechtlich und moralisch verantwortlich. Daher müssen Pflegende die zuständigen Stellen über ihre unsicheren Arbeitsbedingungen informieren (Perrin & McGehee, 2006, S. 171).

Nehmen Pflegende diese Verantwortung wahr, können viele Missstände vermieden werden. Stillschweigen hält unzureichende Pflegebedingungen aufrecht.

3.2 Gewalt in der Pflege

Im Rahmen des Nichtschadensprinzips ist es wesentlich, diese Thematik aufzugreifen. Es wird jedoch nur ein Überblick gegeben, da Gewalt in der Pflege ein sehr weitreichendes Thema ist und in der Literatur vielschichtig behandelt wird.

Gewalt in der Pflege hat viele Gesichter: Bevormundung, abwertendes Verhalten, Demütigungen, Zufügen von Schmerz bis hin zur Patiententötung. Die Beteiligung des Pflegepersonals an der *Rassenhygiene* des Nationalsozialismus ist ein Teil der Geschichte, in der Pflegende systematisch Gewalt an den ihnen anvertrauten Patient*innen ausübten.

Besonders ältere und pflegebedürftige Menschen werden Opfer von Gewalt. Auch Gewalt in der Altenpflege nimmt unterschiedliche Formen an: körperliche Gewalt, sexuelle Übergriffe oder verbale Gewaltanwendung durch Drohungen, Beleidigungen, Beschimpfungen oder Demütigungen. Es kommt zu missbräuchlicher Anwendung von freiheitsbeschränkenden Maßnahmen. Weitere Formen der Gewalt sind z. B. das Eingeben von Essen oder

Medikamenten unter Zwang sowie das bewusste Verweigern von Hilfestellung, z. B. bei der Bitte um Hilfe beim Gang auf die Toilette. Extremste Auswüchse der Gewalt in der Pflege sind schließlich Patiententötungen.

Im Allgemeinen ist das Wohl der Patient*innen Anliegen der Pflege. Jedoch gibt es Fälle, in denen das Prinzip des Nichtschadens missachtet und Gewalt gegen Patient*innen ausgeübt wird. Daher ist es notwendig, diese Probleme auch aufzugreifen.

Patientin wird nach mehrmaligem Stuhlgang beleidigt

Da die bettlägerige Bewohnerin eines Seniorenheims schon seit einigen Tagen keinen Stuhlgang mehr hatte, erhält sie ein Abführmittel. Die Bewohnerin kann üblicherweise zwar auf den Leibstuhl gehen, aber nach dem Abführmittel wird sie mit einer Inkontinenzhose versorgt. Sie hat zweimal ausreichend Stuhlgang und wird daraufhin von den Pflegefachkräften gereinigt. Eine weitere Versorgung mit einer Inkontinenzhose scheint nicht mehr notwendig. Kurz darauf erfolgt eine erneute Darmentleerung und die Bewohnerin bittet die Pflegekräfte, sie noch einmal sauber zu machen. Die Pflegekräfte sind ungehalten darüber, dass sie innerhalb von kurzer Zeit dreimal sowohl die Patientin als nun auch das Bett frisch machen müssen. Der Unmut über den erneuten Stuhlgang wird der Patientin gegenüber ausführlich kundgetan. Die Bewohnerin wird von den Pflegekräften zurechtgewiesen und beleidigt, indem sie gefragt wird, warum sie nicht früher geläutet habe, dann hätte man sie auf den Leibstuhl setzen oder ihr eine Windel geben können. Nun habe man die „Schweinerei". Ob sie glaube, dass das für die Pflege „lustig sei"? Die pflegerischen Maßnahmen und notwendigen Berührungen werden sehr grob ausgeführt. Die Bewohnerin wird mit einer Inkontinenzhose versorgt; man sagt ihr, dass sie vor dem Schichtwechsel in drei Stunden nicht mehr zu läuten brauche.

Folgende Formen der Gewalt werden in der Literatur beschrieben (Schünemann, 2020; Staudhammer, 2018; Weissenberger-Leduc, 2011; Andratsch & Osterbrink, 2015):

- körperliche Gewalt (Freiheitsbeschränkungen, Zufügen von Schmerz, grobes Handeln, körperlicher Zwang, Zwangsmaßnahmen, zu kaltes oder zu heißes Wasser bei der Körperpflege)
- psychische Gewalt (Ignorieren von Bedürfnissen, Beschimpfen und Beleidigen, Degradieren und Verspotten, Drohen und Bloßstellen, Missachtung der Intim- und Privatsphäre, pädagogische Konsequenzen für unangepasstes Verhalten, absichtliches Wartenlassen, Ausgrenzung, unangemessene Sprache)

- Einschränkung des freien Willens (Ignorieren von Wünschen, Sedierung)
- Vernachlässigung (nicht ausreichende medizinische Versorgung, bewusste Nichtwahrnehmung körperlicher und emotionaler Bedürfnisse, Belassen von verschmutzter Kleidung)
- kulturelle Gewalt (Stereotype, Vorurteile, Abwertung von alten Menschen oder Menschen aus anderen Kulturen)
- finanzielle Ausbeutung (Nötigung zu Geldgabe, Bestehlen)
- sexuelle Gewalt (Übergriffe, Abwertung aufgrund sexueller Orientierung)
- strukturelle Gewalt („Abführtage“, starrer Tagesablauf)

Jegliche dieser Handlungen verletzt das Prinzip des Nichtschadens. Dies bedeutet, dass im Rahmen des Fürsorgeprinzips darauf geachtet werden sollte, Ursachen, die zu Gewalt führen, entgegenzuwirken.

3.3 Zusammenfassende Schlussbetrachtungen

Nichtschaden bedeutet, dass es verboten ist, Handlungen durchzuführen, die Patient*innen schaden. Die asymmetrische Beziehung zwischen der Pflege und dem hilfs- und pflegebedürftigen Menschen birgt die Gefahr des Machtmissbrauchs. Die körperliche Nähe und die Angewiesenheit auf Hilfe in sowohl intimen wie auch existenziellen Belangen macht Menschen verletzlich und angreifbar. Fehlendes Fachwissen, mangelnde Sorgfalt oder sogar absichtlich gewaltsames Handeln führen zum Schaden für Patient*innen.

Das Prinzip des Nichtschadens ist eng verbunden mit dem Prinzip des Wohltuns, und viele der anfallenden Fragen treffen hier zusammen. Zum Wohle der Patient*innen zu handeln bedeutet auch, diesen nicht zu schaden. Probleme treten dann auf, wenn pflegerische Maßnahmen, die dem Wohl der Patient*innen dienen, mit Leid verbunden sind oder ein Schadensrisiko in sich bergen. In diesen Fällen wird der Nutzen gegenüber dem entstehenden Schaden abgewogen, um eine Entscheidung treffen zu können. Auch hier ist es notwendig, die Betroffenen in die Überlegungen miteinzubeziehen, um herauszufinden, was Schaden und Nutzen für sie bedeuten. So kann ein*e Patient*in im Endstadium einer Krankheit für sich entscheiden, Lagerungsschäden in Kauf zu nehmen, da ein regelmäßiges Umlagern mit zusätzlichen Schmerzen und einer Störung des Schlafrhythmus verbunden ist. Es sollte diejenige Handlung durchgeführt werden, die am wenigsten Schaden zufügt und das Meistmögliche an Gutem bewirkt.

3.4 Ergänzende Fallbeispiele

Pflegende spielen in der Behandlung von Schmerzen eine wesentliche Rolle. Es liegt oft an ihnen, ob und wie schnell sie auf Klagen von Patient*innen reagieren. Eine unnötige Dauer von Schmerz durch unzureichende Behandlung widerspricht dem Prinzip des Nichtschadens und dem Prinzip der Fürsorge.

Unzureichende Schmerztherapie

Eine 70-jährige Patientin, Fr. K., klagt nach einer Hüftoperation trotz Dipidolorperfusor® über Schmerzen. Die Pflegeperson verabreicht die laut Therapieplan vorgeschriebene Kurzinfusion (vierstündlich) von 2,5 g Novalgin® in 50 ml NaCl. Eineinhalb Stunden später klagt die Patientin erneut über Schmerzen. Die Pflegeperson erläutert der Patientin die ärztlich vorgeschriebene Schmerztherapie und dass der Zeitabstand zur nächsten Kurzinfusion mit Novalgin® noch zu kurz sei. Sie kontrolliert das Wundgebiet und die Lagerung des Beines und verlässt danach das Zimmer.

25 Minuten später läutet Fr. K. wieder, da sie immer noch Schmerzen hat. Die Pflegeperson reagiert auf das neuerliche Läuten ungeduldig, versichert der Patientin aber, dass sie den Arzt kontaktieren werde. Sie berichtet dem Arzt kurz telefonisch, dass Fr. K. Schmerzen habe und dass sie vor eineinhalb Stunden wie angeordnet das Novalgin® verabreicht habe. Der Arzt ist gerade beschäftigt, will aber danach gleich auf die Station kommen.

Fr. K. läutet nach weiteren 20 Minuten nochmals. Die Pflegeperson weist Fr. K. darauf hin, dass sie nicht die einzige Patientin auf der Station sei, dass sie den Arzt kontaktiert habe und dass dieser demnächst auf die Station kommen werde. Nach einer weiteren halben Stunde kommt der Arzt zu Fr. K. Nach Beurteilung der Situation ordnet er unverzüglich eine Erhöhung der Schmerzmedikation an.

Fr. K. hat über die Dauer von mehr als einer Stunde postoperative Schmerzen, die nicht behandelt werden. Da die Patientin nach mehr Schmerzmittel verlangt, als es routinemäßig üblich ist, wird sie zuerst einmal darauf hingewiesen, dass sie ja schon Schmerzmittel erhalten habe. Die Pflegekraft hinterfragt weder Lokalität noch Intensität des Schmerzes. „Das Wundgebiet ist o.B., es gibt keine Zeichen einer Nachblutung oder einer übermäßigen Schwellung, das Bein ist richtig gelagert, eine Schmerztherapie läuft, also *sollte* oder *kann* der Schmerz der Patientin nicht übermäßig schlimm sein." Fr. K. wird mit dem Hinweis, dass eine Schmerztherapie durchgeführt wird, vertröstet.

Die Klage von Fr. K. macht es notwendig, einen Arzt zu kontaktieren. Es gibt einige Gründe, warum dies von der Pflege oft so lange wie möglich vermieden wird (insbesondere in der Nacht wird ein Anruf von Arzt oder Ärztin häufig so lang wie möglich hinausgezögert):

- Verständnis gegenüber dem großen Arbeitsaufwand der Mediziner*innen: „Wenn man bei jeder Gelegenheit anruft, dann können sie ihre Arbeit nie bewältigen."
- Man will eine *gute* Pflegekraft sein, die Ärzt*innen so wenig wie möglich anruft.
- Man befürchtet (berechtigt oder unberechtigt) unhöfliche oder rüde Reaktionen von ärztlicher Seite. Je höher der Arbeitsdruck der Ärzt*innen ist, umso mehr steigt das Risiko, bei einem Anruf angeherrscht zu werden.[26]

Die Arzt-Pflege-Beziehung ist häufig die Ursache dafür, dass – wie hier – Schmerzen (oder andere Anlässe, die ärztliche Konsultation notwendig machen) heruntergespielt werden, um aus den oben angeführten Gründen das Kontaktieren des Arztes zu vermeiden. Dadurch kann die optimale Patientenversorgung nicht gewährleistet werden.

Nachdem Fr. K. nochmals auf ihre anhaltenden Schmerzen hinweist, informiert die Pflegekraft einen Arzt. Die Information an den Arzt ist wenig aussagekräftig, sodass dieser kaum abschätzen kann, wie schnell Handlungsbedarf gegeben ist. Es scheint ihm, dass es reicht, wenn er nach Beendigung der aktuellen Arbeit nach der Patientin sieht. Die Patientin wird in ihrem Schmerz nicht ernst genommen und erfährt auf ihr Anliegen abwertende Reaktionen von der Pflege. Für die Patientin ist auch ungewiss, ob weitere Schritte eingeleitet worden sind und in welchem Zeitraum sie mit einer Erleichterung ihrer Schmerzen rechnen kann. Ein weiterer Versuch von Fr. K., von ihren Schmerzen befreit zu werden, wird erneut unhöflich beantwortet. Nach mehr als einer Stunde wird die Schmerzbehandlung durch den Arzt eingeleitet.

Grundpfeiler einer erfolgreichen Schmerztherapie ist das adäquate Reagieren der Pflege auf die Bedürfnisse der Patient*innen. Diese haben Anspruch auf Linderung von Schmerzen. Das Verhalten der Pflege missachtet die Rechte der Patientin. Zudem erfährt die Patientin Unmut und Ungefällig-

[26] Anm.: Dies ist maßgeblich von der Persönlichkeit von Arzt oder Ärztin abhängig, spielt jedoch eine nicht zu unterschätzende Rolle: Mediziner*innen, die mit der Pflege gut kooperieren und auf einen höflichen Umgangston Wert legen, werden eher kontaktiert. Aussage eines Mediziners: „Ich sollte auch unhöflicher sein, dann würde ich nicht so oft angerufen werden. Bei meinen Kollegen würde sich niemand trauen, so oft anzurufen!"

keit. Durch die Nachlässigkeit der Pflege leidet die Patientin unter Schmerzen; darüber hinaus wird sie nicht ernst genommen.

Was aber bedeutet Schmerz für die Patient*innen? Schmerz ist ein subjektives Empfinden. Vorurteile und das Nicht-Ernstnehmen der Schmerzen durch die Pflege setzen Patient*innen unnötigem Leid aus. Die Unterversorgung bei Schmerzen bzw. gutes Schmerzmanagement sind wichtige pflegerische und medizinische Themen. Susan Hunter weist darauf hin, dass Informationen der Patient*innen als Basis der Schmerztherapie akzeptiert werden müssen und nicht die Einschätzung durch das medizinische Personal (Hunter, 2000, S. 384).

Pflegende, die täglich mit einem sehr hohen Arbeitspensum konfrontiert sind, laufen Gefahr, die Sensibilität gegenüber den ethischen Anforderungen ihres Berufes zu verlieren. Die notwendige Grundversorgung kann nur mit hohem Einsatz geleistet werden, Bedürfnisse der Bewohner*innen oder Patient*innen können nicht mehr beachtet werden, sondern werden nur noch als zusätzliche Belastung empfunden.

Demütigendes Verhalten aufgrund von Überforderung

Fr. B., 77 Jahre, lebt in einem Altenheim. Sie ist demenziell erkrankt, körperlich aber noch sehr rüstig. Die Tochter besucht die Mutter regelmäßig. Fr. B. kann sich verbal nur schwer ausdrücken. Bei einem Besuch signalisiert sie der Tochter, dass sie zur Toilette möchte. Die anwesende Pflegekraft sagte zu Fr. B., dass sie doch eine Windel anhabe, sie solle in diese machen. Die Tochter ist empört und möchte selbst ihre Mutter zur Toilette begleiten.

Die Pflegekraft weist die Tochter vehement darauf hin, dass sie die Mutter nicht zur Toilette begleiten solle, weil Fr. B. dies dann auch vom Pflegepersonal einfordern würde. Dafür wäre keine Zeit. Außerdem würde die Windel ja regelmäßig gewechselt. Fr. B. beginnt leise zu weinen, äußert sich jedoch nicht zur Aussage der Pflegekraft. Auf die Einwände der Tochter, wie demütigend dies für ihre Mutter sei, entgegnet die Pflegekraft achselzuckend, dass sie darauf leider keine Rücksicht nehmen könne, schließlich müsse sie ihren Arbeitsplan erfüllen. Mehr Personal stehe nicht zur Verfügung.

Hier werden sowohl das Recht auf Fürsorge und auf Autonomie als auch das Nichtschadensgebot missachtet. Es wird weder zum Wohle der Bewohnerin gehandelt noch werden ihre Wünsche respektiert. Das Verhalten der Pflegenden demütigt und verletzt den pflegebedürftigen Menschen. Dieser ist der Situation ausgeliefert. Die Pflegekraft ignoriert ethische Ansprüche an sie.

Pflegekräfte sind in der Praxis häufig damit konfrontiert, dass sie aufgrund knapper personeller und zeitlicher Ressourcen den Bedürfnissen der Patient*innen nicht nachkommen können. Die Pflege beschränkt sich auf die körperliche Grundpflege (*satt – sauber*). Psychische und soziale Bedürfnisse können nicht mehr beachtet werden. Ziel ist es, den eigenen Arbeitsplan zu erfüllen, anstatt sich an den Bedürfnissen der zu Betreuenden zu orientieren. Das psychische Wohl der Patient*innen wird nicht wahrgenommen, fördernde Maßnahmen werden nicht durchgeführt oder sogar Grundbedürfnisse missachtet. Die Autonomie der Patient*innen wird nicht gewahrt. In diesem Fallbeispiel geht das so weit, dass auch die Angehörigen angehalten werden, sich diesen Strukturen anzupassen, aus Angst davor, dass Erwartungen an die Pflege entstehen, die nicht erfüllt werden können.

Die nicht zufriedenstellenden Bedingungen (in denen ethische Aspekte nicht mehr beachtet werden können) führen zum Ausbrennen (Burn-out) des Pflegepersonals bzw. zum Verlust an Sensibilität gegenüber den Bedürfnissen der zu Betreuenden. Ethische Aspekte werden ignoriert, weil sie im Rahmen der bestehenden Organisationsstrukturen nicht wahrgenommen werden können.

Aus individualethischer Sicht steht die Pflegekraft vor dem Problem, dass sie die ethischen Ansprüche nicht realisieren kann. Der Mangel an personellen und zeitlichen Ressourcen lässt kaum Möglichkeiten zu, die Autonomie der Patientin zu wahren. Kommt die Pflegekraft dem Wunsch der Patientin nach, sie auf die Toilette zu begleiten, stellt dies einen zeitlichen Mehraufwand dar[27], der innerhalb der gegebenen Strukturen nicht möglich ist, d.h. andere Arbeiten können nicht erledigt werden. Die Pflegekraft steht vor dem Problem, dass sie aus ethischer Sicht etwas tun *sollte*, was sie jedoch nicht tun *kann*. *Können* bezieht sich hier nicht auf den Mangel an Fähigkeiten, sondern auf die eingeschränkten Ressourcen und organisatorischen Abläufe, die ein Handeln verhindern.[28] In diesem Fall hat sich die Pflegekraft den Gegebenheiten angepasst und nimmt diese hin bzw. orientiert ihr Handeln danach.

---

[27] Hier geht die Pflegekraft nicht nur von der einmaligen Begleitung auf die Toilette aus, sondern davon, dass der Wunsch der Patientin jedes Mal beachtet wird. Der zeitliche Mehraufwand ergibt sich hier aus der Dauer (bis die Patientin wieder in einer angenehmen Lage in ihrem Bett liegt) wie auch aus der Häufigkeit (mehrmals täglich wie auch nachts).

[28] Dieses Dilemma hat nicht nur die Nichtachtung von Rechten der Patient*innen zur Folge. Es ist zudem ein gewichtiger Grund dafür, dass Personal ausbrennt. Viele Pflegende leiden unter der Tatsache, dass sie wissen, was sie tun sollten, dies auch gerne machen würden, weil es ihrem eigenen Bild der Pflege entspricht, aber aufgrund knapper Ressourcen nicht tun können.

Bewohner*innen ist es oft nicht möglich, ihre Rechte geltend zu machen. Im Sinne der Fürsorge ist es Aufgabe der Pflegeperson, als *Anwältin* einzutreten. Das Gefühl, *ausgeliefert zu sein* und gegen Windmühlen zu kämpfen, hindert Pflegepersonal jedoch daran, sich für die Rechte der Bewohner*innen einzusetzen. Viele versuchen es und geben auf oder nehmen die Situation als unveränderliche Realität an. Dennoch liegt es an den Pflegekräften, dafür zu sorgen, dass ethische Rechte in ihrer Tätigkeit gewahrt werden. Verhindern knappe Ressourcen die angemessene Betreuung von Patient*innen bzw. Bewohner*innen, so stehen Führungskräfte sowie die zuständigen Instanzen der Finanzmittel in der Verantwortung. Das betrifft die zuständigen Institutionen, Land, Staat und deren Politik. Auf politischer Basis wird entschieden, wie die Versorgung alter oder kranker Menschen in einem Staat gestaltet werden kann. Die Verteilung der Finanzmittel ist von sozialethischer Relevanz. Pflegekräfte als Spezialist*innen sollten ihr Wissen in die Diskussion einbringen.

Demütigendes und entwürdigendes Verhalten ist jedoch nicht immer durch knappe Ressourcen verursacht, sondern auch durch die Persönlichkeit mancher Pflegenden. Es fehlt an Sensibilität gegenüber moralischen Ansprüchen, und die Machtposition gegenüber den Patient*innen wird missbraucht. Solche Verhaltensweisen dürfen von Kolleg*innen und Führungskräften nicht akzeptiert werden. Führungskräfte sind dafür verantwortlich, eine Umgebung zu schaffen, in der eine menschenwürdige Pflege möglich ist.

Pflegerische und medizinische Maßnahmen sind zum Teil unweigerlich mit unangenehmen Nebenwirkungen verbunden (z.B. Schmerz). Patient*innen sollten die Möglichkeit haben, für sich zu entscheiden, ob sie für den Nutzen einer Handlung schädigende Nebenfolgen in Kauf nehmen wollen. Dies ist nur dann möglich, wenn die Patient*innen aufgeklärt sind. Wie sollte sich die Pflege verhalten, wenn Patient*innen ärztliche Anordnungen befolgen, die für sie unangenehme Nebeneffekte mit sich bringen, ohne dass sie für sich entscheiden konnten, ob der Nutzen der Handlung überwiegt? Soll die Pflege sich als Fürsprecherin dieser Patient*innen einsetzen und wenn ja, wie? Das folgende Fallbeispiel wirft einige Fragen zur Eigenreflexion auf:

Belastende Vorbereitung zur Untersuchung

Ein 85-jähriger Patient wird aufgrund länger anhaltenden Durchfalls und Gewichtsabnahme vom Hausarzt ins Krankenhaus eingewiesen. Nach den routinemäßigen

Untersuchungen (Blutabnahme, Ultraschall) wird zur Abklärung der Ursachen eine Koloskopie angeordnet. Die auf der Station übliche Vorbereitung beinhaltet das Trinken eines abführenden Mittels bzw. einer 4-l-PEG-Lavage (2 l am Abend und 2 l morgens vor der Untersuchung).

Der Patient und dessen Angehörige werden im Groben über den Ablauf der Untersuchung und die Vorbereitung aufgeklärt. Mögliche Folgebehandlungen, die je nach Befund eventuell notwendig sein könnten, werden nicht besprochen. Der Patient hat nicht die Möglichkeit, zwischen Alternativen zu wählen, ebenso wie er auch nicht entscheiden kann, ob das Ziel der Untersuchung für ihn in Relation zur unangenehmen Vorbereitung steht. Der Patient wurde nur darüber informiert, dass „mal nachgeschaut wird, was im Darm los ist". Er erhielt keine Information über mögliche Diagnosen oder den Verdacht einer malignen Erkrankung (Darmkrebs) und welche Folgen die Diagnose für ihn hätte.

Nach der Aufnahme des Abführmittels und 1 l PEG-Lavage verspürt der Patient starke Übelkeit. Innerhalb einer Stunde passiert es zwei Mal, dass er den Weg auf die Toilette nicht schafft und Stuhl im Bett und auf dem Weg zur Toilette verliert. Ihm ist dieser Zustand ausgesprochen unangenehm. Die Situation ist für ihn demütigend. Pflegekräfte müssen ihn saubermachen, seine Kleidung wechseln und drei weitere Zimmerkollegen sehen die peinliche Situation mit an.

Durch die Übelkeit wird das Trinken des weiteren Liters für den Patienten eine Qual. Sein Kreislauf ist durch die Belastung der Vorbereitung geschwächt. Jedoch ist es für ihn selbstverständlich, dass die ärztliche Anordnung zu befolgen ist. Den Pflegekräften sind die Konsequenzen, die sich aus der Untersuchung ergeben, nicht ersichtlich, da der Allgemeinzustand des Patienten eine eventuell notwendige darauffolgende Operation nicht zulässt bzw. nicht klar ist, ob der Patient einer Operation überhaupt zustimmen würde. Die Sinnhaftigkeit der Untersuchung ist für die Pflegenden fraglich. Der behandelnde Arzt ist nicht mehr im Dienst. Das Pflegepersonal wendet sich mit seinen Bedenken an die diensthabende Ärztin. Diese will sich in die Anordnungen ihres Kollegen nicht einmischen.

In diesem Zusammenhang stellen sich folgende Fragen:

- **Soll das Pflegepersonal die Vorbereitung der Untersuchung abbrechen?**
- **Soll das Pflegepersonal den Patienten und dessen Angehörige in einem Gespräch auf die Bedenken hinweisen, mit der Einwilligung des Patienten die Vorbereitung abbrechen und ihn zu einem erneuten Gespräch mit dem zuständigen Arzt am nächsten Tag auffordern?**
- **Welche Auswirkungen haben Handlungen entgegen den Anordnungen des Arztes auf die interdisziplinäre Zusammenarbeit?**

- Sollen Pflegende die diensthabende Ärztin zu einer Entscheidung drängen? Wie sollen sie handeln, wenn ihnen bewusst ist, dass die Ärztin den Patienten durch ihre medizinische Autorität beeinflussen wird?
- Sollen Pflegende auf das Handeln anderer Berufsgruppen vertrauen?
- Ist es in diesem Fall aufgrund der berechtigten Bedenken nicht sogar die Pflicht der Pflegenden, die Vorbereitung abzubrechen? Der Patient leidet unter der unangenehmen Vorbereitung, der angebliche Nutzen der Untersuchung ist für die Pflegenden nicht ersichtlich und der Patient ist nicht vollständig aufgeklärt.

Die diensthabende Fachärztin will sich in die Anordnungen des Kollegen nicht einmischen. Der anordnende Arzt hat das Krankenhaus schon verlassen und ist sich der Belastung, der der Patient ausgesetzt ist, nicht bewusst.

Jede Entscheidung, die getroffen wird, muss in erster Linie das Recht des Patienten auf Selbstbestimmung achten. Das heißt, wird eine Vorbereitung abgebrochen oder auch weitergeführt, ist die Einwilligung des Patienten notwendig. Dieser ist derzeit in seiner Entscheidung durch kritiklose Akzeptanz der ärztlichen Anordnung beeinflusst. Auch Pflegende können durch die Art der Informationsvermittlung die Entscheidung des Patienten stark beeinflussen. Dies soll vermieden werden. Zu beachten ist auch, dass den Pflegenden Informationen fehlen und davon ausgegangen werden sollte, dass die Entscheidung des Arztes begründet und im Sinne des Patienten getroffen wurde.

Der Abbruch der Vorbereitung bedeutet nicht, dass die Untersuchung nicht später durchgeführt werden kann. Durch die so gewonnene Zeit ist es noch einmal möglich, mit dem Patienten die Folgen einer Untersuchung zu besprechen und alternative Untersuchungsmöglichkeiten bzw. eine andere Untersuchungsvorbereitung[29] zu überdenken. Der Patient hat durch das Angebot von Alternativen und genaue Information über Folgebehandlungen eventueller Diagnosen die Möglichkeit, für sich zu entscheiden, ob er die Belastung der Untersuchung in Kauf nehmen will. Ist es – wie hier – nicht üblich, dass von medizinischer Seite Alternativen angeboten werden, so kann sich die Pflege für den Patienten einsetzen. Ein Abbruch der Vorbereitung kann für den Patienten jedoch auch bedeuten, dass er die Vorbereitung zu einem späteren Zeitpunkt erneut beginnen muss bzw. sich dadurch sein Krankenhausaufenthalt verlängert. Auch können dadurch Konflikte in der Arzt-Pflege-Beziehung hervorgerufen werden.

[29] Zum Beispiel Vorbereitung mit Natriumphosphat-Lösung (die Vorbereitung dauert länger, aber das Trinken der PEG-Lavage wird vermieden) oder der Versuch der Diagnose durch weniger belastende Röntgentechnik.

Mögliche Konsequenzen nach Abbruch der Vorbereitung:

a) Der Arzt schätzt die Eigeninitiative der Pflegekraft und bewertet aufgrund der Belastung für den Patienten die Untersuchung als nicht indiziert oder bietet Alternativen an.
b) Der Patient erhält eine detaillierte Aufklärung, will aber aufgrund der hohen Belastung die Untersuchung nicht durchführen lassen.
c) Der Patient erhält eine detaillierte Aufklärung und versteht die Gründe der Untersuchung. Da er diese für sich als notwendig erachtet, akzeptiert er die unangenehme Vorbereitung. Diese muss noch einmal begonnen werden.
d) Der Arzt ist über die Einmischung der Pflegekraft sehr verärgert. Er ist aufgebracht und empfindet das Verhalten der Pflege als weitreichende Überschreitung ihrer Kompetenzen. Es kommt zu einem schwerwiegenden Konflikt zwischen Arzt und Pflegekraft. Die Untersuchung wird ohne weiteres Gespräch mit dem Patienten erneut angeordnet.

Eine Reflexion anhand der Prinzipien würde in diesem Fall verschiedene Handlungsoptionen als bessere Alternative ergeben, als „einfach so weiterzumachen". Das Prinzip der Autonomie (das bereits bei der Aufklärung missachtet wurde), das Prinzip der Fürsorge (da nicht geklärt ist, was das Wohl des Patienten ist, sondern aus medizinischer Sicht eine Untersuchung angeordnet wurde) und das Prinzip des Nichtschadens (Patient hat durch Vorbereitung eine hohe Belastung) können hier hilfreich sein, verschiedene Möglichkeiten zu überlegen und eine gute Entscheidung zu treffen.

In diesem Fall wurde die Vorbereitung nicht abgebrochen. Die Situation wurde nicht weiter reflektiert und die Anordnung des Arztes von der Pflege hingenommen. Die Pflege bemühte sich, den Patienten so gut wie möglich zu begleiten. Die Koloskopie wurde am nächsten Tag durchgeführt. Aufgrund eines geschädigten Darms kam es zu Komplikationen und zu einer Perforation der Darmwand durch das Koloskop. Der Patient musste chirurgisch versorgt werden und verstarb nach wenigen Tagen auf der Intensivstation. Das Pflegepersonal war sehr betroffen und fühlte sich mitverantwortlich. Die Bedenken und Schuldzuweisungen bzw. Schuldgefühle wurden im interdisziplinären Team nie angesprochen. Im innerdisziplinären Team gab es Klagen, jedoch keine systematische Aufarbeitung der Problematik. Der Mediziner hatte weder die Möglichkeit, sein Handeln zu rechtfertigen, noch wurde für die Zukunft ein anderes mögliches Vorgehen besprochen. Für alle Betroffenen stellt sich die Frage, was Einzelne beitragen können, damit solche Situationen jetzt und in Zukunft vermieden werden können.

4 Das Prinzip der Gerechtigkeit

Wer den ersten Gedanken der Gerechtigkeit hatte, war ein göttlicher Mensch, aber göttlicher wird der sein, der ihn wirklich ausführt.
(Johann Gottfried Seume)

Gerechtigkeit ist ein sehr komplexes und weit führendes Thema, dem sich viele Philosoph*innen in ausführlichen Arbeiten gewidmet haben. Wesentliche und wichtige Überlegungen, die die Pflege beeinflussen, werden hier zusammengefasst, und es wird versucht, am konkreten Fall die Anwendung des Prinzips der Gerechtigkeit darzustellen. Fragestellungen, die aufgeworfen werden, können durch eine Pflegeethik nicht allgemein beantwortet werden, sind jedoch hilfreich bei der Entscheidungsfindung in der alltäglichen Pflegepraxis.

Eine gerechte Verteilung der Ressourcen sollte anhand vernünftiger und ethischer Kriterien erfolgen; ebenso muss beachtet werden, welche Interessen betroffen sind und mit welchen weiteren Interessen sie konkurrieren. Es stellt sich die Frage, wem gegenüber Pflegende verantwortlich sind (Patient*innen, Kolleg*innen, Organisation, interdisziplinäre Professionen).

Grundlegend für ethisch gerechte Entscheidungen sind Nutzen und Bedürfnisse der Patient*innen. Welcher und wie viel Nutzen wird durch eine Handlung erzielt? Welche Bedürfnisse werden beachtet, und in welchem Verhältnis stehen diese zu Bedürfnissen anderer betroffener Personen? Nach allgemeinen Überlegungen zum Prinzip der Gerechtigkeit in der Pflege werden anhand eines Fallbeispiels Bedeutung, Formen und Konsequenzen dieses Prinzips veranschaulicht. Unterschiedliche Gewichtungen der Bedürfnisse und des Nutzens führen zu zufriedenstellenden oder auch kritisierbaren Ergebnissen. Es wird sich zeigen, dass Verallgemeinerungen schwer möglich sind und im konkreten Fall verschiedene Aspekte der Gerechtigkeit zur Lösungsfindung verbunden werden. Dies unterliegt der Subjektivität, da Nutzen und Bedürfnisse unterschiedlich bewertet werden können und auch die Anwendung eines Gerechtigkeitsprinzips nicht klar zu bestimmen ist.

Angewandte Ethik muss auch empirische Faktoren beachten, die Entscheidungen in der Praxis stark beeinflussen oder ethische Urteile ganz und gar verdrängen. Am Fallbeispiel wird sich zeigen, dass Teamstrukturen Konflikte mit sich bringen, die sich darauf auswirken, welcher Handlung der Vorrang gegeben wird. Eine gemeinsame Reflexion der Situation im Pflege- und im interdisziplinären Team kann dazu führen, dass unterschiedliche Perspektiven wahrgenommen und Entscheidungen gemeinsam getragen werden.

Die Verteilung der Ressourcen erfolgt auf verschiedenen Ebenen (Makroebene, Mesoebene und Mikroebene). So stehen gewisse Ressourcen innerhalb einer Pflegegruppe, einer Abteilung, einer Einrichtung oder innerhalb eines Ressorts, eines Landes oder Staates zur Verfügung. Auf politischer Ebene geht es um die Zuteilung von finanziellen Ressourcen an die einzelnen Bereiche bzw. Einrichtungen. Entscheidungen auf höherer Ebene beeinflussen den Handlungsspielraum der niedrigeren Ebenen. Wird z. B. entschieden, dass in einem Land für die Altenversorgung weniger oder mehr Geld ausgegeben wird, wirkt sich das auf die finanziellen Mittel der einzelnen Einrichtungen aus und somit auf die Möglichkeiten der einzelnen Abteilungen. Begrenzte Ressourcen drängen uns zu Entscheidungen darüber, wie wir sie einsetzen. Das Zur-Verfügung-Stellen der Ressourcen für einen Patienten heißt, dass diese Ressourcen für jemand anderen nicht verfügbar sind. Es muss sowohl auf der Makro- wie auch auf der Mikroebene entschieden werden, wer in welchem Maße Zugang zu den Ressourcen bekommt. So muss z. B. in einem Krankenhaus möglicherweise entschieden werden, ob ein Nierensteinzertrümmerer eingekauft, die Diabetesberatung ausgebaut oder das Fort- und Weiterbildungsangebot für die Mitarbeiter*innen erhalten oder erweitert wird. Auf höherer Ebene können Entscheidungen zwischen Alternativen notwendig sein wie z. B. der Neubau eines Kinderkrebszentrums oder mehr präventive Maßnahmen für Suchtkrankheiten. Andere Entscheidungen betreffen einen ganzen Staat: Soll mehr Geld für die Verteidigung eines Landes ausgegeben oder in das Gesundheitssystem investiert werden?[30] Es darf nicht übersehen werden, dass diese Entscheidungen ethisch relevant sind.

In der philosophischen Ethikdiskussion wie auch in der Medizinethik wird im Hinblick auf Gerechtigkeit sehr häufig die Verteilung von Organen oder die Anwendung teurer Behandlungen mit geringen Wirkungschancen besprochen. Hier soll die Thematik anhand praxisrelevanter Gegebenheiten in der Pflege erörtert werden.

4.1 Definition des Prinzips der Gerechtigkeit

Der Schweizer Berufsverband für Pflegende führt die Bedeutung des Gerechtigkeitsprinzips in der Pflege wie folgt aus:

[30] So wurde im Jahr 2007 unter der Regierung von George W. Bush auf politischer Ebene entschieden, mehr Geld für die Kriegsführung auszugeben und dafür in Bereichen wie Gesundheit und Bildung Einsparungen vorzunehmen.

> **Das Gerechtigkeitsprinzip in der Pflege beinhaltet** die Pflicht, die Ressourcen gerecht zu verteilen (austeilende Gerechtigkeit) und jeden gemäß seinen Bedürfnissen angemessen zu behandeln (ausgleichende Gerechtigkeit). Dies beinhaltet das Recht auf Pflege für alle (decent minimum), die Chancengleichheit hinsichtlich des Zugangs zu den Ressourcen, das Abwägen zwischen Gleichheit und Bedürfnis (Individuum und Kollektiv sind angesichts ihrer Gesundheitssituation nicht gleich) und die Ergänzung durch die Verantwortlichkeit (jeder hat die Pflicht, die Ressourcen angemessen zu verteilen) (Ethik in der Pflegepraxis – Leitfaden des Schweizer Berufsverbandes der Pflegefachfrauen und Pflegefachmänner, zitiert nach Körtner 2012, S. 126).

> Untrennbar von Pflege ist die Achtung der Menschenrechte, einschließlich kultureller Rechte, des Rechts auf Leben und Entscheidungsfreiheit, auf Würde und auf respektvolle Behandlung. Pflege wird mit Respekt und ohne Wertung des Alters, der Hautfarbe, des Glaubens, der Kultur, einer Behinderung oder Krankheit, des Geschlechts, der sexuellen Orientierung, der Nationalität, der politischen Einstellung, der ethnischen Zugehörigkeit oder des sozialen Status ausgeübt (ICN, 2014, S. 1).

Gerechtigkeit wird hier einerseits als Verteilung von begrenzten Ressourcen verstanden, andererseits als Gleichbehandlung der betroffenen Personen. Gerechtigkeit beruht auf dem Gedanken, dass Menschen in gleichen Situationen auch gleich behandelt werden.

4.2 Interessenkonflikte der betroffenen Personen

Im Rahmen der Gerechtigkeit entstehen Interessenkonflikte zwischen

- *den einzelnen Patient*innen:*
  Hier kann es zu Konflikten zwischen den Wünschen der Patient*innen kommen, z. B. das Anliegen eines Patienten, das Fenster zum Lüften zu öffnen, steht dem Anliegen eines anderen Patienten nach einem warmen Raum entgegen; oder mehrere Patient*innen wünschen die pflegerische Zuwendung des Pflegepersonals, es können aber aufgrund begrenzter Ressourcen nicht alle Bedürfnisse der Patient*innen erfüllt werden.

- *Patient*innen und den Bedürfnissen Angehöriger:*
  Angehörige wünschen Auskünfte oder Gespräche mit Pflegekräften, während andere Patient*innen auf pflegerische Hilfe warten. Oder: Eine Patientin wunscht sich Pflege zu Hause, um nicht in einer öffentlichen

Einrichtung leben zu müssen. Die Pflege zu Hause würde jedoch schwerwiegende Veränderungen und Beeinträchtigungen der Angehörigen nach sich ziehen.

- *Patient*innen, Angehörigen der Pflege und der Medizin:*
  Das uneingeschränkte Eingehen auf die Bedürfnisse der Patient*innen ohne Berücksichtigung der Arbeitsprozesse beeinträchtigt Routineabläufe. Pflegende haben außerdem beschränkte Arbeitszeiten und sie brauchen Freizeit, um eigene Bedürfnisse befriedigen zu können. Würden Pflegende jedoch bei Bedarf nicht Mehrleistungen erbringen, könnte die Versorgung der Patient*innen häufig weder angemessen noch sicher garantiert werden. Bedarf an Pflege und Bedürfnisse Pflegender können konkurrieren. Es kommt auch vor, dass Forderungen an Pflegende gestellt werden, die dem Selbstbild der Pflege nicht entsprechen oder die Patient*innen selbst durchführen könnten. Dadurch kommt es zu zusätzlichen Belastungen der Pflegefachkräfte.

- *den individuellen Interessen von Patient*innen und dem Gesundheitssystem:*
  Ein Patient kommt in regelmäßigen Abständen zur Aufnahme in ein Krankenhaus, da er zu Hause sehr einsam ist und die Fürsorge der Pflege sowie das vom Krankenhaus gebotene Service (Essen wird ans Bett gebracht, Umgebung wird vom Personal gereinigt) genießt. Die Aufnahme von Patient*innen ohne dringliche medizinische Indikation belastet die Personalressourcen, die Ressourcen der Einrichtung wie auch finanzielle Ressourcen des Gesundheitssystems.
  Die Grundpflege der Bewohner*innen eines Seniorenheimes wird routinemäßig durchgeführt. Auf die Bedürfnisse Einzelner kann aufgrund beschränkter Ressourcen keine Rücksicht genommen werden.

Pflegende sind in erster Linie dazu verpflichtet, das Wohl der Patient*innen zu schützen, Leid zu vermeiden und Patienteninteressen zu fördern. Es stellt sich die Frage, ob das Wohl der Patient*innen für Pflegende oberste Priorität hat oder ob sie auch anderen Personengruppen und Instanzen gegenüber gleichermaßen verantwortlich sind.

4.3 Gerechte Verteilung der Ressourcen

Fragen der Gerechtigkeit stellen sich bei der Aufteilung von begrenzten Ressourcen wie Zeit, Personal, persönliche Zuwendung oder Geld. Die gerechte Verteilung der finanziellen und personellen Ressourcen obliegt besonders dem Pflegemanagement und politischen Instanzen. In der Pflegepraxis ist die gerechte Verteilung von Zeit und persönlicher Zuwendung vorrangig. Die Verteilung der Ressourcen in der Pflegepraxis kann nach folgenden Kriterien bzw. Gerechtigkeitsprinzipien erfolgen:

a) gleichmäßige Verteilung ohne Berücksichtigung der Bedürfnisse und des Nutzens
b) Maximierung des Gesamtnutzens für alle Betroffenen
c) größter Nutzen für die Einzelnen
d) höchstes Bedürfnis der Einzelnen ohne Rücksicht darauf, wie hoch deren Nutzen ist

> [...] Bedürfnisse zu erfüllen und Nutzen zu maximieren sind unterschiedliche moralische Aufgaben (Fry & Veatch, 2000, S. 98).

Überlegungen zur Gerechtigkeit im Hinblick auf die Prinzipien des Wohltuns und des Nichtschadens – mit dem Ziel, den größten Nutzen (Gesamtnutzen) zu erzielen und am wenigsten Schaden zu verursachen – sind maßgebend in der Pflege. Dieser utilitaristische Standpunkt kann jedoch nicht auf alle Fragen Antworten geben. Anhand des nächsten Fallbeispiels werden Auswirkungen der Entscheidung nach den hier angeführten Kriterien demonstriert.

4.4 Das Prinzip der Gerechtigkeit am konkreten Fall[31]

Anhand eines Fallbeispiels werden nun ethische Fragestellungen und Konfliktsituationen im Rahmen des Prinzips der Gerechtigkeit beschrieben.

Verteilung begrenzter Ressourcen

Die Pflegekraft Fr. A. hat auf einer Station der inneren Medizin mit einer Belegung von 27 Patient*innen Nachtdienst. Üblicherweise beginnt sie mit der Vorbereitung der am Tag zu verabreichenden i.v. (intravenösen) Therapie um 4:30 Uhr (Dauer ca. 50 Min.).

[31] Siehe Fry & Veatch, 2000, S. 97ff.; Die Bearbeitung des Fallbeispiels ist stark angelehnt an einen ähnlichen Fall von Fry.

Um 5:30 Uhr ist es üblich, die Morgenrunde zu beginnen. Zu ihren Aufgaben gehört es, den Blutdruck zu kontrollieren, Temperatur zu messen, Urinbeutel zu entleeren sowie Diuresen zu vervollständigen und orale Medikamente auszuteilen. Weiters werden bettlägerige Patient*innen, wenn nötig, noch einmal gelagert und Inkontinenzhosen gewechselt (Dauer ca. 75 Min.). Das Verteilen der Verordnungsscheine und der Gang ins Labor zur Abgabe diverser Proben benötigt danach noch 10 Minuten.

Bevor Pflegekraft Fr. A. um 4:30 Uhr beginnt, die i.v. Medikationen vorzubereiten, geht sie noch einmal in das Zimmer der Patientin Fr. Maier. Ihr Allgemeinzustand ist seit den Abendstunden sehr schlecht und bei ihrem Kontrollblick um 4:30 Uhr stellt Fr. A. fest, dass der Sterbeprozess begonnen hat und Fr. Maier in den nächsten Stunden höchstwahrscheinlich versterben wird. Die alleinerziehende Tochter von Fr. Maier lebt 200 km vom Krankenhaus entfernt. Sie wurde am Abend vom schlechten Zustand ihrer Mutter informiert. Da sie erst für den nächsten Tag eine Versorgung ihrer Kinder hat, kann sie nicht vor dem frühen Vormittag des nächsten Tages kommen. Fr. Maier ist teilweise unruhig und wirkt ängstlich.

Im selben Moment wird Fr. A. von der Ambulanzschwester gerufen. Eine Patientin, Fr. Wimmer, wird mit erhöhten Blutzuckerwerten und einer hypertonen Krise zur stationären Aufnahme gebracht. Blutdrucksenkende Medikamente wurden der Patientin in der Ambulanz verabreicht. Darüber hinaus wurde ein Insulinperfusor angeordnet.

Inzwischen läutet Fr. Wilhelm und bittet die Pflege, ihre Beine einzucremen, da sie beginnende „Venenschmerzen“ habe. Ihre Zimmerkollegin Fr. Gruber, die prophylaktisch in der Nacht eine Inkontinenzhose trägt, verlangt die Leibschüssel, da sie urinieren muss.

Die Versorgung der Patientin Fr. Wimmer und die Vorbereitung ihrer angeordneten Medikamente dauern bis 5:00 Uhr. Fr. A. wird beauftragt, die ersten zwei Stunden nach der Aufnahme der Patientin halbstündlich Blutzucker und Blutdruck zu kontrollieren.

Folgende Routinearbeiten sind bis 7:00 Uhr noch zu erledigen: Aufnahmeformalitäten der Neuaufnahme (ca. 15 Min.), Vorbereitung der i.v. Medikamente (ca. 50 Min.), Morgenarbeiten (ca. 75 Min.). Um die morgendlichen Routinearbeiten noch bis Dienstschluss erledigen zu können, steht Pflegekraft Fr. A. daher unter großem zeitlichem Druck. Zusätzlich müssen die angeordneten Kontrollen bei der neu aufgenommenen Patientin durchgeführt werden. Üblicherweise wird ab 5:30 Uhr von vielen Patient*innen Hilfe bei Toilettengängen angefordert.

Die Pflegekraft weiß um ihre Verpflichtung gegenüber den ihr anvertrauten Patient*innen. Dieser Verpflichtung möchte sie auch nachkommen. Fr. A. bewertet die Begleitung Sterbender als wesentlichen Teil der Pflege. Sterbende

in ihrer letzten Phase des Lebens nicht allein zu lassen, erachtet sie als ihre Aufgabe als Pflegeperson. Fr. A. nimmt jedoch auch die Verpflichtung gegenüber ihren Kolleg*innen sowie die Verpflichtung, für einen reibungslosen organisatorischen Ablauf zu sorgen, wahr. Die stationären Patient*innen der Inneren Medizin brauchen in unterschiedlicher Form die Unterstützung des Nachtdienstes, doch kann die Pflegeperson nicht alle Bedürfnisse erfüllen. Der Hauptkonflikt liegt hier aber zwischen der Sterbebegleitung und der Erledigung von Routinearbeiten. Erfüllt die Pflegeperson die üblichen Routinearbeiten, ist es ihr nicht möglich, längere Zeit bei der unruhigen und ängstlich wirkenden Sterbenden zu verbringen und sie zu begleiten. Entscheidet sie sich für die Begleitung und das Verweilen bei der Sterbenden, können die Routinearbeiten nicht erledigt werden. Dies hat Auswirkungen auf den folgenden Ablauf des Tages. Es kommt zu einer späteren Gabe der i.v. Medikamente, dadurch ist der Arbeitsprozess der Turnusärzt*innen behindert. Zeitlich vorgegebene Abstände zwischen der Gabe von Antibiotika können nicht mehr eingehalten werden. Da die i.v. Medikamente morgens ersatzweise von den dienstübernehmenden Pflegefachkräften vorbereitet werden müssen, erfolgt die Grundpflege später und es bleibt kaum Zeit für die Mobilisation mancher Patient*innen. Da die Kolleg*innen die fehlenden Routinearbeiten nachholen müssen, entsteht während des ganzen Tagdienstes ein hoher Zeitdruck und Unruhe bis in die Nachmittagsstunden. Die durch den zeitlichen Druck entstehende Unruhe beim Pflegepersonal wird von den Pflegenden selbst wie auch von den Patient*innen als belastend empfunden. Es besteht also folgender Interessenkonflikt:

- *zwischen den Patient*innen*: Nicht alle Bedürfnisse können erfüllt werden.
- *zwischen der sterbenden Patientin/Pflegeperson und Kolleg*innen/Ärzt*innen:* Eine Nichterledigung der Routinearbeiten wirkt sich auf den Arbeitsprozess anderer Mitarbeitender aus.
- *zwischen der Pflegeperson und den anderen Patient*innen:* Die Begleitung von Sterbenden ist für Fr. A. von großer Bedeutung und Teil ihres Selbstbildes als Pflegekraft. Die Bedürfnisse anderer Patient*innen werden von diesen selbst als vorrangig empfunden.[32]

[32] Anm.: Einige wenige Patient*innen erwarten, dass ihre Bedürfnisse, unabhängig davon, wie gewichtig, sofort und immer erfüllt werden, ohne organisatorische Rahmenbedingungen, Bedürfnisse anderer Patient*innen und Grenzen der Pflege zu akzeptieren. Derartige Ansprüche führen zu einem Konflikt zwischen den Ansprüchen der Patient*innen und dem Interesse der Pflegenden, allen Patient*innen die bestmögliche Fürsorge zukommen zu lassen, um jenen, die am meisten von der Pflege abhängig sind, ausreichend Zeit widmen zu können.

Gleichmäßige Verteilung der Ressourcen ohne Berücksichtigung der Bedürfnisse und des Nutzens

Die Pflegeperson kann in diesem Fall ihre Zeit und Aufmerksamkeit zwischen den ihr anvertrauten Personen gleichmäßig aufteilen, d.h. bei den routinemäßigen Kontrollen an allen Patient*innen, bei der sterbenden Patientin, bei der Neuaufnahme, bei Fr. Wimmer wie auch bei Fr. Wilhelm verweilt sie gleich lange und teilt ihre Aufmerksamkeit gerecht auf. Eine solche Verteilung der Ressourcen wird den Anforderungen und Bedürfnissen der Patient*innen aber nicht gerecht. Die regelmäßige Kontrolle des Blutzuckerspiegels und des Blutdrucks bei Fr. Wimmer ist zeitlich wesentlich anspruchsvoller als das Eincremen der Beine bei Fr. Wilhelm. Die morgendlichen routinemäßigen Kontrollen von Temperatur und Blutdruck bei allen Patient*innen benötigen pro Person weniger zeitlichen Aufwand und Menge an Zuwendung als die Begleitung einer Sterbenden.

Lässt man Bedürfnisse und Nutzen bei der Verteilung der Ressourcen beiseite, werden viele Grundbedürfnisse der auf Pflege angewiesenen Patient*innen nicht mehr erfüllt werden können. Das Prinzip der Fürsorge wird verletzt, und es kann auch zur Schädigung von Patient*innen kommen. Der Bedarf an Pflege ist sehr unterschiedlich. Verteilt die Pflegeperson ihre Zeit auf alle Patient*innen gleich, würde die Summe des Nutzens, den sie für die Einzelnen erreicht, sehr ungleich. Gerechtigkeit ohne Rücksicht auf Bedürfnisse und Nutzen geht an den Zielen der Pflege vorbei.

Maximierung des Gesamtnutzens

Bei der Maximierung des Gesamtnutzens bewertet die Pflegende die Konsequenzen ihrer Handlung und der Handlungsalternativen und entscheidet sich für die Handlung, die den größten allgemeinen Nutzen und den geringsten Schaden erzielt. Das kann zu unterschiedlichen Ergebnissen führen, je nachdem, ob die Pflegeperson die Konsequenzen für Mitarbeiter*innen miteinbezieht oder den Bedürfnissen der Patient*innen den Vorrang gibt. In diesem Fall werden die organisatorischen Konsequenzen mitbeachtet, da davon ausgegangen wird, dass Pflegende auch die Pflicht haben, für einen reibungslosen Ablauf zu sorgen. Unterschiedliche Urteile ergeben sich auch daraus, welche Bedürfnisse der Patient*innen in die Bewertung miteinbezogen werden. Ein rein somatologisches Pflegebild richtet das Handeln auf das körperliche Wohlbefinden. Psychische Faktoren werden nicht berücksichtigt.

In diesem Beispiel würde daher die Begleitung der Sterbenden zurückgestellt und auf Lagerung und Körperhygiene reduziert. In der Praxis wird von der Pflege meist ein psychosomatisches, ganzheitliches Konzept vertreten.

Zur Veranschaulichung der Problematik werden nun eine mögliche Handlung und eine Handlungsalternative charakterisiert und bewertet. Grundlegend hat Pflegeperson Fr. A. zwischen Handlung H_1 und der Handlungsalternative H_2 zu entscheiden.[33]

H_1: Durchführung der Routinearbeiten, Überwachung der Neuaufnahme
H_2: Begleitung der Sterbenden, Überwachung der Neuaufnahme

Die Überwachung der Parameter bei Fr. Wimmer ist auf jeden Fall geboten, da die Patientin sonst schwerwiegend zu Schaden kommt, im Extremfall durch einen glykämischen Schockzustand, der lebensbedrohlich ist.

Utilitaristische Überlegungen können, wie im einführenden Kapitel gezeigt wurde, auch zur Entscheidung führen, die Überwachung zu vernachlässigen. Derartige Entscheidungen sind indessen in der Praxis unrealistisch und widersprechen auch dem Prinzip des Nichtschadens und dem Prinzip, grundlegende Rechte zu achten (Recht auf Leben).

Konsequenzen der Handlung H_1:

- Die Überwachung der Neuaufnahme ist gewährleistet und es kann auf Veränderungen reagiert werden.
- Die verordneten Medikamente sind vorbereitet und können von Arzt oder Ärztin zeitgerecht verabreicht werden.
- Die Aufgaben der dienstübernehmenden Kolleg*innen können von diesen ungestört und ohne zusätzlichen Zeitdruck erledigt werden.
- Die Turnusärzt*innen können den routinemäßigen Arbeiten planmäßig nachgehen.
- Alle morgendlichen Kontrollparameter sind zeitgerecht bei der ärztlichen Visite vorhanden.
- Ein Verbleiben bei der sterbenden Patientin ist aufgrund knapper zeitlicher Ressourcen nicht möglich. Die Patientin verstirbt allein.

[33] Zum Verständnis des Utilitarismus werden hier nur zwei Handlungsalternativen dargestellt. In der Praxis können je nach Situation viel mehr Alternativen möglich sein. Hier liegt es auch an den Pflegekräften, nach weiteren oder anderen Lösungen zu suchen und dabei vielleicht auch gewohnte Bahnen des Denkens zu verlassen.

Konsequenzen der Handlung H_2:

- Die Überwachung der Neuaufnahme ist gewährleistet und es kann auf Veränderungen reagiert werden.
- Die verordneten Medikamente sind nicht vorbereitet und können von Arzt oder Ärztin nicht zeitgerecht verabreicht werden.
- Der Tagesablauf am folgenden Tag ist durch Nachholen wesentlicher Nachtarbeit gestört. Dadurch entsteht Unruhe, die sich auch auf die Patient*innen negativ auswirkt.
- Die Turnusärzt*innen können den routinemäßigen Arbeiten nicht planmäßig nachgehen, ihr Arbeitsablauf ist gestört. Es kommt zu Konflikten innerhalb des Teams und zu Wartezeiten für andere Patient*innen.
- Die morgendlichen Kontrollparameter fehlen bei der ärztlichen Visite.
- Die Erledigung der Routinearbeiten ist aufgrund zeitlich begrenzter Ressourcen nicht möglich. Diese verbleiben den dienstübernehmenden Kolleg*innen.
- Die Patientin wird von der Pflegekraft begleitet und muss nicht alleine sterben.

Die Konsequenzen können z.B. mit einer Werteskala von +10 bis –10 bewertet werden. Eine Schwierigkeit bei diesem Vorgehen besteht darin, dass die Bewertungen einer großen Subjektivität unterliegen. Bei der Bewertung der Konsequenzen wird trotz subjektiver Parameter H_1 (Durchführung der Routinearbeiten, Überwachung der Neuaufnahme) wahrscheinlich höher bewertet werden als H_2 (Begleitung der Sterbenden, Überwachung der Neuaufnahme). Der Gesamtnutzen von H_1 ist daher höher als der Gesamtnutzen von H_2. Richtet die Pflegefachkraft ihr Handeln nach dem Gesamtnutzen aus, fällt ihre Entscheidung zugunsten der Durchführung der Routinearbeiten aus. Das ethische Dilemma von Fr. A. scheint gelöst. Die Befriedigung aller Bedürfnisse und Erfüllung aller an sie gestellten Anforderungen ist aufgrund begrenzter Ressourcen nicht möglich. Die Maximierung des Gesamtnutzens gibt ihr vor, wie sie in dieser Situation trotz allem ethisch richtig und gerecht handeln kann. Das einsame Sterben von Fr. Maier wird in Kauf genommen und ist ethisch gerechtfertigt, um den Gesamtnutzen zu maximieren.

Das In-Kauf-Nehmen der Tatsache, dass ein Mensch allein stirbt, hinterlässt trotz dieser Erwägungen ein Gefühl der Ungerechtigkeit und kann von Pflegenden oftmals nicht akzeptiert werden. Im Sterben nicht allein zu sein, ist für viele Menschen von großer Bedeutung.

Größter Nutzen und grundlegende Rechte für Einzelne

Um eine gerechte und ethisch richtige Entscheidung zu finden, kann sich die Pflegefachkraft am größten Nutzen der Einzelnen orientieren. Ihre Entscheidung basiert darauf, wie viel sie jedem einzelnen Patienten, jeder einzelnen Patientin helfen kann. Wer profitiert am meisten durch die Pflegezuwendung? Werden grundlegende Rechte der Einzelnen verletzt?

Die Vorentscheidung, der Überwachung von Fr. Wimmer unter jedem Gesichtspunkt den Vorrang zu geben, basiert auf diesen Überlegungen. Fr. Wimmer hat durch die regelmäßige Überwachung den größten Nutzen, da ihr Leben geschützt wird. Es gilt, das Recht auf Leben zu schützen. Dieser Nutzen (sowie das Recht auf Leben) überwiegt gegenüber dem Nutzen von Fr. Maier, die durch die Aufmerksamkeit der Pflegefachkraft nicht dem Einsam-sterben-Müssen überlassen werden würde; der Prozess selbst wäre jedoch nicht aufzuheben. Der Sterbeprozess ist unvermeidlich, dennoch kann die psychische Begleitung, die Anwesenheit in diesem Prozess, als Nutzen für die Sterbende bewertet werden. Dieser Nutzen überwiegt gegenüber dem Nutzen einer anderen Patientin, ihre i.v. Therapie, die eine reine Flüssigkeitstherapie ist, wie gewohnt in den Morgenstunden zu erhalten. Eine Verspätung der Flüssigkeitstherapie hat keine erschwerenden Auswirkungen.

Höchstes Bedürfnis Einzelner ohne Berücksichtigung des Nutzens

In diesem Fall basiert die Entscheidung darauf, wie groß die momentanen Bedürfnisse der Einzelnen sind, ohne den Nutzen für die jeweiligen Patient*innen zu beachten. Dieses Prinzip kann, wie auch die anderen vorangegangenen Gerechtigkeitsprinzipien, in der Pflege nicht verallgemeinert werden. Das Bedürfnis von Fr. Gruber, eine Leibschüssel zu erhalten, um Einnässen zu verhindern, kann höher sein als das Bedürfnis von Fr. Wimmer, die nach der nächtlichen Prozedur der Krankenhausaufnahme und der aufgetretenen Symptome müde und geschwächt ist, nicht durch regelmäßige Kontrollen in ihrem Schlaf geweckt zu werden. Diese fühlt sich sicher und versorgt und misst aufgrund ihres Erschöpfungszustandes der Überwachung nicht die nötige Bedeutung bei.

Eine Ausrichtung der Handlung nach dem Ausmaß des Bedürfnisses wäre in diesem Fall nicht akzeptabel. Das kann aber dann sinnvoll sein, wenn Nutzengleichheit besteht. Haben zwei Patient*innen durch die Handlung der

Pflegenden den gleichen Nutzen, kann jener Person der Vorrang gegeben werden, die das höhere Bedürfnis hat.

Bedürfnisabwägung als Gerechtigkeitskriterium

Patientin Fr. A. wünscht sich statt der üblichen Körperhygiene am Waschbecken (mit Hilfe) ein Vollbad. Sie wird zu Hause von der Hauskrankenpflege bei der Körperhygiene unterstützt. Da sie jedoch keine Badewanne zu Hause hat, ist ein Vollbad zu Hause nicht möglich.

Ihre Zimmerkollegin, Fr. S., ist nach einer schweren Erkrankung bettlägerig und wird zur Wiedererreichung ihrer Mobilität in ersten Schritten täglich eine Stunde vor dem Mittagessen an den Tisch gesetzt. Fr. S. versteht die Maßnahmen zur Mobilitätssteigerung und ist damit auch einverstanden. Da für sie die Maßnahmen auch jedes Mal mit Anstrengung verbunden sind, ist die Eigenmotivation begrenzt.

Das Bedürfnis von Fr. A., ein Vollbad zu erhalten, ist höher als das Bedürfnis von Fr. S., täglich mobilisiert zu werden. In diesem Fall kann dem Handeln nach dem größeren Bedürfnis, d.h. dem sehnlichen Wunsch nach einem Vollbad, nachgegangen werden. Langfristig gesehen ist der Nutzen der Mobilisation von Fr. S. sicherlich von großer Bedeutung. Durch ein einmaliges zeitliches Verschieben oder Unterlassen der Mobilisation werden langfristige Ziele jedoch nicht beeinträchtigt. Vergleicht man unter diesem Aspekt die einzelnen Pflegehandlungen „Mobilisation vor dem Mittagessen von Fr. S." mit der Pflegehandlung „Hilfe beim Vollbad von Fr. A.", so ist der Nutzen dieser beiden Handlungen vergleichbar. Unterschiedlich sind die Bedürfnisse der Patientinnen. Fr. A. wünscht sich das Vollbad sehnlich und Fr. S. ist froh darüber, wenn sie einmal im Bett bleiben kann.

Die Situation aus praktischer Perspektive

Wie sich gezeigt hat, ist keines der Prinzipien der Gerechtigkeit allgemein anwendbar. Jedes führt zu Lösungen, die wiederum kritisiert werden können. Andererseits wurde auch ersichtlich, dass diese Prinzipien trotz der auftretenden Schwierigkeiten im Alltag sehr hilfreich sein können. Tatsächlich wird die Pflegefachkraft in dem angeführten Fallbeispiel versuchen, allen Bedürfnissen so weit wie möglich gerecht zu werden, ohne Gerechtigkeitsprinzipien zu beachten. Das heißt, sie wird die Routinearbeiten in großer Eile erledigen. Gleichzeitig wird sie die Neuaufnahme überwachen, auf neu anfallende Bitten ungeduldig reagieren, sie aber so weit wie möglich beachten, und zwischendurch immer wieder zur Sterbenden eilen, in der Hoffnung, dass der Sterbeprozess doch noch so lange andauert, bis der Tagdienst eintrifft oder die Tochter erscheint. Bis zur Dienstübergabe ist dann doch viel geschafft und die Sterbebegleitung auf Kurzvisiten reduziert. Psychisch und körperlich erschöpft sowie unzufrieden über die Situation wird sie die leisen Klagen von Kolleg*innen des Tagdienstes über noch nicht erledigte Arbeiten hinnehmen.

Das dargestellte Vorgehen der Pflegekraft ist weder übertrieben noch theatralisch, sondern der Wirklichkeit ganz nahe. Viele Pflegende werden sich darin wiederfinden.

In der Praxis sind es oft nicht ethische Prinzipien, die das Handeln lenken, sondern organisatorische Rahmenbedingungen und die Teamkonstellation sind ausschlaggebend für die Entscheidung. Widmet sich die Pflegefachkraft in diesem Fall hauptsächlich der Sterbenden, ist ein enormer Konflikt mit den Kolleg*innen aus der Pflege und den Turnusärzt*innen vorprogrammiert, und es wird vielleicht wenig Verständnis für dieses Handeln aufgebracht, wenn die angefallenen Arbeiten nicht erledigt sind. Das Wissen über den möglicherweise bevorstehenden Konflikt wird das Handeln mehr beeinflussen als ethische Überlegungen. Die sterbende Patientin kann ihre Bedürfnisse und Rechte nicht artikulieren. Die Pflegeperson fügt sich dem System. Es entstehen dabei jedoch Frustration und das Gefühl der Schuld. Herrscht im Team und auch bei der ärztlichen Kollegenschaft ein palliativer Gedanke vor und die Begleitung von sterbenden Menschen wird als sehr wichtiger Aspekt in der Stationskultur gelebt, werden nicht erledigte Routinearbeiten eher toleriert werden.

Der Weg aus dem ethischen Dilemma

Das ethische Dilemma, in dem sich die Pflegekraft in diesem Fall befindet, kann stufenweise mit Hilfe der angeführten Gerechtigkeitsprinzipien aufgearbeitet werden. Nach jedem Schritt der Entscheidungsfindung wird die Situation neu betrachtet und bewertet.

Wird die Gesamtsituation betrachtet, wird der *größte Nutzen für die Einzelnen* ausschlaggebend sein und somit durch die Wahrnehmung der Überwachung von Fr. Wimmer ihr Leben geschützt. Im nächsten Schritt können der *Gesamtnutzen* und das *höchste Bedürfnis* der Einzelnen Geltung finden. Das heißt, die Routinearbeiten werden nach Dringlichkeit bzw. Nutzen bewertet: i. v. Medikamente wie z. B. Antibiotika und Schmerzmittel haben Vorrang. Infusionen, die auch zu einem späteren Zeitpunkt verabreicht werden können, werden nicht bereitgestellt. Anfallenden Bitten wird je nach Dringlichkeit nachgegangen. Im Fall von Fr. Wilhelm und Fr. Gruber wird der Nutzen für die Einzelne betrachtet. Die Schmerzbekämpfung und die Hilfe zur Blasenentleerung tragen wesentlich zum Wohlbefinden der Patientinnen bei. Die routinemäßigen Kontrollen wie Temperatur- und Blutdruckmessung werden zurückgestellt, ebenso bleibt der Laborgang unerledigt. Diese Handlungen sind für den Gesamtnutzen zwar maßgeblich, aber dem Bedürfnis, nicht allein zu sterben, wird Vorrang gegeben.

Außer Nutzen- und Bedürfnisabwägung werden auch Faktoren wie der Zeitaufwand der einzelnen Handlungen eine Rolle bei der Entscheidungsfindung spielen. Der Aufwand für das Eincremen der Beine von Fr. Gruber ist zeitlich sehr gering. Würde sich Fr. Gruber ein Vollbad wünschen, könnte diesem Wunsch nicht Rechnung getragen werden. Der Gesamtnutzen wird dem hohen Bedürfnis übergeordnet, unter anderem darum, weil der Nutzen für Fr. Gruber, schon in den frühen Morgenstunden gebadet zu werden, sehr gering ist.

Bei einem solchen Vorgehen werden auch die Bedürfnisse des medizinischen Teams beachtet und somit wird die Belastung für den folgenden Dienst um vieles geringer. Kolleg*innen und Turnusärzt*innen können die Situation möglicherweise annehmen und verstehen, wenn der Nachtdienst sein Handeln erklären und vernünftig begründen kann. Die Reflexion solcher Problemstellungen im Team hilft, zufriedenstellende Lösungen zu finden, die auch gemeinsam getragen werden; weitere Konflikte lassen sich auf diese Weise vermeiden. Werden solche Situationen wiederholt gemeinsam besprochen, wird moralisches Urteilen geübt und es kann ein von allen oder vielen akzeptiertes Vorgehen besprochen werden.

Die Bewertung von Nutzen und Höhe bzw. Dringlichkeit des Bedürfnisses unterliegt der Subjektivität, ebenso wie auch das Heranziehen der verschiedenen Gerechtigkeitsprinzipien nicht verallgemeinert werden kann. Allgemeine Lösungen können nicht gefunden werden. Die Reflexion der Bedeutung von Gerechtigkeit in der Pflege und ihren Formen, wie sie hier stattgefunden hat, kann dennoch eine Hilfe sein, derartigen Problemstellungen in der Praxis zu begegnen. Bei der Besprechung dieses Dilemmas in einer Gruppe von Kolleg*innen aus der Pflege unter Berücksichtigung der unterschiedlichen Bedeutung von Gerechtigkeit wurde die Reflexion als sehr hilfreich beschrieben. Die Schilderung der üblichen Vorgehensweise des Pflegepersonals wurde von den Pflegenden bestätigt und ähnliche Situationen in der Praxis werden als absolut nicht zufriedenstellend und belastend empfunden. Das Fazit der Fallbesprechung war der Konsens, dass durch Reflexion die ethischen Aspekte in den Vordergrund getreten sind und nun versucht wird, diese in der Praxis auch umzusetzen.

Zusammenfassend werden die für die Reflexion hilfreichen Fragestellungen noch einmal angeführt:

- Welchen Personen, Personengruppen oder Einrichtungen gegenüber ist die Pflege verantwortlich?
- Welche nichtethischen Faktoren beeinflussen die ethische Entscheidung?
- Welche Prinzipien oder Kriterien der Gerechtigkeit sind für Überlegungen von Pflegepersonen relevant und warum?
- Trifft die Pflegeperson ihr Urteil aus ethischer Perspektive (Gerechtigkeit) oder aufgrund organisatorischer Anforderungen und der Erwartungen der Kolleg*innen und des interdisziplinären Teams?
- Welche Bedürfnisse der Patient*innen sind von Bedeutung, sodass sie dem Gesamtnutzen übergeordnet werden?
- Welche Interessen treten bei knappen Ressourcen in Konflikt miteinander?

Die Reflexion des Prinzips der Gerechtigkeit in der Pflege wirkt in Situationen, in denen Pflegepersonal an die Grenzen seiner Ressourcen stößt, einer Überforderung, Frustration und ungerechten Handlungen entgegen. Die Verteilung knapper Ressourcen (Personal, Zeit und Energie) kann besprochen werden und nach vernünftigen und gerechten Kriterien erfolgen. Belastende Situationen für Pflegende und Patient*innen können entschärft und allgemein akzeptierte Lösungen gefunden werden. Das Prinzip der Gerechtigkeit ist auch hilfreich, um Handlungen gegenüber Patient*innen, die Forderungen an das Pflegepersonal stellen, die unter den gegebenen Umständen nicht erfüllbar sind oder die gegenüber anderen Patient*innen ungerecht sind, rechtfertigen zu können. Das betrifft auch Forderungen nach Befriedigung von Bedürfnissen, die im Verhältnis zu anderen Patientenbedürfnissen als sehr gering eingeschätzt werden.

Fragen der Gesundheitspolitik betreffen die Verteilung der zur Verfügung stehenden Gelder. Die Wichtigkeit von Fürsorge und Zuwendung im Heilungsprozess wird von vielen Fachleuten zunehmend beachtet. Ergebnisse der Pflegeforschung können hier Grundlage dafür sein, ob Gelder eher in High-Tech-Medizin oder in Zukunft mehr in Möglichkeiten der Zuwendung investiert werden sollen. Pflegepersonal ist in Entscheidungen der Ressourcenverteilung häufig nicht eingebunden, muss jedoch die Auswirkungen tragen. Die Pflege steht in ihrer Position zwischen der Verantwortung gegenüber den Patient*innen, der Einrichtung und der Öffentlichkeit. Daher ist es wesentlich, dass sich die Pflege auch auf höheren Ebenen aktiv an den Entscheidungen beteiligt bzw. sich dafür einsetzt, gehört zu werden. Dazu ist es notwendig, dass Pflegepersonen sich zusätzliches Wissen aneignen, um in den entsprechenden Gremien kompetent auftreten zu können. Dies hat sowohl Auswirkungen auf die Qualität der Pflege als auch auf die Arbeitszufriedenheit der Pflegekräfte.

> [...] das Pflegepersonal ist besorgt, wie bzw. ob in dem derzeitigen ökonomischen Klima das Gerechtigkeitsprinzip aufrechterhalten werden kann. Entscheidungen der Verteilung haben direkte Auswirkungen auf die Art und Qualität der Pflege, die geleistet werden kann, sowie Auswirkungen auf die Gesundheit und Lebensqualität derer, die gepflegt werden (Yeo & Moorhouse, Concept and cases in Nursing Ethics, 1996, S. 241).

Dieses Zitat aus dem Jahre 1996 hat heute in vielen Bereichen an Brisanz gewonnen.

4.5 Ergänzende Fallbeispiele

Patient*innen haben das Recht auf Selbstbestimmung und entscheiden, welche Pflege in welcher Weise bei ihnen durchgeführt werden soll. Wie sollen sich Führungskräfte verhalten, wenn die Wünsche von Patient*innen ihren Wertvorstellungen widersprechen bzw. Kolleg*innen diskriminieren?

Patient will nicht von „Ausländer“ betreut werden

Kurz vor der Entlassung aus dem Krankenhaus wird für Hrn. W. eine Betreuung durch die Hauskrankenpflege organisiert, da er sich zu Hause nicht mehr selbstständig versorgen kann. Die Leitung der Hauskrankenpflege besucht Hrn. W. kurz vor der Entlassung im Krankenhaus, um die weitere Pflege zu besprechen. Nachdem die Pflegedienstleitung die pflegerischen Belange mit Hrn. W. besprochen hat, äußert dieser, dass er nicht will, dass eine ausländische Pflege in sein Haus kommt. Er fühle sich nicht wohl in Gegenwart von „Ausländern“ und wolle nicht, dass sich ein „Ausländer“ in seinem Haus aufhält. Hr. W.: „Ich glaube, jeder sollte unter seinesgleichen bleiben.“

Die erste Reaktion vieler Pflegepersonen auf diese Bitte wird Entrüstung, Unverständnis und Ärger sein: „Hr. W. sollte froh sein, dass er überhaupt Hilfe bekommt!" Angesichts des eigenen Gerechtigkeitsempfindens werden viele dazu geneigt sein, den erniedrigend und diskriminierend scheinenden Wunsch des Patienten abzulehnen und seine Intoleranz zu verurteilen. Wie sich im Folgenden jedoch zeigen wird, gibt es viele Gesichtspunkte, die hier bedacht werden müssen. Es ist die Aufgabe professioneller Pflege, die verschiedenen Perspektiven zu beleuchten, um ethisch angemessen entscheiden zu können. Die Pflegedienstleitung steht vor der Entscheidung, den Wunsch des Patienten zu berücksichtigen oder ihn abzulehnen. Welche Aspekte können oder sollten beachtet werden?

Relevante Aspekte aus der Sicht des Patienten:

- Recht auf Autonomie: Der Patient will entscheiden, von wem er gepflegt wird. Ein ganzheitliches Konzept des Menschen beinhaltet auch, den Menschen mit seinen religiösen Gefühlen und Lebenseinstellungen zu betrachten und diese zu respektieren.
- Nichtschaden: Wird dem Patienten Schaden zugefügt, wenn er gezwungenermaßen von Personen betreut wird, die keine gebürtigen Staatsangehörigen seines Landes sind, und er sich gegen seinen Wunsch aufgrund seiner Bedürftigkeit in einer solchen Situation befindet?
- Beweggründe des Patienten: Ist es ein Unterschied, ob die Abneigung gegenüber Migranten ein *bloßes* Vorurteil ist oder auf schlechten Erfahrungen basiert (z.B. Vergangenheit in Kriegsgefangenschaft, erfahrene bedrohliche Situation mit Migrant*innen)? Werden religiöse oder kulturelle Anliegen eher beachtet und warum?[34]
- Ist es von Bedeutung, ob der Patient seine Wünsche fordernd oder bittend an die Pflege richtet, d.h. macht die Art und Weise, wie er seine Wünsche äußert, einen Unterschied?
- Spielt es eine Rolle, dass der Patient im Falle einer Notsituation die Behandlung durch Migrant*innen wahrscheinlich akzeptieren würde? Können diese unterschiedlichen Situationen überhaupt verglichen werden?
- Ist es maßgeblich, ob die Pflege eine Leistung des Staates ist oder vom Patienten selbst bezahlt wird? Das würde bedeuten, dass der Patient das annehmen muss, was vom Staat geleistet wird. Zahlt er die Pflege hingegen selbst, ist er Kunde und kann wählen, für welches Angebot er bezahlen will.

[34] Ein wesentlicher Unterschied scheint es zu sein, ob Ängste oder religiöse Beweggründe (z.B. muslimische Frau lässt sich nicht von männlicher Pflegeperson waschen) dem Wunsch der Patient*innen zugrunde liegen oder aber Vorurteile, die Menschen diskriminieren.

- Alter: Gesteht man einer *älteren Generation* Vorurteile eher zu als jemandem der *jüngeren Generation?*

Relevante Aspekte aus der Sicht der Pflege:

- Stützt die Akzeptanz dieser Forderung ein von der Leitung nicht gewünschtes System und erniedrigt Angestellte? Dies kann dazu führen, dass Pflegefachkräfte entsprechend ihrer Herkunft oder ihrer religiösen Überzeugung eingestellt werden.
- Ist es gegenüber ausländischem bzw. Personal mit Migrationshintergrund gerechtfertigt, den Wunsch des Patienten zu respektieren, oder verletzt dies die Würde der ausländischen Angestellten?
- Ist es gegenüber nicht einheimischen Pflegekräften gerechtfertigt, sie in eine solche vorurteilsbeladene Umgebung zu senden? Zwingt man den Patienten, von ausländischen Pflegekräften betreut zu werden, so werden diese den Vorurteilen und Abwertungen des Patienten ausgesetzt. So ist es auch Aufgabe der Pflegedienstleitung, ihr Personal vor vermeidbaren demütigenden Situationen zu schützen.
- Der Mangel an Bereitschaft, dem Anliegen zu entsprechen, kann zu schwierigen Konflikten führen (Verletzungen, Beleidigungen, Streitgespräche) und verbraucht somit zeitliche Ressourcen und Energie.
- Wie gehen wir mit Patient*innen um, die aufgrund ihrer Vorurteile unser Gefühl von Gerechtigkeit und menschlicher Würde verletzen?
- Die Fragestellung betrifft hier nicht die fachlichen Aspekte der Pflege, sondern gesellschaftliche Prioritäten, die vom Patienten gesetzt werden.

Mögliche Handlungsalternativen:

a) Aufgrund der Pflegephilosophie bzw. des Leitbildes der Hauskrankenpflege kann oder will man dem Wunsch des Patienten nicht nachkommen. Es steht dem Patienten offen, sich an andere Hauskrankenpflegedienste zu wenden, die seine Wünsche respektieren.

b) Der Wunsch des Patienten wird mit Vorbehalt respektiert. Die Einteilung der Pflegekräfte in der Hauskrankenpflege erfolgt üblicherweise nach praktischen Aspekten (Wegzeiten) sowie gemäß den pflegerischen Ansprüchen der zu Betreuenden. Daher kann nicht immer eine inländische Pflege garantiert werden. Soweit es in diesem Rahmen möglich ist, kann dem Wunsch des Patienten entsprochen werden. Sollte es daher der Fall sein, dass eine ausländische Pflegefachkraft zugeteilt wäre, so kann der Patient für sich entscheiden, ob er an diesen Tagen keine Pflege in Anspruch nimmt bzw. sich selbst eine Versorgung durch Angehörige organisiert. Wenn er die Pflege annimmt, so wird erwartet, dass ausländische Pflegekräfte mit Respekt behandelt werden. Um die Fähigkeiten und die Integrität ausländischer Kollegen zu schützen, sollte klargestellt werden, dass man die Meinung des Patienten nicht teilt.[35]

c) Man akzeptiert den Wunsch des Patienten und organisiert die Pflege so, dass nur Inländer*innen den Patienten betreuen.

Unterschiedliche Schauplätze der Pflege werfen in diesem Fall weitere Überlegungen auf, die die Entscheidung beeinflussen:

Krankenhaus: Wie kann oder sollte in einem Krankenhaus auf den Wunsch des Patienten reagiert werden? Wie sollte gehandelt werden, wenn die verantwortliche Pflegekraft für dieses Zimmer Ausländerin ist? Sollte die Einteilung, wenn möglich, umorganisiert werden? Welcher zusätzliche Aufwand ist gerechtfertigt, um diesem Wunsch nachzukommen? Ist der Patient Leistungsnehmer einer angebotenen Sozialleistung oder Kunde?

Seniorenheim: Wie kann oder sollte in einem Seniorenheim auf diesen Wunsch des Bewohners reagiert werden? Im Gegensatz zu einem Krankenhaus, wo der Aufenthalt nur auf eine gewisse Zeit beschränkt ist, ist das Seniorenheim für den Bewohner sein Zuhause.

In diesem Fallbeispiel sind viele unterschiedliche Interessen davon betroffen, wie Entscheidungen unter organisatorischen Rahmenbedingungen getroffen werden müssen. Es werden von den betroffenen Personen Werte ausgedrückt, die andere verletzen können oder anderen Werten widersprechen.

Bestimmte Patientengruppen sind einem Risiko der Unter-, Ungleich- oder Überversorgung ausgesetzt. Dies insbesondere dann, wenn Entscheidungen in der Situation und informell gefällt werden, ohne dass der Entscheidung ein ethisch reflektierter Entscheidungsfindungsprozess vorausgeht (Albisser Schleger, Mertz, Meyer-Zehnder & Reiter-Theil, 2019). Pflegende sind in solchen Situationen sowohl Beobachter als auch – in der Durchführung der angeordneten Therapien – ausführende Akteure und somit mitverantwortlich. Dies führt zu Situationen, in denen sich Pflegende oft in einem Dilemma wiederfinden.

[35] Eine Pflegekraft berichtet, dass sie in einem ähnlichen Fall den Patienten im Vorfeld informierte, da an diesem Tag keine entsprechende Pflegekraft zur Verfügung stand. Er nahm die Pflege daraufhin nicht in Anspruch und bedankte sich, dass er die Möglichkeit hatte, für sich zu entscheiden und nicht in eine Situation gebracht wurde, die für ihn sehr schwierig gewesen wäre.

Eingeschränkte Therapie

Hr. S. wird mit einer Ösophagusvarizenblutung akut ins Krankenhaus eingeliefert. Im Schockraum wird die Blutung mithilfe einer endoskopischen Gummibandligatur und pharmakologischer Blutstillung zum Stillstand gebracht. Danach wird er auf die Überwachungsstation verlegt.

Hr. S. ist aufgrund vorangegangener Aufenthalte im Krankenhaus bekannt, da er seit Jahren alkoholabhängig ist und zur Behandlung der Leberzirrhose schon mehrmals stationär aufgenommen worden ist. Trotz seines schlechten Gesundheitszustandes hat Hr. S. seinen Alkoholkonsum weder aufgegeben noch eingeschränkt. Die verordneten Medikamente, unter anderem zur Prävention der Varizen (Blutdruckmedikamente, Betablocker), hat Hr. S. nur sehr unregelmäßig eingenommen. Die Leberfunktion ist aufgrund der Leberzirrhose stark eingeschränkt. Der Patient ist sehr geschwächt, aber voll orientiert und ansprechbar. Der Blutdruck ist 80/50, die Pulsfrequenz zwischen 100 und 120. Der Hb-Wert liegt bei 6,2 g/dl, Hk 20 %.

Die Ehefrau sitzt aufgelöst am Bett ihres Mannes. Bei den vorangegangenen Aufenthalten ließ sich aus den Anmerkungen der erwachsenen Kinder von Hrn. S. schließen, dass Hr. S. im alkoholisierten Zustand gegenüber seiner Frau und seinen Kindern des Öfteren handgreiflich wurde. Das Verhältnis zwischen Vater und Kindern ist daher sehr angespannt.

Der behandelnde Arzt entscheidet, dass Hr. S. weder Blutkonserven noch Fresh-Frozen-Plasma erhalten soll. Auch die sonst üblichen Antibiotika zur Pneumonie- und Sepsisprophylaxe werden nicht angeordnet, es wird auch kein zentraler Venenkatheter gelegt. Der Arzt ordnet der diensthabenden Intensivpflegekraft an, dass es im Falle einer erneuten Blutung oder anderer lebensbedrohlicher Komplikationen reicht, ihn anzurufen. Es sei nicht notwendig, den Herzalarm auszulösen.

Die Intensivpflegekraft fühlt sich in dieser Situation sehr unwohl. Sie spricht den Arzt darauf an, wie die Therapie bei Hrn. S. weitergehen solle, da ersichtlich ist, dass die Behandlung, die in solchen Fällen normalerweise üblich ist, nicht eingeleitet wird. Der Arzt teilt der Pflege mit, dass Hr. S. es entweder so schaffen wird oder eben nicht. Hr. S. hat weder seinen Lebensstil verändert noch die notwendige Medikation eingenommen. Eine Heilung sei sowieso nicht mehr möglich und was er mit seiner Familie treibe, stehe noch mal „auf einem anderen Blatt“.

Als die Intensivpflegekraft zögernd einwendet, warum der Patient auf der Überwachungsstation bleiben soll, da keine intensivmedizinische Therapie erfolgt, erhält sie zur Antwort, dass die Angehörigen so das Gefühl haben, es werde alles getan. „Machen Sie sich keine Gedanken darüber.“ Die Pflegekraft fühlt sich in der Situation sehr unwohl. Einerseits versteht sie das Handeln des Arztes. Bei den vergangenen Aufenthalten wurde von medizinischer Seite viel Mühe auf die Therapie von Hrn. S.

verwendet. Hr. S. jedoch war nicht bereit, Eigenverantwortung für seine Erkrankung zu übernehmen. Er hat weder die Medikation regelmäßig eingenommen noch seinen Alkoholkonsum eingeschränkt. Das Angebot eines Alkoholentzuges hat er abgelehnt. Andererseits empfindet die Intensivpflegefachkraft das jetzige Vorgehen des Arztes als nicht korrekt. Sowohl Angehörige wie auch Patient werden bewusst getäuscht. Hr. S. wurde niemals davor gewarnt, dass die Behandlung eingestellt werden würde, wenn er nicht bereit ist, selbst etwas gegen seine Krankheit zu tun. Sie ist sich unsicher, ob sie ihre Bedenken gegenüber dem Arzt äußern soll, da sie sowohl dessen Entscheidung infrage stellt als auch den Entscheidungsprozess. Die weitere Handlungsweise wurde weder mit dem Patienten bzw. den Angehörigen besprochen noch im medizinischen Team. Andererseits ist die Pflegekraft froh darüber, eine solche Entscheidung nicht selbst treffen zu müssen.

Die Pflegefachkraft ist mit einer Pflegesituation konfrontiert, die sie nicht mittragen möchte, da die getroffenen Entscheidungen wie auch der Prozess der Entscheidungsfindung in ihren Augen ethisch nicht gerechtfertigt sind und dem Patienten gegenüber als ungerecht erscheinen. Es wäre ihr am liebsten, der Patient würde auf die Normalstation verlegt.

Die Fragen, die hier aufgeworfen werden, betreffen die Einschätzung der ärztlichen Entscheidung sowie die Art der Entscheidungsfindung. Welche Rolle spielt es in der Pflegepraxis, überfordernde moralische Situationen *loswerden* zu wollen? Inwieweit sollen eigenverantwortliches Verhalten der Patient*innen und – wie in diesem Fall – das Verhalten des Patienten gegenüber seiner Familie in die Entscheidung einbezogen werden? Was bedeuten hier die Prinzipien der Autonomie, der Fürsorge, des Nichtschadens und der Gerechtigkeit? Eine Heilung der Grunderkrankung ist nicht mehr möglich, Ziel einer weiteren Therapie können Lebensverlängerung und Steigerung der Lebensqualität sein. Es ist jedoch voraussehbar, dass Hr. S. auch zukünftig einen hohen Bedarf an medizinischer und pflegerischer Versorgung haben wird.

Entscheidungen zu Therapieziel und Therapieverlauf bzw. zur Therapiebegrenzung bedürfen eines analytischen Entscheidungsfindungsprozesses. Intuitive Entscheidungen werden den einzelnen Patient*innen nicht gerecht.

> Unter einer analytischen Entscheidungsstrategie wird ein bewusster, kontrollierter Informationsverarbeitungsprozess verstanden, bei dem eine vertiefte Situationsanalyse vorgenommen wird. […] Dieser Stil ist kognitiv systematisch ausgerichtet, d.h. mit einem hohen Bewusstseinsgrad bzgl. einer kritischen In-

> formationsverarbeitung, bewusster Kontrolle des Entscheidungsprozesses, eher langsamer Entscheidungsgeschwindigkeit und einer hohen Zuverlässigkeit der Entscheidung (Albisser Schleger, Mertz, Meyer-Zehnder & Reiter-Theil, 2019, S. 143)

Ethikberatung, Fachgesellschaften und ausführliche Literatur zur Therapiezielfindung und Therapiezieländerung verweisen auf die notwendigen Prozesse, um angemessene Entscheidungen zu treffen, wie z. B.

- die Medizinethischen Richtlinien für intensivmedizinische Maßnahmen der Schweizer Akademie der Medizinischen Wissenschaften (SAMW (Hg.), 2018)
- das Positionspapier der Deutschen interdisziplinären Vereinigung für Intensiv- und Notfallmedizin zu Therapiezieländerung und Therapiebegrenzung in der Intensivmedizin (Janssens et al., 2012)
- sowie die Hilfestellung der ARGE Ethik der Österreichischen Gesellschaft für Anästhesiologie, Reanimation und Intensivmedizin zur Therapiezieländerung auf der Intensivstation (ÖGARI, 2013).

Im Umgang mit beschränkten Ressourcen und um den Patient*innen gerecht zu werden, sollten Über-, Unter- oder eine Ungleichversorgung vermieden werden. Eine Überversorgung ist dann gegeben, wenn sinnlose oder aussichtslose Therapien weitergeführt werden. Werden Maßnahmen Patient*innen vorenthalten, obwohl sie nachweislich von Nutzen sind, liegt eine Unterversorgung vor. Eine Ungleichversorgung ist dann gegeben, wenn vergleichbare Therapiesituationen aufgrund von sozioökonomischem Status, Geschlecht, Ethnie oder Alter unterschiedlich behandelt werden (Albisser Schleger, Mertz, Meyer-Zehnder & Reiter-Theil, 2019).
In dem oben angeführten Fallbeispiel findet kein angemessener Entscheidungsfindungsprozess statt, und aufgrund der Alkoholabhängigkeit und des Verhaltens des Patienten besteht die Gefahr einer Unter- bzw. Ungleichversorgung. Auch wenn Therapieentscheidungen ärztliche Aufgabe sind, so werden diese von Pflegenden mitgetragen. Wissen über Entscheidungsfindungsprozesse rund um Therapien kann ein wichtiger Beitrag sein, um nicht gerechtes Handeln zu vermeiden.

Dritter Teil

Fallbeispiele

Grau, teurer Freund, ist alle Theorie und grün des Lebens goldner Baum.
(*Johann Wolfgang Goethe,* Faust I)

Im zweiten Teil wurden vier ethische Prinzipien theoretisch dargelegt; anhand von Fallbeispielen wurde die konkrete Bedeutung des jeweils vorgestellten Prinzips erläutert.

Im dritten Teil des Buches wird nun die Prinzipienethik anhand einiger Fallbeispiele noch einmal dargelegt und verständlich gemacht. Die Bedeutung aller vier Prinzipien und insbesondere der notwendige Abwägungsprozess werden veranschaulicht. Gerade der Abwägungsprozess zwischen den vier Prinzipien verhilft zu einer ethisch angemessenen Entscheidung.

Ethische Prinzipien dienen als Entscheidungshilfe und als Diskussionsbasis im moralischen Alltag. Theoretisches Wissen muss in der Praxis in unterschiedlichen Situationen und Bedingungen umgesetzt werden. Dafür bedarf es moralischer Urteilsfähigkeit und Sensibilität Einzelner. Wie sich zeigt, schließt eine Prinzipienethik auch besondere Merkmale zwischenmenschlicher Beziehungen und organisatorische Rahmenbedingungen nicht aus. Ängste, menschliche Unzulänglichkeiten, das Handeln in einem bestimmten Kontext und in einem Team können in der Prinzipienethik beachtet und in die Entscheidungsfindung miteinbezogen werden.

Wie ein Schiff ohne Ruder werden Pflegende in ihrem Arbeitsalltag in moralischen Fragestellungen oft hilflos hin- und hergeworfen. Ethische Prinzipien sind Ruder und Segel, die durch Fachkenntnis des Kapitäns unter Einbeziehung der umgebenden Bedingungen eingesetzt werden, um eine Richtung einzuschlagen, die für alle Beteiligten ans beste und gewollte Ziel führt.

Angewandte Ethik bedeutet, ethische Theorien auf konkrete Probleme und Konfliktfälle anzuwenden. Die in diesem Buch ausführlich dargestellten Prinzipien werden im Folgenden auf weitere Beispiele aus der Praxis angewendet und Konflikte zwischen den Prinzipien näher beleuchtet.

Die Darstellung der Fallbeispiele soll dazu verhelfen, sich ethischen Problemstellungen bewusst zu nähern und Lösungen für den Alltag zu finden. Jedes Fallbeispiel wird einleitend beschrieben, es wird erläutert, welche Prinzipien im konkreten Fall konkurrieren, Fragen werden aufgeworfen und Lösungen vorgeschlagen. Einige Beispiele geben durch das Aufzeigen der ethischen Problemstellungen und Fragestellungen ohne Angebot von Lösungen die Möglichkeit zur Eigenreflexion. Beschriebene Handlungen von Pflegenden in moralisch konflikthaften Situationen können so hinterfragt bzw.

kritisiert werden. Die Reflexion der Fallbeispiele erhebt nicht den Anspruch der Vollständigkeit. Es geht darum, Denkanstöße zu geben und die Prinzipienethik durch Anwendung verständlicher zu machen. Ziel ist es, dass die Fallbeispiele zu eigenem Weiterdenken anregen und angeführte Überlegungen in der Praxis als *ethisches Werkzeug* dienen, um moralischen Konflikten begegnen zu können. Die Fallbeispiele basieren auf Berichten Pflegender, auf Fachliteratur sowie auf eigenen Erfahrungen der Autorin.

Die Unterteilung der Fallbeispiele in verschiedene Bereiche, die die Pflege betreffen, dient zur Orientierung. Da jedes der Fallbeispiele viele ethische Aspekte birgt, ist eine klare Einteilung nicht möglich. Die Gliederung ordnet Beispiele mit ähnlichen Grundproblemen mit Rücksicht auf bessere Lesbarkeit oder zur Anwendung im Unterricht zu. Die Wahl der Fallbeispiele orientiert sich an den Problemen im Pflegealltag. Viele moralische Fragestellungen ergeben sich nicht nur im eigenverantwortlichen Bereich der Pflege, sondern in der Interaktion mit Angehörigen und Mediziner*innen. Fachliteratur und Berichte aus dem Pflegealltag zeigen, dass Situationen, in denen die Pflege die Rechte von Patient*innen durch andere Personen verletzt sieht, sehr häufig auftreten. Besonders relevant sind außerdem organisatorische Faktoren und Entscheidungen, die die medizinische Behandlung betreffen.

1 Der eigenverantwortliche Kompetenzbereich und Mitwirkung bei medizinischer Therapie

Fehler sind im Pflegealltag nicht immer zu vermeiden. In der Realität werden sie, wenn möglich, den Patient*innen meist verschwiegen – unabhängig davon, ob dies richtig oder falsch ist. Wie sollte gemäß ethischen Überlegungen mit Fehlern der Pflege umgegangen werden?

Fehler bei Insulingabe

Bei einer Patientin, die zur Diabeteseinstellung stationär aufgenommen ist, ordnet die Ärztin bei der Visite 14 IE Insulin vor dem Abendessen und 28 IE Insulin für den nächsten Morgen an. Während des Ausarbeitens der Visite läutet mehrmals das Telefon und zusätzliche Aufgaben werden an die Pflegefachkraft herangetragen. Aufgrund der Störungen und des zeitlichen Drucks, unter dem sie steht, ordnet sie der Schülerin an, der Patientin 28 IE Insulin zu verabreichen. Kurz darauf wird ihr klar, dass sie die Morgen- statt die Abenddosierung weitergeleitet hat. Die Schülerin hat jedoch die Anordnung schon ausgeführt.

Die Pflegeperson entscheidet sich, ihren Fehler dem diensthabenden Arzt zu melden. Die Möglichkeit, nur die Nachtschwester davon zu informieren, um notwendige Kontrollen zur Vermeidung einer Hypoglykämie einzuleiten, erscheint ihr nicht richtig. Die zuständige Ärztin würde den Vorfall nicht bemerken, insbesondere wenn die Daten nicht dokumentiert würden. Jedoch kann die Überdosierung die Blutzuckerwerte des nächsten Tages verfälschen und somit die Insulineinstellung nicht ordnungsgemäß erfolgen. Der verständigte diensthabende Arzt reagiert verständnisvoll und ordnet regelmäßige Blutzuckerkontrollen in der Nacht an, um einer Hypoglykämie durch vorzeitige Gabe von gesüßter Flüssigkeit vorzubeugen.

Die Pflegekraft ist sich auch ihrer Verantwortung gegenüber der Schülerin bewusst. Als Ausbildende dient sie als Vorbild. Nicht gemeldete Fehler können weitreichende Konsequenzen haben. Sie will der Schülerin vermitteln, dass Pflegende verantwortlich zum Wohle der Patient*innen handeln müssen, d.h. auch Fehler sofort weiterleiten, um Gegenmaßnahmen treffen zu können. Das verständnisvolle Verhalten des Arztes erleichtert den offenen Umgang mit Fehlern. Offen bleibt für sie die Frage, ob sie die Patientin informieren soll. Die vermehrten Kontrollen können der Patientin auch als übliche ärztliche Anordnung bei Blutzuckereinstellungen vermittelt werden. So wird die Patientin nicht verunsichert und ihr Vertrauen in die Pflege erhalten. Kommt es jedoch zu einer Hypoglykämie, die durch regelmäßige Kontrolle frühzeitig erkannt und auch behandelt werden kann, besteht die Gefahr, dass die Patientin dies als Fehlschlagen der Blutzuckereinstellung versteht. Kann das Vertrauen auch durch Zugeben von Fehlern gestärkt werden?

Fehler sind in der Pflegepraxis unvermeidlich. Sie müssen nicht immer aus Unachtsamkeit entstehen, sondern können auf falscher Wahrnehmung aufgrund einer Falscheinschätzung einer Situation oder durch Zeitdruck entstehen.

Pflegende sind dazu verpflichtet, gegenüber den Patient*innen aufrichtig zu handeln. Im Allgemeinen sollten Fehler demgemäß den Patient*innen gegenüber offengelegt werden. Die Begründung für ein Verschweigen, das Vertrauen der Patientin zur Pflege nicht stören zu wollen, ist nur teilweise gültig. Fühlt oder erkennt ein*e Patient*in, dass Wesentliches verschwiegen wird, so besteht die Gefahr eines beträchtlichen Vertrauensbruches.

In der Praxis werden die Konsequenzen des Fehlers sowie die Einschätzung der Reaktion der betroffenen Patient*innen eine ausschlaggebende Rolle spielen. Die falsche Dosierung des Insulins erfordert Maßnahmen, die die Patientin verunsichern können. Weniger schwerwiegende Fehler, wie z.B.

die Gabe von 2,5 g Novalgin® zur Schmerztherapie anstelle von 1,0 g Novalgin®, sind für Patient*innen ohne maßgebliche Konsequenz und werden ihnen wahrscheinlich in der Praxis verschwiegen. Diese pragmatische Lösung verhindert, dass um einen verhältnismäßig geringen Fehler großes Aufhebens gemacht wird, welches sowohl für die Patient*innen als auch für die Pflegepersonen unangenehm ist. Diese pragmatischen Antworten sollten jedoch ethisch reflektiert werden.

Die Antwort auf die Frage, wie, wann und ob Patient*innen über Fehler aufgeklärt werden sollten, kann nicht allgemein beantwortet werden. Sowohl die kategorische Forderung, dass jeder Fehler immer offengelegt werden muss, als auch die Rechtfertigung eines Verschweigens, um Unannehmlichkeiten zu vermeiden, sind keine befriedigenden Antworten. Um einen ethisch angemessenen Umgang mit Fehlern zu sichern, sollten Einrichtungen eine positive Fehlerkultur fördern, und auch jede Pflegekraft selbst ist gefordert, ein Umfeld zu gestalten, in dem Fehler angesprochen werden können.

> Der Umgang mit Fehlern zählt wegen der emotionalen, psychologischen, ethischen und rechtlichen Komponenten zu den schwierigsten Aufgaben und belastendsten Erfahrungen im Berufsalltag (Schmidt, 2020).

Schmidt sieht hier auch eine wichtige organisationsethische Aufgabe, Strukturen zur Sensibilisierung, zur Prävention und zur Unterstützung für Mitarbeiter*innen zu schaffen (Schmidt, 2020).

Weiters können unterschiedliche Bewertungen der Aufgabenbereiche im mitverantwortlichen Tätigkeitsbereich zu Konflikten innerhalb des Pflegeteams führen:

Übernahme von berufsfremden Tätigkeiten

Aufgrund der Laborwerte von Hrn. P., die um 14:00 Uhr auf der Station bekannt werden, wird vom Stationsarzt die Gabe von zwei Blutkonserven schriftlich angeordnet. Diese werden angefordert und kommen um 17:00 Uhr auf die Station. Hr. P. ist nicht in einer lebensbedrohlichen Situation, jedoch sind die Blutkonserven für ihn postoperativ therapeutisch notwendig. Der Turnusarzt, der diese Tätigkeiten üblicherweise durchführt, wurde in den Operationssaal geholt, um dort bei einer Operation zu assistieren. Der Stationsarzt ist gerade auf der Parallelstation, da sich der Allgemeinzustand eines Patienten rapide verschlechtert hat und der Verdacht eines Herzinfarktes besteht. Mit der üblicherweise um 17:00 Uhr stattfindenden Abendvisite wurde daher ebenfalls noch nicht begonnen.

Der zuständige Pfleger Hr. K. berichtet dem Stationsarzt telefonisch, dass die Blutkonserven angekommen sind und verabreicht werden können. Dieser kann jedoch aufgrund des Notfalls nicht vom Patienten auf der Parallelstation weg. Zusätzlich ist er unter zeitlichem Druck, da die Visite noch gemacht werden muss. Er bittet den Pfleger, die Blutkonserven für ihn anzuhängen. Da das Pflegepersonal jedoch nicht berechtigt ist, Blutkonserven zu verabreichen, lehnt der Pfleger es ab, der Bitte des Arztes nachzukommen.

Pflegekraft Fr. R. hat das Telefonat zwischen Pfleger und Arzt mitgehört. Sie ist schon seit 13 Jahren auf der Station und es war früher üblich, dass Blutkonserven vom Pflegepersonal angehängt wurden. Sie entscheidet sich, die Blutkonserve zu verabreichen. Gegenüber dem Pfleger begründet sie ihr Handeln wie folgt: „Ich weiß, dass ich rechtlich nicht dazu befugt bin, aber ich habe die fachliche Kompetenz und ich habe es schon mehrmals gemacht. Früher war es auch üblich, dass wir das gemacht haben. Wenn wir warten, bis der Arzt kommt, kann die Blutkonserve erst viel später angehängt werden. Hr. P. kann sowieso schon so schlecht schlafen. Wenn Infusionen laufen, hat er immer Angst, dass er sich den Venflon rausreißen könnte. Ich habe Zeit, die Konserven vorzubereiten und anzuhängen, ohne dass der pflegerische Arbeitsablauf gestört ist, und dem Arzt ist in seiner Arbeit geholfen. Außerdem braucht sich dann die Nachtschwester nicht mehr darum zu kümmern. Die hat sowieso genug Arbeit."

Hr. P. ist sehr froh darüber, dass die Konserven sofort anhängt werden und er nicht bis in den späten Abend warten muss. Bei nächster Gelegenheit bespricht Fr. R. mit dem Arzt, dass sie jederzeit bereit ist, in Ausnahmefällen auch Tätigkeiten, die nicht in ihren Bereich fallen, zu übernehmen. Es sei ihr jedoch wichtig, dass dies nicht zur Routine wird und dass es selbstverständlich respektiert wird, wenn Kolleg*innen nicht dazu bereit sind.

Hr. K. fühlt sich hintergangen und in seiner Position untergraben. Außerdem glaubt er, dass das Verhalten der Kollegin gegenüber dem Team unfair ist. Es wird in ähnlichen Situationen von der Pflege erwartet werden, zukünftig auch berufsfremde Tätigkeiten zu übernehmen. Er befürchtet, dass es vonseiten der Ärzteschaft zu der (typischen) Einteilung in gute (die berufsfremde Tätigkeiten übernehmen) und weniger gute Pflegepersonen kommen wird. Das Ansehen der Kolleg*innen, die nicht bereit sind, derartige Arbeiten zu übernehmen, wird durch diese Unterscheidung leiden und es wird immer wieder zu Situationen kommen, in denen jene sich rechtfertigen müssen. Um nicht schlechter dazustehen als andere Kolleg*innen, besteht die Gefahr, dass auch weniger erfahrene Pflegepersonen ärztliche Tätigkeiten durchführen, wozu ihnen die Qualifikation fehlt. Zudem hat der Hr. K. die Erfahrung gemacht, dass die

Übernahme von ärztlichen Tätigkeiten sehr schnell zur Routine und selbstverständlich wird. Die knappen zeitlichen Ressourcen werden somit noch mehr beansprucht. Er beschwert sich am nächsten Tag bei der Stationsleitung.

Im Hinblick auf die Fürsorge gegenüber dem Patienten übernimmt die Pflegekraft Fr. R. in einer Ausnahmesituation berufsfremde Aufgaben. Sie hat das Wohl des Patienten im Auge, der von dieser Handlung profitiert. Darüber hinaus unterstützt sie den Stationsarzt und die Nachtschwester. Dies trägt zu einer positiven Zusammenarbeit bei. Sie weiß, dass das Entgegenkommen der Pflege vom Stationsarzt sehr geschätzt wird. Zusätzlich wird die Visite nicht noch mehr verzögert, wovon auch andere Patient*innen und Pflegepersonal profitieren. Im Bewusstsein, dass ihr Verhalten zukünftige Konflikte hervorrufen kann, weist sie den Stationsarzt auf die Ausnahmesituation hin.

Pfleger K. hat in seinem Berufsleben die Erfahrung gemacht, dass das Entgegenkommen der Pflege in Ausnahmesituationen sehr schnell zu Routine wird, Konflikte hervorruft und zeitliche Ressourcen der Pflege verbraucht. Auch die Uneinigkeit innerhalb des Teams verursacht Schwierigkeiten – es gibt dann Kolleg*innen, die *immer so kompliziert und unkooperativ* sind, und jene, die es anstreben, *Lieblinge* des Arztes zu sein.

Abgesehen von der rechtlichen Zulässigkeit gibt es gute moralische Gründe für das Verhalten von Fr. R. In der gegenwärtigen Situation versucht sie, das Beste für den Patienten zu tun, und handelt zu seinem Wohle. Da Ressourcen zur Verfügung stehen, sieht sie das Prinzip der Gerechtigkeit nicht verletzt. Problematisch ist das Vorgehen innerhalb des Teams, da sie ihren Kollegen in eine unangenehme Situation bringt.

Die Perspektive des Pflegers basiert auf berechtigten Befürchtungen, jedoch nicht auf aktuellen Tatsachen. Treten diese Befürchtungen ein, so können langfristige negative Konsequenzen einer solchen Handlungsweise schwerwiegender sein als die in diesem Fall kurzfristigen positiven Auswirkungen. Es stellt sich allerdings die Frage, ob die befürchteten Konsequenzen als Rechtfertigung geltend gemacht werden können oder ob nicht Maßnahmen getroffen werden sollten, die ein Eintreten der negativen Konsequenzen verhindern. Beruht das Entgegenkommen auf Gegenseitigkeit, so kann der Patient von der Kooperationsbereitschaft beider Berufsgruppen profitieren. Ratsam ist es, auf der Station eine Umgangskultur zu entwickeln, in der es möglich ist, Aufgaben der anderen Berufsgruppe zu übernehmen, ohne dass diese Gefälligkeiten ausgenutzt werden. Den Rahmen dafür zu schaffen, obliegt unter anderem den zuständigen Führungskräften. Auch bedarf es der

Überlegung, ob rechtliche Vorgaben in besonderen Situationen aufgrund ethischer Gründe überschritten werden dürfen oder warum nicht.

Pflegende stehen in der Praxis vor herausfordernden Situationen, wenn Medikamente vermutlich Linderung bringen könnten, aber Patient*innen diese nicht einnehmen wollen.

Versteckte Gabe von Beruhigungsmittel

Fr. P. ist seit einigen Jahren an (vaskulärer) Demenz erkrankt. Sie lebt seit einem Jahr in einem Seniorenwohnheim. Es kommt immer wieder zu Phasen, in denen Fr. P. den Pflegekräften vorwirft, dass sie ihr etwas antun wollen. Sie verwehrt jegliche Körperpflege, beschimpft das Pflegepersonal und lehnt die Einnahme ihrer Standardmedikation ab (blutdrucksenkende, durchblutungsfördernde Mittel und Neuroleptikum). Die Nichteinnahme der Medikamente führt zu einer Verschlechterung der Symptome der Demenz (Depressionen, Argwohn, Aggressivität, Wahnvorstellungen, Agitiertheit, verändertes Schlafmuster). Vom zuständigen Arzt wird die Gabe von Haldoltropfen®[36] empfohlen, da bei Fr. P. im Hintergrund der Demenz auch eine psychische Erkrankung vermutet wird. Fr. P. hat in früheren Phasen der Agitiertheit immer sehr positiv auf Haldoltropfen® reagiert. Fr. P. nimmt die verordnete Medikation nicht ein, weil sie sich „hier nicht vergiften lassen" wolle, ebenso wie sie auch die Haldoltropfen® dieses Mal nicht einnehmen will. Für die Pflegeperson stellt sich nun die Frage, ob sie die angeordneten Haldoltropfen® Fr. P. unbemerkt in den Tee mischen soll.

Haldoltropfen® bewirken eine Verminderung der Symptome, die durch die Erkrankungen von Fr. P. ausgelöst werden. Angst und Wahnvorstellungen nehmen ab, die Patientin nimmt freiwillig die Standardmedikamente zur Therapie ihrer Grunderkrankung und kooperiert aus eigener Motivation mit der Pflege.

Die Gabe von Haldoltropfen® ist aus medizinischer Sicht vernünftig und begründet. Da die Patientin die Einnahme der Medikation ablehnt, stellen sich folgende Fragen:

- Soll der Wille der Patientin akzeptiert werden?
- Darf die Gabe des Medikaments unter Zwang erfolgen?
- Darf die Patientin getäuscht und eine heimliche Verabreichung versucht werden?

[36] Gemäß der PRISCUS-Liste potenziell inadäquater Medikation für ältere Menschen bedarf es bei demenzkranken Menschen einer sehr strengen Indikationsstellung bei der Gabe von Haloperidol (http://priscus.net/download/PRISCUS-Liste_PRISCUS-TP3_2011.pdf).

Fr. P. ist gemäß den angegebenen Kriterien für Autonomie nicht in der Lage, selbstbestimmte Entscheidungen zu treffen. Aufgrund ihrer Erkrankung und der aufgetretenen Symptome ist sie nicht fähig, sich selbst in ein Verhältnis zu den faktischen Bedingungen und Voraussetzungen ihres Lebens und zu ihrem eigenen Streben und Handeln zu setzen. Die Bedeutung ihres Handelns sowie deren Folgen sind für sie nicht überschaubar.[37] Die Unterlassung der Medikamentengabe kann zu einer weiteren Schädigung der Patientin führen bzw. eine Verbesserung des Zustandes wird nicht herbeigeführt. Es kann zu einer Verschlechterung des mentalen Zustandes der Patientin kommen sowie zur Gefährdung anderer und der eigenen Person. Daher ist es möglicherweise gerechtfertigt, dem Willen (bzw. wie es Agich [2003] beschreibt: den aktuellen Bedürfnissen und Wünschen) nicht zu folgen.

Will man die Patientin nicht täuschen, so bleibt nur die Alternative, die Medikation unter Zwang zu verabreichen oder den Zustand so zu belassen. Eine Medikamentengabe ohne Täuschung der Patientin bedeutet in der Praxis, dass zur Einnahme der Haldoltropfen® Zwang gegen die Patientin angewendet werden muss. Zwang und Gewalt sind jedoch unter allen Umständen zu vermeiden. Die Anwendung von Gewalt (Schaden) steht in keinem Verhältnis zum Prinzip der Wahrhaftigkeit. Eine wohlwollende Täuschung – *benevolent deception* (Beauchamp & Childress, 2019, S. 330) – vermeidet die Anwendung von Zwang und führt so auf Umwegen zu einer Wiedererlangung der Autonomie. Es wird im besten Interesse der Patientin gehandelt. Wird die Patientin in der Zeit des Wahns durch die heimliche Medikamentenverabreichung getäuscht, so führt die Medikation zu einer Linderung der Symptome. Die Patientin erlangt dadurch teilweise wieder die Fähigkeit zur Autonomie. Sie ist wieder bereit, ihre Standardmedikation zur Behandlung der Demenz einzunehmen. Bei regelmäßiger Einnahme ihrer Medikamente wirkt die Patientin zufrieden. Sie äußert Wünsche und nimmt gerne am gesellschaftlichen Leben im Heim teil. Die heimliche Verabreichung von Medikamenten würde in diesem Fall aufgrund der eingeschränkten Entscheidungsfähigkeit gerechtfertigt bzw. durch die Bedeutung der Prinzipien der Fürsorge und des Nichtschadens begründet. Die heimliche Gabe des Psychopharmakons führt zur Wiederherstellung der Autonomie. Das Prinzip der Autonomie wird nicht verletzt, sondern durch die Täuschung gefördert.

Bei einer Argumentation dieser Art sind jedoch viele Dinge zu beachten. Die Täuschung bei der Gabe von Medikamenten darf nicht zur Regel werden und muss in jedem einzelnen Fall ethisch gerechtfertigt werden können. Die

---

[37] Siehe Kapitel 1.1 und 1.4: Das Recht auf Achtung der Autonomie.

Prinzipien der Autonomie, der Fürsorge und des Nichtschadens müssen gegeneinander abgewogen werden (Wong, Poon & Hui, 2005).

Die heimliche Gabe von Medikamenten ist eine *außergewöhnliche* Maßnahme und darf nicht zur unüberlegten Routinehandlung werden. Alle anderen Alternativen müssen ausgeschöpft werden. Alternativen wurden bei dem beschriebenen Fallbeispiel noch nicht versucht. Rechtliche Rahmenbedingungen müssen geklärt werden, und die verdeckte Gabe von Medikamenten sollte im Behandlungsteam, mit Angehörigen und gesetzlichen Vertreter*innen offen besprochen werden.

Durch die Beachtung der vier Prinzipien kann beurteilt werden, ob die verdeckte Gabe von Medikamenten ethisch gerechtfertigt werden kann. Dies stützt sich auf einen überlegten Balanceakt zwischen der Achtung der Autonomie und dem Prinzip der Fürsorge sowie dem Prinzip des Nichtschadens. Im konkreten Fall muss beachtet werden, um welches Medikament es sich handelt, wie Dauer und Bedarf der Medikation sind, welche Person es ist, die das Medikament verabreicht, welchem Zweck die verdeckte Gabe dient und ob es nicht andere, weniger restriktive Alternativen gibt (Wong, Poon & Hui, 2005, S. 264). Pflegeheime sollten für diese Situationen klare Richtlinien haben, welche auch ein klares Vorgehen vorgeben (Oxfordshire Clinical Commissioning Group, 2013). Die Indikation der Medikamente muss sehr wohlüberlegt sein und es muss den Gründen nachgegangen werden, warum eine Patientin Medikamente nicht einnehmen will. Eine heimliche Gabe von Medikamenten kann nur in wenigen Fällen gut begründet werden. Ziel sollte es sein, die Ablehnung von Medikamenten zu verstehen und nach anderen Alternativen zu suchen.

> Auch wenn Pflegekräfte unter bestimmten Umständen eine verdeckte Verabreichung von Medikamenten für gerechtfertigt halten, müssen Verheimlichung und das Fehlen von Richtlinien in Frage gestellt werden. Die Gefahr des Missbrauchs ist erhöht, wenn solche Praktiken nicht dokumentiert und nicht überwacht werden. Wir empfehlen, dass bei inkompetenten Patienten, die Medikamente ablehnen, nur nach Absprache im Pflege- und Ärzteteam sowie in Absprache mit der Familie Medikamente verdeckt verabreicht werden dürfen. Eine solche Praxis muss dokumentiert und regelmäßig überwacht werden (Treloar, Beats & Philpot, 2000, S. 410).

Der Umgang mit sehr fordernden Patient*innen ist für Pflegende häufig eine schwierige Herausforderung. Ein Konflikt zwischen Pflegekräften und Patient*in spitzt sich unter Umständen im Laufe der pflegerischen Beziehung immer mehr zu. Auf beiden Seiten entstehen Unzufriedenheit, Frustration und Ärger. Die Betrachtung der Problematik anhand ethischer Prinzipien kann hilfreich sein, den Konflikt zu lösen:

„Schwierige" Patientin

Fr. B. wird stationär aufgenommen. Sie hat zu Hause die ihr angeordneten Medikamente zur Behandlung ihrer Herzinsuffizienz (Diuretika, Herzmedikation) nicht eingenommen. Sie leidet unter massiven Beinödemen und unter Atemnot. Fr. B. ist stark übergewichtig und dem Pflegepersonal von vorhergehenden Aufenthalten als sehr unangenehme Patientin bekannt. Sie hat das Krankenhaus vor drei Monaten mobil verlassen. Zur Zeit der Aufnahme ist Fr. B. immobil.

Wie auch bei den früheren Aufenthalten fällt Fr. B. durch sehr häufiges Läuten der Notrufglocke auf. Sowohl nonverbal als auch verbal zeigt sich offensichtlich, dass Fr. B. es genießt, bedient zu werden, und sie behandelt das Pflegepersonal wie persönliche Bedienstete. Bei pflegerischen Tätigkeiten hält Fr. B. weder ihre Darmwinde zurück noch das Bedürfnis zu rülpsen. Pflegende stoßen sich daran, da sie ein solches Verhalten ihnen gegenüber als respektlos empfinden. Fr. B. kennt die üblichen gesellschaftlichen Regeln und es ist ihr möglich, ihre Körperfunktionen zu kontrollieren.

Nach einigen Tagen Krankenhausaufenthalt hat sich der Allgemeinzustand von Fr. B. verbessert, sodass mit der Mobilisation begonnen werden kann. Fr. B. ist kaum bereit, bei der Mobilisation mitzuarbeiten. Jedes Mal, wenn sie mobilisiert werden soll, folgen Diskussionen zwischen Pflege und Patientin. Die Pflege reagiert ungehalten, weil Fr. B. nicht mithilft, wohingegen die Patientin klagt, dass ihr das nicht möglich sei. Die Pflegekräfte empfinden die Weigerung der Patientin jedoch nicht als „nicht können", sondern als „nicht wollen". Das Übergewicht der Patientin erschwert pflegerische Handlungen und ist mit einer vermehrten körperlichen Belastung für die Pflegekräfte verbunden. Würde die Pflege den Wünschen von Fr. B. entsprechen, so würde Fr. B. im Bett liegen bleiben, sich im Bett von den Pflegekräften waschen lassen, ihr Essen weiterhin im Bett einnehmen und sich nicht um eine Wiedererlangung von Mobilisation und Selbstständigkeit bemühen. Dies würde zu Komplikationen wie Thrombose und Pneumonie führen. Diese Komplikationen führen im Weiteren zu einem verlängerten Krankenhausaufenthalt und zu großen Rückschritten in der Genesung von Fr. B. Aus den Äußerungen der Patientin geht eindeutig hervor, dass diese Folgen für sie bedeutungslos sind, im Gegenteil – es scheint so, als genieße sie es, wieder pflegebedürftiger zu werden.

Fr. B. klagt über Rückenschmerzen und bittet die Pflegekraft, ihr bei der Körperpflege den Rücken zu kratzen und ein wenig zu massieren. Die Pflegefachkraft kommt dem Wunsch derart nach, dass sie den Rücken beim Waschen kräftig rubbelt, sodass es für die Patientin angenehm ist. Sie weist darauf hin, dass eine Massage zu viel verlangt ist. Fr. B.: „Was ist da schon dabei, mir ein paar Minuten den Rücken zu massieren? Was macht ihr den ganzen Tag, Kaffee trinken?"

Fr. B. läutet an diesem Tag zum neunten Mal innerhalb einer Stunde. Zuvor läutete sie, da sie in die Inkontinenzeinlage gestuhlt hatte (obwohl sie mittlerweile auf den Leibstuhl könnte). Wenig später wollte sie das Fenster geschlossen haben. Dieses Mal fordert sie die Schwester auf, ihr zu trinken zu geben. Das Wasserglas steht jedoch in Reichweite. Als die Pflegefachkraft darauf hinweist, dass ihr Getränk in Reichweite steht, meint Fr. B., sie sei noch zu schwach, um das Glas selbst heben zu können, und die Schwester solle ihr doch helfen: „Wozu seid ihr denn sonst da?" Die Situation spitzt sich weiter zu, da auch die Zimmerkolleginnen das Verhalten von Fr. B. gegenüber den Pflegekräften als Zumutung empfinden. Ihre Meinung äußern sie lautstark sowohl untereinander als auch gegenüber Fr. B. Die Bemerkungen werden zunehmend bösartiger. Die Stimmung im Krankenzimmer ist sehr angespannt. Den Pflegekräften ist es kaum mehr möglich, der Patientin mit Empathie entgegenzutreten, was den Umgang mit Fr. B. noch schwieriger gestaltet.

Fr. B. ist für Erklärungen und Begründungen von pflegerischen Maßnahmen nicht zugänglich. Ihre überzogenen Ansprüche an die Pflege und an das Gesundheitssystem entsprechen nicht der Art, wie Pflege oder Leistungen des Sozialsystems ausgerichtet sind. Patient*innen, die durch ihre Aufnahme eine Betreuung im Krankenhaus wünschen, jedoch später Standardpflege (Grundpflege und Mobilisation) trotz genauer Aufklärung über Notwendigkeiten und trotz der Möglichkeit, auf persönliche Bedürfnisse Rücksicht zu nehmen, ablehnen, stellen für Pflegende ein spezielles Problem dar. Sie wollen von der Pflege versorgt werden und die Servicedienste des Krankenhauses in Anspruch nehmen, aber sie wollen gesundheitsfördernde Pflege nicht annehmen. Es stellt sich die Frage, welche Rechte Patient*innen, Pflegekräfte oder die Institution Krankenhaus jeweils haben. Welche Rolle spielt die Autonomie der Patient*innen und wie erfolgt eine gerechte Verteilung der Ressourcen?

Es ist Ziel der Pflege, durch Mobilisation weitere Komplikationen wie Thrombose, Liegeschäden und Pneumonie zu verhindern. Diese Maßnahmen sind aus pflegerischer Sicht notwendig. Patient*innen haben jedoch das Recht zu entscheiden, was mit ihnen passiert. Autonomie gelangt hier an einen kritischen Punkt. Fr. B. will weder Empfehlungen der Pflege annehmen noch an ihrer Genesung mitwirken. Pflegekräfte können ihre Aufgaben der Fürsorge nicht erfüllen. Die Hintergründe der Entscheidung von Fr. B. scheinen nicht Angst oder Schmerz zu sein, sondern sie genießt es, in allen Bereichen versorgt zu werden. Je mehr Selbstständigkeit sie erlangt, umso weniger kommt sie in den Genuss der Pflege. Ist die Patientin verpflichtet, ihren möglichen Beitrag zur Genesung zu leisten und ihre eigenen Ressourcen zu nutzen?

Es ist Aufgabe der Pflege, ihre Ressourcen gerecht zu verteilen und andererseits die Autonomie der Patient*innen zu wahren. Ein hoher Anteil der Ressourcen wird in nicht kooperative Patient*innen investiert – nicht nur Zeit, sondern auch Energien werden in Anspruch genommen. Die Patient*innen erwarten ein hohes Maß an persönlicher Zuwendung.

Da die Patientin Fr. B. weder ihre Medikamente regelmäßig einnimmt noch an ihrer Genesung mitarbeitet, fragen sich manche Pflegende, warum sie immer wieder im Krankenhaus aufgenommen wird. Sie nimmt durch ihr Verhalten ein hohes Maß an Ressourcen in Anspruch. Dies widerspricht einer gerechten Verteilung. Abgesehen von der Frage der gesamtgesellschaftlichen Verteilung kann auf der betroffenen Station anderen Patient*innen weniger Zeit gewidmet werden und auch das Personal ist psychisch nur begrenzt belastbar, d.h. es bringt weniger Geduld oder eine geringere Bereitschaft auf, auf die Bedürfnisse anderer Patient*innen einzugehen. Das Recht auf Autonomie bedeutet nicht grenzenlosen Anspruch auf die zur Verfügung stehenden Mittel.

Auch Mitpatientinnen sind von dem Verhalten der Patientin betroffen. Es ist ihnen nicht möglich, das Beobachtete neutral hinzunehmen, sondern es macht sich zunehmend Unmut breit. So ist es einerseits nicht annehmbar, dass durch eine Patientin ein negatives Umfeld für die Mitpatientinnen entsteht, andererseits ist die Patientin vor den verbalen Übergriffen ihrer Zimmerkolleginnen zu schützen.

Im Pflegealltag spitzen sich solche Situationen meist immer mehr zu und führen zu Unzufriedenheit und Aggressionsaufbau aller betroffenen Personen. Die Pflege fühlt sich zunehmend ausgeliefert. Sie ist mit der Situation überfordert, fühlt sich aufgerieben und erschöpft. Das Problem löst sich erst mit der Entlassung der Patientin – bis zur nächsten Wiederaufnahme.

Käppeli beschreibt, dass die Pflege aufgrund des sozialen Vertrages bestimmte Erwartungen erfüllen muss. *Gegenseitigkeit* bedeutet aber auch, dass die Patient*innen für das Gelingen der Beziehung mitverantwortlich sind. Es wird von ihnen erwartet, dass sie ihre Pflegebedürfnisse mitteilen, dass sie kooperieren, aber auch, dass sie sich an therapeutische Abmachungen halten, die Pflegenden respektieren und ihre Integrität achten (Käppeli, 2005).

Fürsorge hat ihre Grenzen. Respektloses Verhalten gegenüber dem Pflegepersonal muss und sollte auch nicht akzeptiert werden! In allen gesellschaftlichen Bereichen gelten Spielregeln im Umgang miteinander. Fürsorge schließt auch die Sorge um sich selbst mit ein.

Die schwierige Situation, die durch Fr. B. entsteht, belastet Pflegepersonal und Mitpatient*innen. Hier ist es unter anderem Aufgabe von Führungskräften, lenkend einzugreifen. Es gibt viele Wege und professionelle Hilfestellungen, die dem Pflegeteam angeboten werden können. Zu warten, bis sich der Zustand durch die Entlassung der Patientin löst, ist gegenüber dem Team moralisch nicht gerechtfertigt. Autonomie und Fürsorge zu gewährleisten heißt nicht, dass Pflegende den Wünschen oder überforderndem Verhalten der Patient*innen bedingungslos ausgeliefert sind.[38]

Pflegepersonen übernehmen bei der Schmerztherapie eine wesentliche Rolle. Sie sind Ansprechpartner für die Patient*innen und leiten Informationen an Mediziner*innen weiter. Aussagen der Patient*innen werden von der Pflege interpretiert. Dazu das nächste Fallbeispiel:

Gabe von Placebo-Schmerzmittel

Die 55-jährige Patientin Fr. K. ist mit Lumbago stationär aufgenommen. Sie erhält zwei Mal täglich (abends und morgens) eine Infusion (Dolpasse®) sowie oral muskelentspannende Medikamente. Zusätzlich werden von der Physiotherapie Moorpackungen verabreicht.

Sowohl in der Nacht wie auch während des Tages äußert Fr. K. keine Schmerzen. Sie verlässt das Bett, geht am Gang spazieren und frühstückt mit den anderen Patient*innen im Aufenthaltsraum. Den Pflegenden fällt jedoch auf, dass Fr. K. immer dann, wenn sie Besuch hat, im Bett liegt, nach der Pflege läutet und ein zusätzliches Schmerzmittel verlangt. Bei der Dienstübergabe berichtet der Nachdienst dem zuständigen Pfleger, dass in den vorigen Tagen auf erneutes Bitten um ein Schmerzmittel auf Anraten einer Pflegekraft (nach ärztlicher Rücksprache) anstatt einer Schmerzmedikation eine Injektion von 0,5 ml NaCl[39] s.c. verabreicht wurde. Die Injektion beschrieb die Pflegekraft der Patientin als besonders wirkungsvolles Medikament gegen Kreuzschmerzen. Wie es die Pflegekraft erwartet hatte, berichtete die Patientin sehr bald darauf, schmerzfrei zu sein. Die Patientin verlangte in den folgenden Tagen (während der Besuchszeit) erneut nach der „tollen Schmerzspritze“. Der

[38] Die Patientin wurde nach einigen Wochen mobil und medikamentös therapiert nach Hause entlassen. Zu Hause wurde sie von der Hauskrankenpflege versorgt. Nach mehreren ergebnislosen Gesprächen mit der Patientin wurde die weitere pflegerische Versorgung von Fr. B. durch den Hauskrankenpflegedienst abgelehnt. Das Verhalten der Patientin beurteilte die zuständige Pflegedienstleitung als nicht mehr tragbar für ihre Angestellten. Zudem hielt sich Fr. B. nicht an die vertraglichen Abmachungen mit der Hauskrankenpflege.

[39] Physiologische Kochsalzlösung.

Kollege ist nicht davon überzeugt, dass das Vorgehen seiner Kollegin richtig ist, und es stellt sich für ihn die Frage, wie er sich gegenüber der Patientin beim Verlangen nach der Schmerzspritze verhalten soll.

Die Verordnung von Medikamenten wie auch die Entscheidung, Placebo zu geben, obliegt dem Arzt bzw. der Ärztin. Wie aber auch in diesem Beispiel wird die Schmerztherapie häufig nach den Aussagen der Pflegekraft und deren Beurteilung bemessen. Die Zusammenarbeit zwischen Pflege und Medizin ist wesentlich in der Schmerzbehandlung und hat Auswirkungen auf die Qualität der Schmerztherapie. In diesem Fall stellt sich die Frage, ob das Vorgehen der Pflegeperson sowie die ärztliche Anordnung moralisch richtig sind.

Die Verabreichung von NaCl als Placebo wird von der Pflegekraft damit gerechtfertigt, dass die Patientin schon ausreichend Schmerzmedikamente einnimmt und diese schädigende Nebenwirkungen mit sich bringen. Mit der Gabe von NaCl fühle sich die Patientin wieder schmerzfrei, ohne schädliche Nebenwirkungen der Medikation. Das *Outcome* von Schmerzmittel oder Placebo ist in diesem Fall dasselbe. Das Risiko, dass die Patientin den Schwindel durchschaut, ist sehr gering. Die Pflege sieht ihren Fürsorgeauftrag darin, dass sie der Patientin Schmerzfreiheit verschafft. Man könne, wenn es angebracht erscheint, die Patientin im Nachhinein über die Gabe des Placebos informieren. Es wird die Meinung vertreten, eine wahrheitsgemäße Aufklärung zu einem späteren Zeitpunkt könnte dazu führen, dass die Patientin einsichtig ist und keine weiteren *unnötigen* Schmerzmittel mehr fordert. Stellt sich die Annahme, dass auch ein Placebo Schmerzfreiheit bringt, als falsch heraus, dass also der Schmerz nicht nur *eingebildet* ist, so weiß man sicher, dass eine neue Medikamenteneinstellung notwendig ist, und es kann von medizinischer Seite entsprechend reagiert werden. Die Fürsorge um die Patientin und der Wunsch, in ihrem besten Interesse zu handeln, scheinen bei dieser Argumentation über dem Prinzip der Wahrhaftigkeit zu stehen.

Der Kollege der Pflegekraft ist davon überzeugt, dass jede pflegerische Handlung einer Zustimmung der Betroffenen bedarf. Täuscht man Patient*innen, ist es ihnen nicht möglich, dem Handeln der Pflege zuzustimmen. Fr. K. stimmt zwar der Injektion zu, aber im Glauben, ein Schmerzmittel zu erhalten. Ein uninformierter Patient kann keine autonome Entscheidung treffen und hat keine Wahl zwischen möglichen Alternativen. Was für ihn das Beste ist, wird von einer dritten Person entschieden (Fürsorgepaternalismus). Der Pfleger zweifelt daran, dass die positiven Konsequenzen die Mittel rechtfertigen. Ferner vermutet er als hintergründiges Motiv, dass mit dem Placebo nicht in erster Linie die Schmerzfreiheit erzielt werden sollte, sondern dass es auch darum geht, die Bestätigung des Verdachtes zu haben, dass Fr. K. vor ihrem Besuch nur versucht, Mitleid zu erregen. Die Fürsorge um Schmerzfreiheit ohne Nebenwirkungen hält er für ein Scheinargument. Selbst dann, wenn die Intention der Täuschung sich wirklich zum Wohle der Patientin auswirkt, hält er ein solches Vorgehen nicht für moralisch gerechtfertigt.

Eine richtige Einstellung der Schmerzmedikation bedarf nicht der Täuschung, sondern gezielter Anamnese, Diagnose sowie Aufklärung und Gespräche mit den Patient*innen. Durch Zusammenarbeit zwischen Medizin und Pflege, die diese Patient*innen begleitet, kann angemessen therapiert werden. Die Gabe von Placebo ist eine schnelle und einfache Lösung. Der Zeitaufwand beschränkt sich auf ein Minimum und ein eventuell schwieriges Gespräch mit der Patientin wird vermieden. Für den Pfleger wäre es vorstellbar, dass man Fr. K. über die Verabreichung eines Placebos informiert, d.h. man bespricht mit ihr, dass unterschiedliche Dosen von Schmerzmittel gespritzt werden, unter anderem aber auch ein Placebo. Je nach Reaktion der Patientin könne man so eine angemessene Therapie finden. Die Patientin wird somit nicht getäuscht, sondern das Placebo wird dazu benutzt, um Antworten auf eine medizinische Frage zu finden, die sowohl für die Patientin wie auch für den Arzt von Interesse ist.

Was passiert, wenn die Patientin um den Namen der Injektion bittet, um sich dieses Medikament vom Hausarzt verschreiben zu lassen, oder wenn die Patientin im Nachhinein aufgeklärt wird? Vertrauen ist ein wesentliches Element in der Patienten-Pflege-Beziehung. Wird dieses Vertrauen missbraucht, führt dies zur Verunsicherung der Patient*innen gegenüber dem medizinischen Personal und dem Gesundheitssystem, von dem sie abhängig sind. Patient*innen erwarten, dass das Pflegepersonal sich ihnen gegenüber ehrlich verhält. Fr. K. wird von der Pflege belogen. Das Vertrauen, das Patient*innen dem medizinischen Team entgegenbringen, bedeutet für dieses eine moralische Verantwortung. Die Wahrscheinlichkeit, dass sich Fr. K. bei wahrheitsgemäßer Aufklärung nicht ernst genommen und bloßgestellt fühlt und daher mit Unverständnis und Ärger reagiert, ist um vieles höher als die Wahrscheinlichkeit der Einsicht. Mitpatient*innen, die das Vorgehen beobachten, können ebenfalls das Vertrauen in das Krankenhausteam verlieren, da es nicht klar ist, wer *wirklich* behandelt und wer in seinen Aussagen nicht ernst genommen wird.

Der Pfleger ist nicht davon überzeugt, dass die Patientin von der Placebo-Gabe nur Nutzen hat. Trotz der Gefahr des Vertrauensbruchs wird nicht nach anderen Alternativen gesucht, die für Fr. K. hilfreicher sein können. Das regelmäßige Auftreten von Schmerzen, wenn Besuch bei Fr. K. ist, bedeutet für den Pfleger nicht unbedingt ein *Simulieren*. Fr. K. hat als chronisch kranker Mensch eine Rolle in ihrer Familie eingenommen und sich Verhaltensmuster angelernt. Die Gabe von Placebo zur Behandlung der Schmerzen von Fr. K. kann aus Sicht des Pflegers ethisch nicht gerechtfertigt werden.

Fachliche Überforderung setzt Pflegekräfte, die sich ihrer Verantwortung gegenüber den Patient*innen bewusst sind, unter großen Druck. Nicht immer ist es möglich, zusätzliches oder kompetentes Personal (besonders während der Nachtstunden) herbeizurufen. Dies betrifft nicht nur – wie in diesem Fall – Personal auf speziellen medizinischen Einheiten, sondern auch Pflegepersonen auf Normalstationen, die nach sehr kurzer Einlernzeit Stationen alleine betreuen müssen.

Fachliche Überforderung

Fr. L. arbeitet als Pflegekraft seit vier Wochen auf einer kleinen interdisziplinären Überwachungsstation mit vier Betten. Dies ist für Fr. L. die erste Erfahrung im intensivmedizinischen Dienst. Die notwendige theoretische Zusatzausbildung für intensivmedizinische Pflege ist geplant, wurde aber noch nicht absolviert.

Die Station wird in der Nacht von einer Pflegeperson betreut.[40] In der vierwöchigen Einlernphase wurde nur einmal ein Patient künstlich beatmet. Zu dieser Zeit war Fr. L. nur zwei Tage mit der Betreuung des Beatmungspatienten (unter Anleitung einer anderen Pflegefachkraft) betraut. Trotz noch vieler bestehender Unsicherheiten (etwa bezüglich intensivmedizinischer Gerätschaften, Besonderheiten in der Medikation) wird sie aufgrund knapper Personalressourcen nach drei Wochen zum Nachtdienst eingeteilt. Als sie abends zu ihrem zweiten Nachtdienst auf die Station kommt, wird sie vor die Tatsache gestellt, dass ein Patient mit Beatmung versorgt werden muss.

Fr. L. ist sich bewusst, dass sie den Patienten fachlich nicht angemessen betreuen und überwachen kann. Sie ist sich unsicher bei Lagerung und Bronchialtoilette beatmeter Patienten. Ihr fehlt sowohl fachliches Wissen wie auch Erfahrung, um physiologische Veränderungen rechtzeitig erkennen und darauf reagieren zu können. Aufgrund der späten Uhrzeit und der knappen Personalressourcen ist es kaum möglich, Hilfe durch Kolleg*innen anzufordern. Überdies wurde bis dato auch in ähnlichen Fällen noch nie auf Kolleg*innen zurückgegriffen. Würde sie versuchen, zusätzliches Personal kommen zu lassen, da sie sich mit der Situation überfordert fühlt, würde

[40] Da der Intensivbereich in eine interne Station integriert ist, ist dort eine zweite Pflegefachkraft jederzeit erreichbar.

das enorme Diskussionen auslösen und sie in eine schwierige Position von Rechtfertigung und Verteidigung bringen. Auf der Station gilt das Prinzip *learning by doing*.

Um 20:00 Uhr kommt der Anästhesist auf die Station, um noch einmal nach dem Patienten zu sehen. Fr. L. äußert ihm gegenüber ihre Sorgen und weist darauf hin, dass ihr pflegerische und fachliche Fähigkeiten fehlen, um den Patienten betreuen zu können. Der Arzt verabschiedet sich mit den Worten: „Das schaffen Sie schon, und wenn Sie was brauchen, dann melden Sie sich. Es wird schon nichts Besonderes sein."

Fr. L. versucht durch übermäßige Achtsamkeit die Betreuung des Patienten zu garantieren und Veränderungen wahrzunehmen. Jeder Alarm des Monitors und jede Lagerung und Bronchialtoilette empfindet sie als außergewöhnlich belastend, da sie ständig die Angst begleitet, etwas falsch zu machen oder etwas zu übersehen, sodass der Patient zu Schaden kommt. Sie ist froh darüber, am Morgen von ihren Kolleg*innen abgelöst zu werden und somit auch ihren Nachtdienst beendet zu wissen. Sie hofft, dass sie nie mehr in eine solche Situation kommt, und bedrängt die Stationsleitung, dass sie so bald wie möglich Fortbildungen zur Pflege und Überwachung von Patienten mit maschineller Beatmung machen kann.

Die Situation, in die die Pflegekraft gedrängt wird, führt zu moralischem Stress. Die Pflegefachkraft hat das Gefühl, der hohen Verantwortung nicht gewachsen zu sein, und ein geringes Fachwissen kann dazu führen, dass der Patient zu Schaden kommt. Maßgeblich ist die Angst davor, durch Unkenntnis oder Unsicherheit Fehler zu machen. Abgesehen von der moralischen Dimension, die ein Zu-Schaden-Kommen des Patienten für die Pflegekraft bedeuten würde, sind berufspolitische Konsequenzen zu befürchten. Ein Transfer des Patienten scheint nicht sinnvoll, da dies für ihn noch höhere Risiken birgt. Es geht nur um die Nachtstunden, da am darauffolgenden Tag wieder eine adäquate Versorgung gewährleistet ist.

> Der Patient auf der Überwachungsstation hat ein moralisches und gesetzliches Recht, sicher und professionell versorgt zu werden (Perrin & McGehee, 2006, S. 154).

- Was sollen und können Führungskräfte unternehmen, um solche Situationen zu vermeiden oder zu lösen?
- Wie sollen sich Pflegende in Situationen der Überforderung verhalten?

Nicht nur fachlich hohe Ansprüche, sondern auch personelle Engpässe stellen Pflegekräfte vor moralischen Fragen. Pflegekräfte werden im Alltag häufig vor Tatsachen gestellt. Sich dagegen zu wehren, kann zu Konflikten führen und benötigt Mut und die Fähigkeit, die eigene Position zu vertreten.

Überforderung aufgrund hohen Pflegeaufwandes

Aufgrund von Personalmangel wurde mit der ärztlichen Leitung einer chirurgischen Überwachungsstation vereinbart, dass anstelle der zur Verfügung stehenden zehn Betten nur acht Betten belegt werden. Da in der Nacht nur zwei Pflegefachkräfte zur Verfügung stehen, kann ansonsten die pflegerische Versorgung nicht gewährleistet werden. Als der Nachtdienst um 19:00 Uhr in den Dienst kommt, sind alle acht Betten belegt. Während der Dienstübergabe kommt ein Anruf aus dem OP, dass gerade ein Patient mit Ileus operiert wird und in einem sehr kritischen Zustand ist. Er werde in ca. 45 Minuten auf die Überwachungsstation transferiert.

Der Nachtdienst hat sich während der Dienstübergabe einen Überblick über die aktuellen Fälle verschafft und sieht es als unmöglich an, neben den acht überwachungspflichtigen Patient*innen noch zusätzlich einen Patienten mit hohem Pflegeaufwand betreuen zu können. Der Nachtdienst ist verärgert, da die Befürchtung, dass die Vereinbarung nicht eingehalten wird, nun eingetreten ist, nach dem Prinzip: Es wird im Notfall schon irgendwie gehen.

Der Nachtdienst ist nicht dazu bereit, die Patient*innen „irgendwie" zu versorgen, und informiert sowohl das OP-Team als auch den zuständigen Stationsarzt, dass eine pflegerische Versorgung und eine angemessene Überwachung nicht gewährleistet werden können. Der Transfer eines anderen Patienten auf eine Normalstation, um Kapazitäten frei zu machen, ist aufgrund der notwendigen Überwachung nicht oder nur schwer möglich. Eine Überstellung in ein anderes Krankenhaus ist mit einem enormen Aufwand und finanziellen Kosten verbunden und ebenfalls eine Belastung für den Betroffenen.

Die Ärzteschaft ist über das Verhalten des Nachtdienstes verärgert. Insbesondere das OP-Team ist aufgebracht, da es den Patienten dringend versorgt sehen will. Das Nachtdienstteam der Überwachungsstation lässt sich jedoch trotz der heftigen Reaktionen nicht beirren. Man bittet eine Kollegin, dazubleiben, bis der Patient vom OP übernommen und adäquat versorgt ist. Dann soll gemeinsam mit dem OP-Team und dem Stationsarzt eine Lösung gefunden werden.

Nach Übernahme des Patienten wird die Einigung erzielt, dass die Anästhesiepflege des OPs auf der Überwachungsstation bleibt, um den Nachtdienst zu unterstützen. Da die Anästhesiepflegekraft ursprünglich Bereitschaftsdienst hatte, ist keine weitere dienstplanmäßige Umorganisation notwendig.

Der Nachtdienst hat trotz der zu erwartenden und auch eingetretenen Konflikte im interdisziplinären Team den Mut aufgebracht, sich für die sichere Versorgung der Patient*innen einzusetzen. Eine kaum zu bewältigende Arbeitslast erhöht das Risiko von Fehlern, und Bedürfnisse der Patient*innen können nicht mehr beachtet werden. Die Prinzipien der Fürsorge und des Nichtschadens werden verletzt.

Der Schutz der eigenen Person spielt ebenfalls eine Rolle. Muss der Nachtdienst in einem Umfeld arbeiten, in dem durch Überlastung Bedürfnisse der Patient*innen nicht beachtet werden können und ein hohes Fehlerrisiko besteht, hat das Auswirkungen auf die Pflegekräfte. Moralische Mindestansprüche können nicht gewährleistet werden und es ist nicht möglich, pflegerische Werte im Alltag umzusetzen. Dies führt zu Unzufriedenheit. Derartige emotionale Belastungen werden in der Literatur als *moralischer Distress* beschrieben, welcher langfristig auch psychische Folgen bis hin zu einem *Burn-out-Syndrom* haben kann (Fölsch, 2014). Sichere Pflege ist ein moralisches Mindestmaß. Um eine sichere Pflege gewährleisten zu können, müssen in diesem Fall sowohl die Anästhesiepflegekraft wie auch der Tagdienst zusätzlichen Einsatz erbringen. Daraus ergeben sich aber auch weitere Fragen: Was bedeutet hier das Prinzip der Gerechtigkeit, da auch Pflegende ihre Freizeit und soziales Leben wollen? Pflegende haben Kinder, Ehepartner, Freund*innen und benötigen Zeit, um sich zu erholen. Kann von Pflegenden zum Wohle der Patient*innen erwartet werden, regelmäßig Mehrleistungen zu erbringen?

In der Praxis werden vom Pflegepersonal häufig Mehrleistungen erwartet. Dies wird von der Gesellschaft, von Pflegenden selbst und von Leitungen der Einrichtungen als selbstverständlich angesehen – das gehört zum Beruf und ist Pflegenden beim Eintreten in den Berufsalltag bewusst. Pflegepersonen haben jedoch auch ein Recht auf ein privates Leben. Mehrleistungen, die aufgrund von Nachlässigkeiten in organisatorischen Strukturen notwendig sind, verletzen die Rechte Pflegender (Gerechtigkeit). Pflegepersonen sollten nicht als Puffer für Strukturmängel dienen.

2 Die Pflege als Fürsprecherin und Förderin der Autonomie der Patient*innen

Pflegekräfte haben in ihrer alltäglichen Praxis die Autonomie der Patient*innen zu achten. Sie sind auch Teil verschiedener Konstellationen, Beziehungen und Situationen, in denen die Autonomie der Patient*innen gefährdet oder von anderen Personen missachtet oder in denen gegen das Patientenwohl gehandelt wird. Der ICN-Kodex weist darauf hin, dass die grundlegende professionelle Verantwortung dem pflegebedürftigen Menschen gilt und dass es Aufgabe Pflegender ist, zum Schutz der einzelnen Person einzugreifen, sollte deren Wohl gefährdet werden (ICN, 2014). Grund dafür können organisatorische Rahmenbedingungen, ökonomischer Druck, Kolleg*innen oder auch Angehörige sein.

Organisatorische Rahmenbedingungen beeinflussen ethische Entscheidungen. Werden von anderen Berufsgruppen Rahmenbedingungen akzeptiert, die Patient*innen schaden oder nicht dem Wohl der Patient*innen dienen, stellt sich die Frage, inwieweit sich die Pflege für die Patient*innen einsetzen soll.

Transfer der Patientin

Fr. K. liegt nach einem Hinterwandinfarkt auf einer kardialen Überwachungsstation. Nach erfolgreicher Therapie und einigen Tagen der Genesung kann sie aus medizinischer Sicht auf die Normalstation verlegt werden. Fr. K. ist sehr froh darüber, dass sie die Überwachungsstation verlassen darf. Die Alarme der Überwachungsmonitore sowie anderer medizintechnischer Geräte beunruhigen Fr. K., auch wenn sie mittlerweile damit vertraut ist, dass die Alarme, die an ihrem Monitor ausgelöst werden, nur noch Fehlalarme aufgrund ihrer Bewegungen sind. Für Fr. K. ist es ebenfalls sehr unangenehm, dass sie für ihre Toilettengänge den Leibstuhl im Zimmer nutzen muss. Sowohl die eingeschränkte Bewegungsfreiheit aufgrund der Überwachungskabel als auch die Tatsache, dass die Notwendigkeit einer Überwachung besteht, stellen für Fr. K. eine psychische Belastung dar. Die Alarme des Monitors ihres Mitpatienten stören Fr. K. am Tag, aber besonders auch ihre Nachtruhe.

Die zuständige Ärztin informiert vor dem Wochenende das Pflegepersonal, dass Fr. K. noch eine Nacht überwacht werden soll und – sollten keine weiteren Auffälligkeiten auftreten und die Laborwerte in Ordnung sein – am darauffolgenden Tag auf die Normalstation verlegt werden kann. Diese Information wird von der Ärztin im Dienstzimmer an das Pflegepersonal weitergegeben. Fr. K. erfährt im Laufe des Tages vom Pflegepersonal, dass sie „vielleicht" am nächsten Tag verlegt werden könne, worüber sie sich sehr freut.

Am darauffolgenden Samstag wird der diensthabende Arzt Dr. L. bei der Visite vom Pflegepersonal auf die Verlegung von Fr. K. angesprochen. Dieser wurde jedoch am Vortag von der zuständigen bzw. behandelnden Ärztin nicht informiert. Da aus medizinischer Sicht einer Verlegung nichts entgegensteht, stimmt Dr. L. der Verlegung zu. Das Pflegepersonal der Überwachungsstation informiert telefonisch die Normalstation von der geplanten Verlegung. 30 Minuten später ruft Dr. L. auf der Überwachungsstation an und macht die Verlegung von Fr. K. mit der Begründung rückgängig, dass sowohl das Pflegepersonal wie auch der diensthabende Arzt der Normalstation aufgrund des hohen Arbeitsaufwandes, der auf ihrer Station derzeit besteht, darum gebeten haben, Fr. K. erst nach dem Wochenende zu verlegen. Dr. L. hat dem Wunsch gerne entsprochen, da die Überwachungsstation selbst seit einiger Zeit eine sehr geringe Auslastung hat.

Fr. K. soll weiterhin monitorisiert und bestimmte Blutwerte sollen kontrolliert werden, da die Parameter für eine Abrechnung mit der Versicherung bzw. Krankenkasse notwendig sind, solange die Patientin auf der Überwachungsstation ist. Auf Anfragen von Fr. K., ob und wann sie nun verlegt werde, reagiert das Pflegepersonal ausweichend: „Das wird bei der Visite geklärt". Bei der Visite erklärt Dr. L. der Patientin, dass alles okay sei, aber zur Sicherheit sollte sie noch über das Wochenende hierbleiben – das wäre das Beste.

Die beiden diensthabenden Pflegepersonen sind sich uneinig, wie sie auf die Situation reagieren sollen. Eine der Pflegepersonen will sich über die Anordnung des Arztes keine weiteren Gedanken machen. Es sei nicht ihr Verantwortungsbereich: „Es ist sicher nicht ganz in Ordnung, aber es ist eine ärztliche Anordnung und somit muss auch der Arzt die Verantwortung tragen für das, was er tut. Wenn ich mich darum auch noch kümmern und herumstreiten muss, dann werde ich verrückt. Mir ist das zu viel. Ich mache meinen Job und die anderen müssen selbst wissen, was sie tun."

Die zweite diensthabende Pflegeperson sieht das Argument des hohen Arbeitsaufwandes als gerechtfertigt an, da die eigene Station und somit auch das Personal Ressourcen übrig haben. Sie ist jedoch der Meinung, dass Fr. K. dieser Entscheidung zustimmen muss und dass das Monitoring beendet werden soll, da keine medizinische Indikation mehr besteht und Fr. K. in ihrer Bewegungsfreiheit dann nicht mehr weiter eingeschränkt wird. Sie glaubt auch, dass Fr. K. dem Anliegen des medizinischen Personals, insbesondere wenn es von ärztlicher Seite kommt, zustimmen wird, um nicht unangenehm aufzufallen, auch wenn sie lieber auf die Normalstation verlegt werden würde – nach dem Motto: „Den einen Tag halte ich auch noch aus."

In diesem Fall sind alle vier Prinzipien – das Prinzip des Nichtschadens, der Fürsorge, der Achtung der Autonomie und das Prinzip der Gerechtigkeit – von Bedeutung. Die Unruhe durch Alarme auf der Überwachungsstation und die Einschränkung der Bewegungsfreiheit stellen für Fr. K. eine psychische Belastung dar. Das Gefühl, dass sie einer Überwachung bedarf, verängstigt sie, da sie es als Zeichen ansieht, dass ihr Gesundheitszustand noch nicht stabil ist. Im Hinblick auf das Krankheitsbild von Fr. K. ist ein Aufenthalt auf der Überwachungsstation nicht mehr notwendig und stellt eine unnötige Belastung für die Patientin dar. Dies widerspricht dem Recht auf Nichtschaden, da diese Belastung vermieden werden kann und medizinisch nicht mehr indiziert ist.

Das Prinzip der Autonomie fordert hier, dass die Patientin über die Situation informiert wird und Fr. K. entscheiden kann, ob sie einem Aufenthalt auf der Überwachungsstation, der länger als notwendig ist, zustimmt oder nicht. Ist die Patientin einverstanden, so muss auch die Handhabung der Monitorisierung und der Einschränkung der Bewegungsfreiheit mit ihr abgesprochen werden. Fr. K. ist vielleicht einverstanden, noch nicht verlegt zu werden, will aber ihre Freiräume, wie sie sie auf der Normalstation hat, gesichert wissen. Das heißt keine weitere Überwachung per Monitor, Besuch der Toilette und des Badezimmers sowie die Möglichkeit, bei Besuch den Aufenthaltsraum zu benutzen. Will die Patientin auf die Normalstation verlegt werden, so muss ihrem Wunsch entsprochen werden.

Wie weit Fr. K. auch bei detaillierter Information ihre Autonomie wahrnehmen kann, ist fraglich. Es bestehen Bedenken, dass sich Fr. K. der geforderten Situation anpasst, um nicht unangenehm aufzufallen. Autonomie ist nur dann möglich, wenn die Entscheidung frei von äußeren kontrollierenden Einflüssen und ohne äußeren Zwang getroffen werden kann. Die Angst von Fr. K., sich dem Personal, von dem sie sich abhängig fühlt, entgegenzustellen, beeinflusst ihre Entscheidung. Hier liegt es am medizinischen Personal, das Gespräch so zu führen, dass die Patientin ihre Scheu, nicht den Erwartungen zu entsprechen, ablegt und das Vertrauen gewinnt, ihre Wünsche offen auszusprechen.

Das Prinzip der Fürsorge fordert, zum Wohle der Patient*innen zu handeln. Die Verlegung von Fr. K. auf die Normalstation sollte somit so bald wie möglich erfolgen. Ihrem Wunsch nach Verlegung muss entsprochen werden. Die Täuschung der Patientin durch falsche Informationen ist nicht gerechtfertigt. Die Patientin vertraut darauf, dass medizinisches Personal zu ihrem Wohl handelt. Wird dieses Recht von einer Berufsgruppe verletzt, so sind Angehörige anderer Berufsgruppen aufgefordert, für die Rechte der Patientin einzutreten.

Im Hinblick auf das Prinzip der Gerechtigkeit kann das Verbleiben von Fr. K. auf der Überwachungsstation gerechtfertigt sein. Auf der Überwachungsstation stehen an diesem Wochenende im Verhältnis zum Arbeitsaufwand mehr Personalressourcen zur Verfügung als auf der Normalstation. Die Patient*innen der Normalstation sind jedoch vom Mehraufwand, der durch die Aufnahme von Fr. K. entsteht, nur minimal betroffen. Dieser Mehraufwand steht in keiner Relation zu dem Bedürfnis von Fr. K., die Überwachungsstation verlassen zu können. Auch die zusätzliche Belastung für das

Personal der Normalstation ist nur sehr gering und führt zu keinem Qualitätsverlust für die restlichen Pflegetätigkeiten.

Eine der beiden diensthabenden Pflegefachkräfte sieht keinen Grund zu handeln, da die Entscheidung über die Verlegung nicht von der Pflege getroffen wurde, die somit für die Konsequenzen keine Verantwortung trägt. Eine Einmischung führt zu Konflikten mit dem Arzt und der Normalstation. Diesen Konflikten will sie sich nicht aussetzen. Die Rechte der Patientin werden nicht von ihr verletzt, darum sieht sie auch keinen Handlungsbedarf. Sich als Fürsprecherin für die Patientin einzusetzen, empfindet sie als „Überverantwortung", die sie nicht übernehmen will. Offen ist, ob die Pflegeperson aufgrund vergangener Erfahrungen resigniert hat oder sich im Vorfeld davor schützen will, zermürbt und ausgebrannt zu werden, und deshalb für klare Verantwortungsbereiche eintritt. Ihre Kollegin beurteilt das Vorgehen gegenüber der Patientin nicht als gerechtfertigt. Sie sieht die Prinzipien der Autonomie, des Nichtschadens und der Fürsorge verletzt. Sie sieht es als ihre Pflicht an, sich für die Rechte der Patientin einzusetzen – auch auf die Gefahr hin, Konflikte mit dem Arzt und der Normalstation herbeizuführen. Erschwert wird die Situation, weil sie keine Rückendeckung von ihrer Kollegin erwarten kann. Auch erfordert das Eintreten für die Patientin deren Zustimmung. In diesem Fall ist dies jedoch nicht möglich, da die Patientin falsch informiert ist. Fr. K. von der Wahrheit in Kenntnis zu setzen, erscheint der Pflegeperson kontraproduktiv. Zuerst will sie das Gespräch mit dem Arzt suchen.

Dieses Fallbeispiel wirft folgende Fragen auf:
- Wie sind die Handlungen der Pflegekräfte zu beurteilen und welche anderen Alternativen wären möglich?
- Was soll die Pflegekraft machen, wenn sich der Arzt nicht von ihren Argumenten überzeugen lässt? Soll sie die Patientin über die Tatsachen informieren?
- Wie soll sich die Pflegekraft verhalten, wenn der Arzt zwar bereit ist, mit der Patientin offen zu reden, aber den Vorteil seiner ärztlichen Autorität nutzt, um eine Zustimmung zu erhalten? Ist Fr. K. in diesem Fall *selbst schuld*, wenn sie ihre Wünsche nicht artikuliert, oder soll die Pflege Fr. K. unterstützen?
- Welche Faktoren beeinflussen das Eintreten für die Patientin bzw. welche Faktoren beeinflussen das Pflegepersonal dahingehend, sich nicht für die Patientin einzusetzen?
- Sollte Fr. K. einem Verbleib auf der Überwachungsstation zustimmen, ist es dann gerechtfertigt (oder gibt es gute Gründe), Parameter wie Blut

druck, Blutuntersuchungen, Atemfrequenz etc. weiterhin zu kontrollieren, um den Schein der Patientenauslastung zu wahren (z. B. wegen einer drohenden Schließung der Station)? Welche Verantwortung hat hier das Pflegepersonal gegenüber der Institution Krankenhaus bzw. gegenüber dem Gesundheitssystem?

In dem Artikel „Patient autonomy and medical paternity: can nurses help doctors to listen to patients?“ (Breier-Mackie, 2001) wird von einem Fall berichtet, in welchem dem Wunsch des Patienten zur Beendigung der Therapie nicht entsprochen wird. Die Autonomie des Patienten wird missachtet. Es stellt sich die Frage, welche Rolle die Pflege hier einnehmen soll bzw. einnehmen kann.

Wunsch des Patienten wird missachtet

Trotz intensiver Chemotherapie verschlechtert sich der Zustand des Patienten nach einer Knochenmarktransplantation, es kommt zu Abwehrreaktionen des Körpers und zu weiteren Infektionen (Graft-versus-Host-Disease und Infektion durch Zytomegalievirus). Zusätzlich leidet der Patient aufgrund der Therapie seit vier Monaten unter Durchfall, starken Bauchschmerzen, Nasenbluten und Erbrechen. Nach einem Darmverschluss kommt es zusätzlich zu einer Sepsis und es stellt sich eine Gancyclovir-Unverträglichkeit heraus. Der Patient entscheidet mit Unterstützung seiner Kinder, dass er die Therapie beenden will. Die Kinder bitten, den Vater nach Hause oder in eine Palliativeinrichtung zu transferieren. Das ärztliche Behandlungsteam lehnt die Bitte mit der Erklärung ab, dass es noch immer andere Behandlungsmöglichkeiten gibt, insbesondere um die Abwehrreaktion des Körpers zu mindern.

Patient und Familie sind enttäuscht und verärgert. Als es nach einer Woche zu einer weiteren Verschlechterung des Allgemeinzustandes des Patienten kommt, kommt man der Bitte des Kranken nach. Der Patient verstirbt (wenige Stunden nach dem Transfer) umgeben von seiner Familie zu Hause unter Begleitung eines Hospizteams. Bei der Nachbetreuung durch das Hospiz äußern die Angehörigen den Ärger über das verlängerte Leiden ihres Vaters im Krankenhaus und ihr Unverständnis darüber, dass die Mediziner*innen seinem Wunsch nicht nachgekommen sind.[41]

Die Entscheidung über den Therapieverlauf wird in diesem Fall von ärztlicher Seite getroffen. Der Wunsch des Patienten und der Angehörigen wird ignoriert. Das Pflegeteam wird in den Entscheidungsprozess nicht einbezogen.

---

[41] Fallbeispiel übernommen von Breier-Mackie (2001).

Therapien, die von medizinischer Seite noch als Möglichkeit angesehen werden, können vom Patienten jedoch abgelehnt werden. Der Patient selbst entscheidet, welche Nebenerscheinungen einer Behandlung er in Kauf nehmen will bzw. welches Leid er im Hinblick auf Heilung bereit ist, auf sich zu nehmen.

> Patienten, die zwischen Autonomie und Paternalismus stehen, können ihre Wünsche und Bedürfnisse gegenüber dem Arzt häufig nicht ausdrücken, entweder weil sie durch die angenommene Macht des Arztes eingeschüchtert sind oder weil dieser aus Mangel an Zeit die Angelegenheiten des Patienten nicht wahrnimmt. Pflegepersonen jedoch haben die geeignete Position, den Patienten und seine Familie dabei zu unterstützen, seine Bedürfnisse und Wünsche klarzustellen (Breier-Mackie, 2001, S. 513).

Welche Rolle kann und soll die Pflege als Fürsprecherin des Patienten einnehmen? Soll sie das Defensivrecht (Verteidigungsrecht) des Patienten unterstützen, *in Ruhe gelassen zu werden*? Niemand darf etwas mit einer Person machen, das diese nicht will.

Sarah Breier-Mackie sieht es als notwendig an, dass die Pflege die Diskussion über die ethische Problemstellung anregt, mit dem Ziel, durch die Zusammenarbeit aller Beteiligten das beste Resultat für den Patienten zu erzielen. Es darf nicht darum gehen, die Autorität einzelner Personen durchzusetzen. Die Autorin geht so weit, dass sie der Pflege die Aufgabe überträgt, die Gründe des Konfliktes zu analysieren und herauszufinden, warum die Entscheidung des Patienten von medizinischer Seite schwer akzeptiert werden kann. Um diesen Aufgaben gerecht zu werden und für den Patienten eintreten zu können, ist es notwendig, dass die Pflege ihre Fähigkeiten in Mediation und Kommunikation steigert und sich Wissen über Gruppenprozesse aneignet (Breier-Mackie, 2001, S. 515).

Eine Freundin Rainer Maria Rilkes, Nanny Wunderly-Volkart, die Rilke in seinem Sterben begleitete, schrieb in einem Brief Rilkes Worte nieder: „Einmal sagte er mir plötzlich: Liebe, helfen Sie mir zu meinem Tod, ich will nicht den Tod der Ärzte – ich will meine Freiheit haben." (Obermüller (Hg.), 1953)[42]

Situationen, in denen Pflegende medizinische Maßnahmen infrage stellen und diese als für die Patient*innen mehr belastend als nützlich erachten, sind in der Praxis nicht selten. Weniger oft werden diese Situationen jedoch offen

---

[42] Rainer Maria Rilke starb im Alter von 51 Jahren. Er war an Leukämie erkrankt. Trotz großer Schmerzen lehnte er die Einnahme schmerzstillender Mittel ab.

oder in einem gemeinsamen Dialog angesprochen. Ethische Fallbesprechungen und offene Kommunikationsräume können hier die Möglichkeit bieten, solchen Situationen konstruktiv und im Sinne der Patient*innen und auch des Betreuungsteams zu begegnen. Jede Berufsgruppe kann und sollte ihren Beitrag zur Schaffung von Möglichkeiten eines ethischen Reflexionsprozesses leisten. Alle betroffenen Parteien können davon profitieren.

Unterstützung der Autonomie gegenüber Angehörigen

Hr. H. wurde aufgrund eines Schlaganfalles stationär aufgenommen. Nach zehn Tagen Krankenhausaufenthalt und Therapie ist er voll orientiert. Es besteht eine Halbseitenlähmung links. Hr. H. kann mit Hilfe vom Bett auf den Stuhl gesetzt werden.

Hr. H. hatte ein kleines Unternehmen, das er vor einigen Jahren seinem Sohn übergeben hat. Er war immer ein sehr sportlicher und vitaler Mensch. Die neue Situation ist sowohl für Hrn. H. als auch für seine Frau sehr schwierig. Die Ehefrau war es gewohnt, dass ihr Mann die gemeinsame Zeit aktiv gestaltete und viele familiäre Aufgaben übernahm.

Seine Frau kommt morgens um 7:00 Uhr ins Krankenhaus und verbringt den Tag bei ihrem Mann. Aufgaben wie Grundpflege, Mobilisation und Hilfe bei der Nahrungsaufnahme werden hauptsächlich von der Ehefrau übernommen. Versucht die Pflege, Kontakt mit Hrn. H. aufzunehmen, so wird das Gespräch von Fr. H. übernommen und Fragen, die an Hrn. H. gerichtet sind, werden von ihr beantwortet. Das Pflegepersonal bewertet das Verhalten von Fr. H. als Überfürsorge und Entmündigung des Ehemannes. Es ist dem Pflegepersonal unmöglich, die Bedürfnisse von Hrn. H. direkt zu erfragen. Aufgrund des fehlenden Fachwissens seiner Ehefrau scheinen Mobilisation und Hilfe bei der Grundpflege (duschen oder waschen am Waschbecken), die Fr. H. durchführt, für den Patienten unnötig belastend zu sein. Die Pflegekräfte haben den Eindruck, dass Dauer und Intensität der Mobilisation und der Grundpflege für den Patienten sehr anstrengend sind. Übliche Aussagen von Fr. H. gegenüber ihrem Mann sind: „Ein bisschen bleibst noch am Stuhl sitzen, du willst ja bald wieder fit sein" und Ähnliches. Beim Essen äußert Hr. H. nach einigen wenigen Bissen, dass er genug habe. Fr. H. antwortet darauf mit Äußerungen wie: „Du musst was essen, damit du bald wieder bei Kräften bist", „Wenn du nicht isst, dann wirst du nicht gesund werden" – und sie überredet ihn mit sanfter Gewalt, mehr zu essen. Teilweise gibt sie ihm das Essen ein, obwohl er mit der rechten Hand unbehindert selbst essen könnte.

Vonseiten der Pflege wurde schon mehrmals Unterstützung angeboten, jedoch besteht Fr. H. darauf, dass sie ihren Mann selbst versorgt. Ratschläge der Pflege hinsichtlich Grundpflege und Mobilisation werden von Fr. H. nur teilweise angenommen.

Ein Großteil des Pflegeteams ist über das Verhalten der Ehefrau verärgert und genervt.

Als Fr. H. einmal wegen eines Amtsweges am Vormittag nicht bei ihrem Mann ist, spricht die Pflegefachkraft Hrn. H. vorsichtig darauf an, ob ihm die Fürsorge seiner Frau angenehm ist oder ob es ihm manchmal zu anstrengend sei. Hr. H. antwortet darauf: „Sie meint es ja nur gut." Die Pflegefachkraft schließt daraus, dass Hr. H. die Fürsorge seiner Ehefrau mehr erduldet, als dass er sie wünscht. Die Pflegeperson, die sich gegenüber der Ehefrau für die Autonomie von Hrn. H. einsetzen wollte, respektiert die Antwort des Patienten und entscheidet, nicht weiter nachzufragen oder zu intervenieren, auch wenn sie das Gefühl hat, dass die Bedürfnisse des Patienten von der Ehefrau nicht geachtet werden.

Frau H. lässt Hrn. H. in ihrer Sorge wenig Spielraum für eigene Entscheidungen. Es ist dem Pflegepersonal kaum möglich, die Wünsche des Patienten zu erfragen. Die Pflege durch die Ehefrau erscheint dem Pflegepersonal fachlich nicht ideal wie auch nicht den Bedürfnissen des Patienten angepasst. Die Pflegekraft möchte sich für den Patienten einsetzen und fragt vorsichtig nach. Die zurückhaltende Antwort des Patienten wird von der Pflege als Akzeptanz der Situation interpretiert. Die Pflegekraft hält es somit für richtig, ebenfalls die Situation zu akzeptieren, auch wenn Hr. H. seine Entscheidung trifft, um seine Frau nicht zu verletzen oder Konflikte zu vermeiden. Sie will weder Hrn. H. davon überzeugen, sich mit der Unterstützung der Pflege mehr gegen seine Frau zur Wehr zu setzen, noch gegen sein Einverständnis handeln.

- Sollte die Pflegefachkraft nicht doch weiter intervenieren und sich dafür einsetzen, dass Hr. H. seine Autonomie wahrnehmen kann? Setzt sich die Pflegefachkraft für Hrn. H. ohne dessen Zustimmung ein, kommt es zu der absurden Situation, dass die Autonomie des Patienten missachtet wird, um ihm zu mehr Autonomie zu verhelfen. Gibt es Gründe, die ein solches Handeln rechtfertigen?
- Wie sollte die Pflege handeln, wenn Hr. H. sie darum bittet, seine Ehefrau in ihrer Aktivität *einzubremsen*, da die Überfürsorge zu viel für ihn ist?
- Sollte die Pflege dem Wunsch des Patienten entsprechen und wenn ja, in welcher Weise kann dies erfolgen?
- Würde ein solcher Wunsch des Patienten die Grenzen der Fürsorge überschreiten, da es eine Überforderung der Pflege sein kann, innerfamiliär zu intervenieren?
- Welche anderen Handlungsmöglichkeiten hätte die Pflege in diesem Fall?

Wunsch, im Krankenhaus bleiben zu können

Die Patientin Fr. T. ist an Lymphdrüsenkrebs erkrankt und kommt erneut zur Behandlung ins Krankenhaus. Nach Abschluss der letzten Chemotherapie kommt es bedauerlicherweise zu einer rapiden Verschlechterung des Allgemeinzustandes. Es ist nicht möglich, Fr. T. in dieser Verfassung wieder nach Hause zu entlassen. Es ist vorauszusehen, dass sie bald sterben wird. Der Zeitpunkt ist jedoch schwer abzuschätzen. Die medizinische Therapie ist abgeschlossen und ein weiterer Aufenthalt im Krankenhaus nicht mehr notwendig.

Fr. T. will sich in den letzten Tagen oder Wochen ihres Lebens nicht in einem Seniorenheim oder in einem Hospiz neu einleben müssen. Sie kennt sowohl das medizinische Team als auch Pflegepersonal der Station schon seit Anfang ihrer Diagnose. In dieser Zeit sind Beziehungen entstanden und Fr. T. fühlt sich auf der Station geborgen. Das Pflegepersonal kennt ihre Bedürfnisse, und die Kommunikation mit der Ärzteschaft erlebt sie als vertrauensvoll.

Pflege und Ärzt*innen verstehen das Anliegen der Patientin und empfinden auch selbst einen Transfer der Patientin in ihrer letzten Lebensphase in eine neue Umgebung als unangemessen. Die Klinik hat jedoch den Auftrag als Akutkrankenhaus. Zur Betreuung von Langzeitpatient*innen stehen je nach Bedarf Seniorenheime, betreutes Wohnen oder Hospiz- und Palliativeinrichtungen zur Verfügung.

Hier stehen Pflege und Mediziner*innen im Konflikt zwischen der Verantwortung gegenüber der Patientin und der Verantwortung gegenüber der Organisation Krankenhaus und dem Gesundheitssystem. Wehkamp (2020) beschreibt das wiederkehrende Dilemma zwischen Ökonomie und medizinischer sowie pflegerischer Ethik im Alltag des Krankenhauses. Betriebswirtschaftliche Interessen beeinflussen medizinische Entscheidungen.

> Wenn Unternehmensverantwortung und Patientenverantwortung nicht übereinstimmen und zudem noch teilweise in Widerspruch stehen, muss von ungelösten ethischen Konfliktsituationen ausgegangen werden (Wehkamp, 2020, online).

Es stellt sich die Frage, welche Stellung ökonomische Interessen bei Entscheidungen für den kranken Menschen tatsächlich einnehmen und welchen Stellenwert ökonomische Aspekte haben sollten bzw. haben dürfen. Eine zunehmende Ökonomisierung der Medizin und die Übertragung der ökonomischen Verantwortung auf das Behandlungsteam wird kritisch gesehen (Maio, 2014).

> Pflegeethik beschäftigt sich heute ebenfalls mit dem Einfluss pflegefremder Gesetzmäßigkeiten auf die Praxis der Patientenversorgung; dabei dominiert die Frage nach dem Einfluss der Ökonomie gerade in komplexen Pflegesituationen (Giese, 2014, S. 561).

Im Fallbeispiel steht das Behandlungsteam vor der Frage, die Patientin nicht zu verlegen und ihr ein Sterben im gewünschten und vertrauten Umfeld zu ermöglichen, oder die Patientin in eine andere Einrichtung zu verlegen. Sollte auf der betroffenen Station eine Knappheit der Bettenressourcen bestehen, wäre dies ein weiterer zu beachtender Aspekt.
Mediziner*innen und Pflegende sind in der konkreten Situation gefordert, sich für Patient*innen einzusetzen. Berufsverbände sollten politisch wirken und Einfluss nehmen (Maybaum, 2016), ein verstärkter Diskurs zwischen Ethik und Ökonomie ist erforderlich, und organisationsethische Überlegungen können diese Kluft verringern (Wehkamp, 2020).

Werden Pflegende oder Mediziner*innen mit gewaltbetroffenen Personen konfrontiert, so stellen sich Fragen zu den Grenzen der Fürsorge, der Autonomie und der Wahrhaftigkeit gegenüber den Patient*innen.

Gewalttätiger Ehemann

Die Rettung bringt um 2:00 Uhr morgens eine Patientin auf die chirurgische Ambulanz. Diese berichtet, dass sie zu Hause gestürzt sei und Schmerzen am linken Arm und im Bereich des linken Brustkorbes habe. An den betreffenden Stellen sind starke Hämatome zu erkennen. Die Röntgenuntersuchung zeigt eine Fraktur am linken Unterarm sowie die Prellung einiger Rippen. Der vom Arzt angeordnete Gipsverband wird von der Pflegefachkraft angelegt.

Die Patientin wirkt sehr verunsichert und in sich gekehrt. Als sich die Pflegekraft nach dem Befinden der Patientin erkundigt, bricht diese in Tränen aus. Sie sei zu Hause nicht wirklich gestürzt, sondern ihr Mann sei betrunken nach Hause gekommen. Ein geringer Anlass reichte aus, dass es zwischen den Ehepartnern zu einem Streit gekommen sei. Der Ehemann wurde handgreiflich und schlug auf die Ehefrau ein. Dabei kam sie zu Sturz. Sie habe zwar Angst, jetzt wieder nach Hause zu fahren, hoffe aber, dass ihr Mann mittlerweile eingeschlafen sei. Sie habe eine fünfjährige Tochter und einen dreijährigen Sohn, die zu Hause seien. Sie bittet die Pflegekraft, das Erzählte vertraulich zu behandeln. Wenn ihr Mann erfahre, dass sie erzählt hat, was passiert ist, würde er nicht nur ihr gegenüber brutal reagieren, sondern seine Wut auch an den Kindern auslassen.

Die Pflegeperson steht vor der Entscheidung, die Autonomie und somit den Willen der Patientin zu respektieren und auch ihre Verpflichtung der Verschwiegenheit einzuhalten. Dabei gerät sie jedoch in einen Gewissenskonflikt, da es sehr wahrscheinlich ist, dass bei einem Nichthandeln sowohl die Frau als auch die Kinder zukünftig weiterhin der Gewalt ausgeliefert sein werden.

Es gibt nun folgende Handlungsmöglichkeiten:

a) Zuhören, aber nicht weiter intervenieren – einhergehend mit der Einstellung, dass diese Dinge familiäre Probleme sind und über die Fürsorge eines Krankenhauses hinausgehen.
b) Auch wenn ein Handeln als notwendig gesehen und zum Aufgabenbereich eines Krankenhauses gezählt wird, dem Wunsch der Patientin entsprechen (Autonomie) und somit Beschränkung auf die körperliche Behandlung.
c) Weitergabe der Information an Arzt und öffentliche Stellen wie Polizei und Jugendseelsorge ohne Zustimmung der Patientin (Fürsorgepaternalismus).
d) Suche nach alternativen Lösungen, denen die Patientin zustimmt (Fürsorge), wie z.B. der Vorschlag, beim nächsten chirurgischen Kontrolltermin ein Gespräch mit dem sozialen Dienst zu organisieren, Information und Übermittlung von Kontaktdaten verschiedener Hilfsangebote.

Krankenhäuser und Ambulanzen sind zentrale Anlaufstellen für von Gewalt betroffene Frauen und haben daher eine Schlüsselrolle in der Prävention von Gewalt (Gruber, Logar & Egger, 2015, S. 5). Daher kommt Krankenhäusern und Gesundheitspersonal eine wesentliche Aufgabe zu, Gewaltopfern Unterstützung und Schutz anzubieten, das Problem anzusprechen und wahrzunehmen. Nicht zu handeln und „die Sache auf sich beruhen zu lassen" ist somit kein angemessener Weg, da das Krankenhaus für die Patientin möglicherweise die einzige Chance ist, in ihrer Situation Unterstützung zu erhalten.

Es lässt sich einwenden, dass die Patientin aus Angst vor ihrem Ehemann und künftiger Gewalttätigkeit nicht autonom entscheiden kann, sondern unter psychischem Zwang steht und somit ein paternalistisches Handeln rechtfertigt, dass also die Pflege die Information dem Arzt weitergibt oder die Patientin unter Druck setzt, dass entsprechende Stellen wie Polizei und Jugendamt informiert werden müssen, oder sich je nach Länderregelung auf eine Anzeigepflicht bei schwerer Körperverletzung beruft.

Das weitere Vorgehen zum Wohle der Patientin erfordert von der Pflege jedoch Sensibilität und Achtung gegenüber den Wünschen der Patientin. Unüberlegte vorschnelle Handlungen ohne Absprache mit der Patientin können die Situation verschärfen und das Vertrauen in das medizinische Team zerstören. Damit verliert die Patientin eine wichtige Anlaufstelle und es kann auch innerhalb der Familie zu unberechenbaren Konsequenzen kommen. Pflegepersonal und Ärzt*innen von Ambulanzen (sowie Hausärzt*innen) sind für Frauen, die häuslicher Gewalt ausgesetzt sind, häufig die einzigen Ansprechpartner. Daher ist das Verhalten des medizinischen Personals von großer Bedeutung.

Da derartige Problemstellungen in Krankenhäusern immer wieder auftreten können (besonders im ambulanten Bereich), ist es sinnvoll, im Vorfeld Handlungsrichtlinien zu erarbeiten. Unter Mitwirkung von Sozialarbeiter*innen können sinnvolle Lösungen gefunden und der Patientin Hilfsprogramme und Anlaufstellen angeboten werden. Eine Beschränkung auf die körperliche Behandlung kann nicht gerechtfertigt werden. Sowohl für die Kinder wie auch für die Patientin besteht die Gefahr weiterer schwerer Körperverletzungen durch den Ehemann. Das Angebot einer Hilfestellung kann sowohl die Ehefrau wie auch die Kinder vor weiteren Übergriffen bewahren.

Diese zentrale Rolle der Pflegekräfte und Mediziner zur Gewaltprävention zeigt sich in verschiedenen Leitfäden und Interventionsprogrammen, die die Wichtigkeit und die zentrale Bedeutung dieser Anlaufstellen betonen, wie z. B.

- der Leitfaden zur Häuslichen Gewalt der Schweizer Gesellschaft für Gynäkologie und Geburtshilfe (Bass et al., 2009),
- eine Auflistung aller Leitfäden und Empfehlungen in Deutschland durch die Interventionsstelle S.I.G.N.A.L. e.V. (2020) oder
- der Leitfaden für Leitung und Praxis in Krankenhäusern zur Versorgung von gewaltbetroffenen Patientinnen der Wiener Interventionsstelle gegen Gewalt in der Familie (Gruber, Logar & Egger, 2015).

Diese Leitfäden können für Gesundheitspersonal hilfreich sein, um in derartigen Situationen angemessen zu reagieren. Des Weiteren braucht es Wissen über Informationsstellen und Unterstützungsangebote, rechtliche Vorgaben wie Melde- und Anzeigepflicht sowie Wissen über Anzeichen von Gewalt und Gesprächsführung in solch heiklen Situationen. Dieses Beispiel zeigt wiederholt, dass ethische Fragestellungen in der Pflege oftmals fundiertes Fachwissen brauchen, um adäquate Antworten zu finden.

Der Einsatz und die Fürsprache für Patient*innen hat sowohl positive Auswirkungen in der Versorgung der Patient*innen selbst wie auch auf das Wohlbefinden der Pflegekräfte. Setzen sich Pflegende für die Rechte der Patient*innen ein, so verbessern sich Patientensicherheit und Versorgungsqualität. Eine erhöhte Selbstbestimmung und die Entwicklung des Gefühls der Befähigung sind positive Folgen bei Patient*innen. Auch wirkt sich dies auf die Zusammenarbeit der verschiedenen Akteure positiv aus. Pflegekräfte selbst profitieren, indem sie ein verbessertes Selbstverständnis, erhöhte Arbeitszufriedenheit, erhöhte Arbeitsmotivation und auch eine Verbesserung des öffentlichen Images erlangen (Abbasinia, Ahmadi & Kazemnejad, 2020).

3 Der interdisziplinäre Bereich

In der Praxis kooperieren Pflegekräfte und Mediziner*innen, um die beste Behandlung für Patient*innen zu gewährleisten. In dieser Beziehung und Kooperation können natürlich auch Konflikte entstehen und Situationen unterschiedlich eingeschätzt werden. Wie im Rahmen des Fürsorgeprinzips besprochen, ist es notwendig, dass Pflegende für eine gute Zusammenarbeit sorgen und ihren Beitrag als professionelle Berufsgruppe leisten. Teil ihrer Aufgabe ist es, medizinisch-diagnostische und medizinisch-therapeutische Maßnahmen auf Anordnung auszuführen, wie sie auch im medizinischen Behandlungsprozess Entscheidungen mittragen bzw. Beobachter*innen sind. In der Praxis stehen Pflegekräfte jedoch immer wieder vor ethischen Fragen und Situationen, in denen sie entscheiden müssen, wie sie innerhalb dieser Kooperation handeln.

So werden nicht aufgeklärte Patient*innen durch ausweichende Antworten seitens des medizinischen Personals zunehmend verunsichert. Ein Fallbeispiel aus der Praxis, das im Nachhinein durch ein Ethikkomitee beleuchtet wurde:

Verschweigen eines negativen Befundes

Hr. W., 70 Jahre alt, Diabetiker, entdeckt nach einer Fußamputation (rechtes Bein, unterhalb des Knies) an seiner linken großen Zehe ein Ulkus. Aufgrund seiner Depression und des Gefühls der Hoffnungslosigkeit nach der Amputation wird entschieden, dem Patienten das Resultat des Wundabstriches – Befall durch Pseudomonas – nicht mitzuteilen. Ihm wird ohne nähere Angaben erklärt, dass er eine Infektion habe. Die

Belastung, das rechte Bein verloren zu haben, war für Hrn. W. sehr groß. Durch das Verschweigen der Wahrheit soll verhindert werden, dass Hr. W. noch mehr Ängste hat, auch noch das zweite Bein zu verlieren. Das Ulkus wird aber gangränös und eine Amputation des linken Beines ist somit dennoch unausweichlich.[43]

Einige Monate später entschied das Pflegepersonal, diesen Vorfall dem Ethikkomitee vorzulegen. Der Patient wurde eingeladen, zu berichten, wie es ihm mit dieser Situation ergangen sei. Der Patient beschrieb, wie Ärzt*innen und Pflegepersonal auf Fragen über seine Infektion reagiert hatten. Er beklagte, dass sich das Personal auf seine Fragen „hinter seiner medizinischen Autorität versteckt" habe. Er empfand Angst und erhielt einen falschen Eindruck über das, was wirklich los war. Hr. W. äußerte, dass es für ihn leichter gewesen wäre, wäre ihm erklärt worden, dass er eine Infektion habe, aber alles getan würde, um diese zu behandeln. Stattdessen befürchtete er, dass er eine Infektion habe, die seinen gesamten Körper betreffe und langsam seinen Zustand verschlimmern würde. Er könne das Handeln des medizinischen Teams verstehen, jedoch seien diese Handlungen nicht hilfreich gewesen (Fry & Veatch, 2000, S. 140).

Der Patient wurde aus gutgemeinten Gründen angelogen. Die Entscheidungsträger wollten den Patienten vor dem Trauma der schlechten Nachricht bewahren. Es ist in diesen Fällen wichtig, zwischen den gutgemeinten Motiven und der richtigen Handlung zu unterscheiden.

Das Prinzip der Wahrhaftigkeit wurde im Rahmen des Fürsorgeprinzips behandelt. Aufklärung ist in erster Linie ein medizinethisches Thema, hat aber aufgrund der Auswirkungen auf die Pflege der Betroffenen Relevanz. Ob und wie ein*e Patient*in aufgeklärt ist, hat Auswirkungen auf den gesamten Pflegeprozess: Planung der Probleme, Setzen der Pflegeziele und Pflegemaßnahmen. Pflegepersonen stehen hier zwischen zwei Stühlen: Einerseits sind sie Vertrauensperson für die Patient*innen, andererseits obliegt die Entscheidung über die Art der Aufklärung den Mediziner*innen.

Sehr viele Konflikte zwischen Mediziner*innen und Pflege entstehen durch unterschiedliche fachliche und moralische Einschätzungen von Situationen oder ein unterschiedliches Verständnis der organisatorischen Abläufe, die Einfluss auf die Patient*innen haben:

[43] Beispiel übernommen aus Fry & Veatch (2000).

Interdisziplinäre Zusammenarbeit

Bei der Visite durch den Internisten auf der Intensivstation wird aufgrund des niedrigen Blutzuckerspiegels bei einem Beatmungspatienten eine 33%ige Glukose angeordnet, die von der Pflege verabreicht werden soll. Pflegekraft Fr. S. weiß aufgrund ihrer Ausbildung, dass diese Infusion bei Beatmungspatient*innen nicht empfohlen ist.

Da der zuständige Oberarzt generell dafür bekannt ist, dass er Einmischungen in die Therapie durch das Pflegepersonal nicht schätzt, äußert Fr. S. ihre Bedenken nicht und vertraut mit etwas mulmigem Gefühl darauf, dass es in diesem Fall Gründe gebe, die eine solche Anordnung rechtfertigen und keine anderen Alternativen zulassen.

Kurze Zeit später erscheint der Anästhesist und macht die Anordnung des Internisten rückgängig. Fr. S. wird aufgefordert, die noch laufende Infusion zu entfernen. Sowohl die Anordnung des Anästhesisten als auch die des Internisten erfolgt ordnungsgemäß mündlich wie auch schriftlich.

Der Internist erscheint gegen 21:00 Uhr noch einmal auf der Intensivstation und ist verwundert, dass seine Anordnung verändert wurde. Die Pflegekraft Fr. S. berichtet, durch welchen Arzt die Veränderung vorgenommen wurde, und erwähnt im Rahmen dieses Gespräches auch ihre Bedenken gegenüber der Therapie. Sie weiß, dass eine derartige Anordnung bei Beatmeten nicht dem medizinischen Standard entspricht und dass diese Infusion Auswirkungen auf die Beatmung hat. Die genauen physiologischen Abläufe kann sie leider nicht wiedergeben. Die Pflegekraft ist über sich selbst verärgert, weil sie aufgrund des fehlenden Hintergrundwissens ihre Einwände nicht exakt begründen kann. Der Internist ordnet erneut an, die Infusion zu verabreichen, und hält dies schriftlich auf der Patientenkurve fest.

Gegen 21:30 Uhr ruft der Anästhesist auf der Intensivstation an, um sich über das Wohlbefinden des Patienten zu erkundigen. Fr. S. berichtet, dass die Glukose aufgrund der Anordnung durch den Internisten wieder läuft. Der Anästhesist ist verärgert und fordert die Pflegekraft auf, die Infusion wieder zu entfernen. Als diese erklärt, dass sie schriftliche Anordnungen durch den Oberarzt nicht ignorieren kann, wird sie aufgefordert, die schriftliche Anordnung durchzustreichen und zu notieren, dass es eine neuerliche telefonische Anordnung durch den Anästhesisten gebe.

Fr. S. ist über das Verhalten der beiden Ärzte verärgert. Sie erlebt in ihrem Arbeitsumfeld sehr oft, dass Pflegepersonal als „Puffer" zwischen Mediziner*innen fungieren muss und zwischen diesen keine ausreichende Kommunikation erfolgt. Daher weigert sie sich, die Anordnung des Oberarztes durchzustreichen, und fordert den Anästhesisten auf, selbst ans Krankenbett zu kommen und die unterschiedlichen Therapievorschläge mit dem Internisten zu klären. Das Durchstreichen seiner Anordnung durch die Pflege würde zwischen Pflege und Oberarzt einen massiven Konflikt hervorrufen, ebenso wie es auch rechtlich fragwürdig sei. Der Anästhesist erscheint nicht auf der Station und die Infusion wird wie vom Oberarzt angeordnet verabreicht. Am nächsten Morgen schreibt der Anästhesist eine Nachricht für den Internisten auf einen Zettel: „Lieber A.! Bitte keine 33%-Glukose bei beatmeten Patienten" und heftet diesen an die Fieberkurve. Ein Gespräch zwischen den beiden Ärzten findet nicht statt.

Sollte die Pflegekraft der telefonischen Anordnung folgen? Die verabreichte Infusion verhindert eine bestmögliche Betreuung. Durch fehlendes Hintergrundwissen kann die Pflegeperson aber nicht abschätzen, welche weitreichenden Folgen die Therapie hat und ob der Nutzen der Infusion nicht dennoch größer ist als der Schaden. Das Handeln des Anästhesisten spricht dafür, dass die Infusion nicht nutzbringend ist. Die Handlung des Internisten spricht dagegen.

- Welche ethischen Aspekte sind relevant, welche organisatorischen Rahmenbedingungen beeinflussen die Situation?

Die unzureichende Zusammenarbeit zwischen den Ärzten verhindert die beste Versorgung des Patienten. Derartige Situationen werden von Pflegenden in der Praxis häufig mitgetragen. Beziehen Pflegende aufgrund ihrer Verantwortung und einer Reflexion von Situationen Position, so wird dies von Kolleg*innen oder Mediziner*innen in vielen Fällen missbilligt und als Überschreitung der Kompetenzen verstanden.

> Die Fürsprache für den Patienten kann zu negativen Konsequenzen führen wie z.B. zu Konflikten mit anderen Angehörigen der Gesundheitsberufe und Zuschreibungen wie Unruhestifter, whistle-blower oder schlechter Arbeitskollege […] (Abbasinia, Ahmadi & Kazemnejad, 2020, S. 148).

Pflegende sind gefordert, sich ihre Verantwortung gegenüber den Patient*innen bewusst zu machen. Ängste, Unsicherheiten und hierarchischer Gehorsam sollten überwunden werden. Interdisziplinäre Zwistigkeiten übertragen sich auf die Versorgung der Patient*innen und verhindern eine bestmögliche Betreuung. Das Mittragen solcher Strukturen ist oft ein Grund dafür, dass sich diese so lange erhalten können. Das Gefühl, in den hierarchischen Strukturen eingeschlossen zu sein, Ärger über die schlechte Zusammenarbeit und die Folgen für die Patient*innen führen oft dazu, dass Pflegende sich in Gesprächen (wenn sie überhaupt geführt werden) durch ihre Emotionen lenken lassen. Diese Gespräche bleiben meist erfolglos. Dort, wo Pflegende sachlich und begründet eine kompetente Zusammenarbeit fordern und unangemessenes Verhalten nicht mittragen, sondern sich dagegenstellen, können Veränderungen geschehen, und sie geschehen auch.

Kommt im interdisziplinären Bereich eine Berufsgruppe ihrer Verantwortung nicht nach, hat dies Auswirkungen sowohl auf Patient*innen wie auch auf andere Berufsgruppen. Pflegende, die einen großen Teil ihrer Zeit am Patientenbett verbringen, erleben derartige Situationen als sehr unbefriedigend. Sie wünschen sich eine angemessene Betreuung für die Patient*innen. Erfolgt diese aufgrund von Nachlässigkeiten anderer Berufsgruppen nicht, stehen Pflegepersonen im Konflikt zwischen den eigenen Vorstellungen, den Wünschen der Patient*innen und der Frage, inwieweit sie Verantwortung übernehmen sollten. Das nächste Fallbeispiel setzt sich mit dieser Thematik auseinander.

„Ausweg" aus der Sprachlosigkeit?

Auf einer Wachstation liegen derzeit zwei internistische Patient*innen, ein chirurgischer Patient und eine Patientin der Gynäkologie (beide postoperativ). Die Station wird üblicherweise von einem Internisten geführt. Besteht Bedarf, so werden Patient*innen von anderen Stationen kurzzeitig übernommen.

Der verantwortliche Internist kommt um 7:30 Uhr zur Morgenvisite auf die Station, ordnet die notwendigen medizinischen Therapien der internistischen Patient*innen an und erkundigt sich nach deren Befinden in der Nacht. Bis 9:00 Uhr ist sowohl beim chirurgischen Patienten wie auch bei der gynäkologischen Patientin noch kein Arzt erschienen. Es fehlen für den kommenden Tag Anordnungen über die orale Flüssigkeits- bzw. Nahrungsaufnahme sowie das postoperative Infusionsprogramm.

Da die Station meist mit internistischen Patient*innen belegt ist und auch das Pflegeteam mit chirurgischen und gynäkologischen Patienten nur eingeschränkte Erfahrung hat, gibt es keine Standards, sondern es ist Usus, dass Mobilisation und Nahrungsaufnahme mit den zuständigen Chirurg*innen von Fall zu Fall besprochen werden. Die gynäkologische Patientin möchte wissen, ob sie ein Frühstück einnehmen und zum Waschen aufstehen darf. Sie wird mit der Antwort hingehalten, dass auf den zuständigen Arzt gewartet wird. Von medizinischer Seite fehlen Angaben über den weiteren Verlauf von intravenöser Flüssigkeitszufuhr, Gabe von Antibiotika und Schmerzmittel. Beide Patient*innen äußern keine Schmerzen. Das Pflegepersonal versorgt die internistischen Patient*innen (Grundpflege und angeordnete Therapie) und führt bei den anderen Patient*innen die Grundpflege durch. Um 10:00 Uhr vormittags ist noch immer kein Arzt erschienen.

Für das Pflegepersonal stellt sich die Frage, ob es sowohl den zuständigen Chirurgen als auch den zuständigen Gynäkologen anrufen soll, um eine baldige Visite zu erwirken. Da es bei der Versorgung von abteilungsfremden Patient*innen immer wieder zu solchen Situationen kommt, ist das Pflegepersonal verärgert und demotiviert. Es empfindet diese wiederkehrende Situation als belastend. Die Morgenstunden vergehen mit dem unangenehmen Gefühl, nicht zu wissen, wie die Patient*innen medizinisch versorgt werden sollen. Das Pflegepersonal ist es leid, immer wieder auf die Verantwortung der anderen Berufsgruppe hinweisen zu müssen.

Das Pflegepersonal entscheidet, diesen Kreislauf nicht mehr weiter zu unterstützen. Es versorgt die Patient*innen pflegerisch, will aber nicht weiter intervenieren, was die medizinische Behandlung betrifft. Es besteht keine akute Gefahr für die Patient*innen. Zwischen 12:00 und 13:00 Uhr erscheinen in kurzen Abständen sowohl der medizinische Leiter der Gynäkologie als auch der Chirurgie, um nach den Patient*innen zu sehen. Beide sind über die fehlende medizinische Weiterbehandlung überrascht. Sie sind davon ausgegangen, dass die zuständigen Fachärzt*innen die Weiterbehandlung schon morgens angeordnet haben.

Durch die Nichteinmischung des Pflegepersonals wird die Minderversorgung offensichtlich und noch am gleichen Tag wird das Thema unter den Mediziner*innen besprochen. In den darauffolgenden Wochen wird auch bei stationsfremden Patient*innen eine Visite vom zuständigen Arzt durchgeführt. Nach zwei bis drei Monaten jedoch steht die Pflege wieder vor demselben Problem.

Aus Ärger und Frustration setzt die Pflege in diesem Fall Maßnahmen, die die Versorgung der Patient*innen maßgeblich betrifft, indem sie sich auf den eigenen Aufgabenbereich zurückzieht. Sie ist es leid, die volle Verantwortung für die Patient*innen zu tragen und für andere Berufsgruppen mitdenken zu müssen. Sie erwartet sich, dass alle Beteiligten im interdisziplinären Bereich ihre Verantwortung übernehmen und zum Wohle der Patient*innen handeln. Die Berücksichtigung berufsfremder Aufgaben nimmt immer wieder Zeit und Energie der Pflege in Anspruch und behindert den Tagesablauf. Da die Pflege die eigene Rolle im interdisziplinären Team als sehr schwach wahrnimmt, sieht sie nur die Möglichkeit, Änderungen herbeizuführen, wenn die Auswirkungen für die Patient*innen spürbar sind.

Das Nichthandeln der Pflege schadet den Patient*innen. Die Verspätung der beginnenden Nahrungsaufnahme führt nicht zu körperlichen Komplikationen, ist jedoch für die Patient*innen sehr unangenehm, da sie seit dem Vortag für die Operation nüchtern bleiben mussten. Es scheint der Pflege, dass ihr Handeln keine ernsthafte Gefahr nach sich ziehen würde, dennoch sind die Auswirkungen der ausgesetzten Flüssigkeitszufuhr und Antibiotikagabe für die Pflege nicht genau abzuschätzen. Es stellt sich die Frage, ob das Handeln der Pflegekräfte gerechtfertigt ist.

- Gibt es nicht andere oder bessere Lösungen, um dem Problem zu begegnen?
- Ist die Pflege für den Schaden, der den Patient*innen entsteht, verantwortlich?

Die Pflegekräfte haben ihren Beitrag zur Versorgung gemäß ihren Aufgaben vollständig erfüllt. Die medizinische Behandlung liegt nicht in ihrem Kompetenzbereich. Die Übernahme von berufsfremder Verantwortung belastet und frustriert das Pflegepersonal. Durch eine konsequente Distanzierung besteht die Hoffnung auf Veränderungen und es wird Druck von der Pflege weggenommen. Andererseits ist eine optimale Versorgung der Patient*innen nur dann gewährleistet, wenn die interdisziplinären Teammitglieder kooperieren und sich gegenseitig unterstützen. Ein konsequenter Rückzug auf den eigenen Verantwortungsbereich ist dem Wohl der Patient*innen nicht dienlich. Von einem Miteinander im Team kann jede Berufsgruppe profitieren. Probleme erwachsen dort, wo das Entgegenkommen und die angebotene Unterstützung nicht auf gegenseitigem Bemühen beruhen.

- Welche Handlungsalternativen können in der gegebenen Situation zu einer zufriedenstellenden Lösung beitragen?
- Wie soll sich die Pflege verhalten, wenn keine Veränderungen erzielt werden?

In solchen Situationen sind sowohl die einzelnen Pflegepersonen selbst gefordert, kompetent als Mitglied des Behandlungsteams aufzutreten und angemessene Lösungen zu finden, wie auch Führungskräfte besonders gefordert sind, dafür zu sorgen, dass Abläufe und Verantwortungsbereiche geregelt und eingehalten werden.

Eine weitere Herausforderung des interdisziplinären Bereichs betrifft medizinische Anordnungen, die von der Pflege aufgrund ihres Fachwissens als nicht adäquat eingeschätzt werden können. Pflegepersonal ist verpflichtet, medizinische Therapien fachgerecht durchzuführen. Wie sollen sich Pflegende verhalten, wenn eine fachgerechte Durchführung möglich ist, aber die Anordnung selbst infrage gestellt wird?

Ärztliche Anordnung ist nicht *state of the art*

Hr. Z. ist teilweise pflegebedürftig und wird zu Hause von seiner Ehefrau versorgt. Aufgrund einer langsamen Verschlechterung der Mobilität von Hrn. Z. und eines Ulcus cruris, der sich seit einiger Zeit entwickelt hat, wendet sich Fr. Z. an die Hauskrankenpflege, um Unterstützung bei der Grundpflege und dem Verbandwechsel zu erhalten.

Die Pflegekraft Fr. F. ist bei ihrem Besuch bei Hrn. Z. über die Versorgung des Ulcus cruris etwas verwundert. Laut Anordnung des Hausarztes soll das Ulcus mit Wasserstoffsuperoxid gereinigt und danach mit Mercurochrom und Tupfer verbunden werden. Jedoch gilt die Wundversorgung des Ulcus mit Mercurochrom und Wasserstoffsuperoxid in der modernen Wundversorgung als obsolet. Die Pflegekraft informiert Hrn. Z. und seine Ehefrau über moderne Versorgungsmöglichkeiten des Ulcus. Da Fr. Z. am nächsten Tag zum Hausarzt geht, bittet die Pflegekraft sie, dem Hausarzt ihren Vorschlag zu unterbreiten und ein Rezept für die notwendigen Mittel auszustellen, um diese in der Apotheke besorgen zu können. Sie notiert die vorgeschlagene Wundversorgung für Fr. Z.

Beim nächsten Besuch der Pflegekraft berichtet Fr. Z., dass ihr Hausarzt den Vorschlag mit der Bemerkung abgetan habe: „Diese neumodernen Dinge sind nur unangemessen teuer und helfen nicht mehr als die seit Jahren übliche Versorgung." Er versorge Ulcera schon immer so und habe gute Erfahrungen damit.

Nach Absprache mit Hrn. und Fr. Z. setzt sich Fr. F. selbst mit dem Hausarzt in Verbindung. Dieser lehnt den Vorschlag von hydroaktiven Verbandsstoffen erneut ab. Fr. F. legt dem Hausarzt die Vorteile[44] der neuen Verbandmaterialien dar. Der Hausarzt ist sehr ungehalten und weist die Pflegekraft darauf hin, dass es seine Aufgabe ist, über die Behandlung zu entscheiden. Er sei seit Jahrzehnten der Hausarzt der Familie Z. und habe ein sehr gutes Vertrauensverhältnis zur Familie. Er wünsche nicht, dass vonseiten der Hauskrankenpflege hier interveniert werde, und er bestehe darauf, dass seine medizinischen Anordnungen ausgeführt werden.

Hr. und Fr. Z. schließen sich der Meinung des Hausarztes an und bitten die Pflegekraft, sich seinen Anordnungen zu fügen. Der Arzt betreue die Familie schon seit Jahrzehnten und sie wollten ihn nicht beleidigen oder verärgern.

Die Anordnung des Arztes entspricht nicht dem aktuellen Stand der Medizin. Die Pflege steht vor der Entscheidung, trotz besseren Wissens die Wundversorgung nach Anordnung durchzuführen oder Wege zu finden, um eine

[44] Diese Verbandstoffe stellen eine feuchte Kammer über der Wunde her. Dadurch wird die Wundheilung beschleunigt, Komplikationen werden vermindert und Schmerzen reduziert. Die Verbände können meist einige Tage belassen werden, wodurch diese Art der Wundversorgung auch ökonomisch ist.

adäquate Versorgung möglich zu machen. Dabei hat sie auch das Verhältnis zwischen Patient und Arzt zu achten. Es besteht ein jahrelanges Vertrauensverhältnis zwischen Hausarzt und Familie.

Es gibt nun folgende mögliche Handlungsweisen:

a) Die Hauskrankenpflege führt den Verbandwechsel nicht durch, da die Anordnung nicht dem aktuellen Stand der Medizin entspricht. Die Grundpflege von Hrn. Z. kann weiterhin gewährleistet werden.
b) Der Verbandwechsel wird nach Anordnung durchgeführt. Der Patient hat im Wissen, dass es bessere Behandlungsmöglichkeiten gibt, dennoch der Therapie des Hausarztes zugestimmt. Diese Entscheidung wird respektiert.
c) Hr. Z. wird von der Pflege motiviert, Beratung durch Dermatologie oder Wundmanagement in Anspruch zu nehmen. Diese sind Spezialist*innen für derartige Erkrankungen bzw. für eine Therapie.
d) Die Pflegekraft kann dem Hausarzt entsprechende Fachartikel vorlegen, die ihre Kritik an der angeordneten Therapie untermauern, um ihn davon zu überzeugen, dass die neuen Methoden um vieles wirkungsvoller sind.
e) Da es über ein hausärztliches Rezept nicht möglich ist, hydroaktive Verbandstoffe zu erhalten, versucht die Pflegefachkraft über Verbindungen mit entsprechenden Firmen, an die Verbandstoffe zu gelangen. Dadurch umgeht sie die Anordnung des Arztes, um die beste Versorgung für den Patienten zu gewährleisten.
f) Die Wundversorgung wird nach Anordnung des Arztes durchgeführt. Der Erfolg der Wundheilung wird regelmäßig dokumentiert. Ist der Heilungserfolg nicht zufriedenstellend, kann die Pflege noch einmal versuchen, mit Zustimmung des Patienten den Hausarzt von einer Therapieumstellung zu überzeugen.

Wird die Durchführung der Wundbehandlung von der Pflege abgelehnt, stehen die Ehefrau sowie Hr. Z. weiterhin vor dem Problem, nicht die gewünschte Versorgung zu erhalten. Ob dieser Druck dazu führt, dass der Patient den Hausarzt um eine Therapieumstellung bittet oder ihn unter Umständen sogar wechselt, ist sehr fraglich. Es besteht die Gefahr, dass die Wundversorgung weiterhin von der Ehefrau durchgeführt wird, für die das eine große Belastung ist. Andererseits ist es schwer, von der Pflege Handlungen zu fordern, die nach ihrem Ermessen fachlich nicht angemessen sind.

Wird die Entscheidung des Patienten, der dem Therapievorschlag des Hausarztes zugestimmt hat, respektiert, so wird der tägliche Verbandwechsel immer wieder den Widerwillen der Pflegeperson erregen und ist jedes Mal mit dem Gefühl verbunden, dass es sehr einfach möglich wäre, den Patienten besser zu versorgen. Das Wissen, dass es bessere Alternativen gibt, aber die Unmöglichkeit, diese umzusetzen, macht die Pflege sehr unbefriedigend. Die Pflegefachkraft kann sich jedoch auch auf die Verantwortung des Arztes zurückziehen und vorbehaltlos die Anordnung durchführen. Ob dies tatsächlich gelingt, ist einerseits sehr ungewiss, andererseits ist damit noch nicht das Problem gelöst, dass die Versorgung des Patienten nicht ideal ist.

Zwei weitere Fragen, die noch offen bleiben, sind:
- Ist der Unterschied zwischen den beiden Behandlungsmöglichkeiten (Erfolg der Wundheilung) so groß, dass es gerechtfertigt ist, die Autonomie des Patienten nicht widerspruchslos zu respektieren, sondern versucht wird, weiter Einfluss zu nehmen?
- Inwieweit beeinflusst die Sorge, den Hausarzt vor den Kopf zu stoßen, die Möglichkeit des Patienten, für sich zu entscheiden? Jeder von uns trifft im Alltag Entscheidungen mit Rücksicht auf Gefühle anderer Menschen. Ist diese Rücksichtnahme eine Einschränkung der Autonomie, oder sollte die Pflegekraft die Entscheidung als Selbstbestimmung anerkennen?

Der Vorschlag, Spezialist*innen zu Rate zu ziehen, kann hilfreich sein, jedoch steht der Patient damit weiterhin im Konflikt, das Vertrauensverhältnis zum Hausarzt nicht stören zu wollen. Das Einholen einer anderen Fachmeinung kann seitens des Hausarztes als Vertrauensbruch verstanden werden.

Der Versuch, das eigene Wissen mit Fachliteratur zu untermauern, führt womöglich zu einer Umstimmung der Arztmeinung oder aber verhärtet die Fronten zwischen Pflege und Mediziner, der dies als Kompetenzüberschreitung empfindet.

Ein Umgehen der hausärztlichen Anordnung durch die Beschaffung des notwendigen Verbandmaterials über Umwege scheint kurzfristig als Lösung praktikabel. Die Umstellung der Therapie benötigt die Zustimmung des Patienten. Der Hausarzt sollte in der Meinung gelassen werden, dass die Wunde gemäß seiner Anordnung versorgt wird. Die Wundversorgung erfolgt nach den besten medizinischen Verfahren. Problematisch ist die Aufrichtigkeit zwischen Patient und Hausarzt sowie zwischen Pflege und Hausarzt. Der Patient wird Mittelpunkt zwischen dem Konflikt zwischen Pflege und Arzt. Er gerät in einen Gewissenskonflikt zwischen dem Arzt, den er damit hintergeht, und der Pflege, deren Bemühungen er ebenfalls nicht zurückweisen will. Ferner ist ungewiss, wie lange sich Verbandsmaterialien über diesen

Umweg beschaffen lassen und ob langfristig gesehen die Problematik nur hinausgezögert wird, aber keine befriedigende Lösung geschaffen ist.

Wird die Wundbehandlung wie angeordnet durchgeführt und werden Erfolge bzw. Misserfolge dokumentiert, so ist das Recht der Autonomie des Patienten gewahrt. Die Pflege führt eine nach ihrem Wissen nicht angemessene Therapie nicht bedingungslos durch, sondern verfolgt deren Wirksamkeit. Entweder ist das Ergebnis trotz anderer medizinischer Erkenntnisse für alle Beteiligten zufriedenstellend, oder die Pflege hat durch die Zuhilfenahme der dokumentierten Daten eine fundierte Argumentation und eine neue Diskussionsbasis zu einem späteren Zeitpunkt. Ist der Heilungsprozess nicht befriedigend und der Hausarzt weist auch die Beobachtungen der Pflege zurück, bleibt die Problematik wie anfangs bestehen. Die Beobachtungsergebnisse der Pflege können jedoch auch so überzeugend sein, dass der Hausarzt bereit ist, eine Umstellung vorzunehmen. Womöglich muss auch die Pflege anerkennen, dass die angeordnete Therapie ausreichend ist und zum Erfolg führt.

Die Pflege steht zwischen dem Respekt der Autonomie des Patienten, ihrer Pflicht der Fürsorge und dem Konflikt mit dem Arzt. Unterschiedliche Handlungsalternativen erscheinen als Lösungen oder werfen auch neue Probleme auf.

Des Weiteren sind auch rechtliche Vorgaben zu beachten. Welche Entscheidungen dürfen eigenverantwortlich getroffen werden und darf eine Anordnung, die nicht *state of the art* ist, ausgeführt werden? Wenn es einem ausgebildeten Wundmanager rechtlich erlaubt ist, auch eigenverantwortlich Verbandstoffe anzuwenden, heißt dies nicht automatisch, dass es – wie im beschriebenen Beispiel – ethisch angemessen ist, diesen Rahmen auch zu nutzen. Andererseits kann es rechtlich erforderlich sein, keine Anordnungen durchzuführen, die nicht den medizinischen wissenschaftlichen Erkenntnissen entsprechen, und dennoch ist es möglicherweise ethisch angemessen, die Anordnung wie in Handlungsalternative f) durchzuführen.

Rechtliche Vorgaben müssen nicht mit einer ethischen Einschätzung im Einklang stehen. Dies mag befremdlich klingen, doch existieren in der Praxis verschiedene Beispiele, darunter rechtliche Unterschiede zu ethischen Themen wie Sterbehilfe und Organspende in verschiedenen Ländern. So können in einem philosophischen Diskurs auch rechtliche Vorgaben als ethisch nicht angemessen diskutiert werden.

Wenn Konflikte entstehen, zeigt sich in den Beispielen, dass es für die Patient*innen von großer Relevanz ist, wie Pflegekräfte reagieren. Im Krankenhausalltag können Pflegende Konflikten entweder ausweichen oder diese ansprechen. Ob sie angesprochen werden, hängt von verschiedenen Faktoren ab, wie Wissens- und Erfahrungsstand der Einzelperson, Reaktionen und Persönlichkeit des Gegenübers, Art des Konfliktes (wie ernst ist die Situation bzw. sind es wiederkehrende Konflikte), Kontext des Konfliktes (wann entsteht er, in welcher Situation) und die persönliche Motivation (Wunsch nach Klärung, Verbesserung der Behandlung, Vermeidung von Eskalation) (Leever et al., 2010).

4 Organisatorische Rahmenbedingungen

> Organisatorische Faktoren, die das moralische Handeln der Pflegenden beeinflussen, müssen aus der Perspektive der allgemeinen Gesundheitsversorgung betrachtet werden. Ansonsten besteht die Gefahr, dass sich Pflegepersonal persönlich für moralische Probleme verantwortlich fühlt, welche eigentlich auf organisatorischer Ebene behandelt werden müssen. Dies kann selbst als moralisch ungerecht betrachtet werden (Lützén, Cronqvist, Magnusson & Andersson, 2003, S. 320).

Aufgrund organisatorischer Strukturen ist es dem Pflegepersonal nicht immer möglich, den eigenen moralischen Ansprüchen gerecht zu werden. Diese Ansprüche müssen reflektiert werden. Erscheinen sie unter ethischen Gesichtspunkten gerechtfertigt und ist es nicht möglich, Veränderungen zu erzielen, stehen Pflegepersonen vor der Wahl, sich dem System anzupassen oder den Arbeitsplatz zu verlassen.

Moralischer Konflikt aufgrund gewohnter Strukturen

Auf eine Stellenausschreibung hin bewirbt sich Hr. G. um die Leitung einer Wohnpflegeeinheit in einem Seniorenheim. Die Vorgängerin hat diese Stelle nach drei Monaten aufgegeben und erklärt dem Kollegen, dass sie persönlich an den vorherrschenden Strukturen gescheitert sei.

Für Hrn. G. ergibt sich nach der Einarbeitungszeit folgendes Bild: Die Betreuung der Bewohner wird hauptsächlich von langgedienten Pflegehelfer*innen durchgeführt. Im Einvernehmen mit der Pflegedienstleitung ist der Handlungsspielraum der Pflegehelfer*innen unangemessen hoch und überschreitet sowohl juristische als auch fachliche Kompetenzen. Pflegehelfer*innen geben selbstständig Bedarfsmedikamente, unter anderem auch Herz- und Kreislaufmittel. Pflegerische Maßnahmen werden weder immer dokumentiert noch geplant. Unzureichendes Fachwissen des Personals führt dazu, dass unter anderem ein spezieller Verband zur Ulcus-cruris-Versorgung einer Bewohnerin nicht fachgemäß angewendet und der Heilungsprozess dadurch stark verzögert wird.

Durch den ihm zugebilligten großen Handlungsspielraum verhält sich das Personal der Pflegedienstleitung gegenüber sehr loyal. Es hat sich im Laufe der Zeit eine Eigendynamik entwickelt, in der persönliche Bedürfnisse des Pflegepersonals und der Pflegedienstleitung befriedigt werden und sich (fast) alle wohlfühlen. Das Pflegepersonal fühlt sich durch den großen Handlungsspielraum anerkannt. (Dies führt zu einer Überschätzung der eigenen Position, auch gegenüber den Bewohner*innen.) Die Loyalität der Pflegehelfer*innen stärkt die Leitungsposition der Pflegedienstleitung. Den Pflegehelfer*innen ist durch ihr unzureichendes Fachwissen nicht bewusst, dass ihre pflegerischen Handlungen nicht dem state of the art entsprechen. Der Umgang mit den Bewohner*innen gestaltet sich sehr fürsorglich, aufgrund der Überschätzung der eigenen Rolle jedoch häufig bevormundend und paternalistisch.

Die Wohnpflegeleitung spricht bei der Pflegedienstleitung und bei den Dienstbesprechungen die ihr aufgefallenen Missstände an. Sie stößt jedoch auf generelle Ablehnung. Das seit langem „funktionierende" System sieht man als gefährdet an. Ansprüche an die Pflegehelfer*innen, das pflegerische Handeln zu dokumentieren, um die Pflegequalität zu steigern, werden teilweise mit Widerwillen angenommen, teils negiert. Pflegedienstleitung und Pflegehelfer*innen fühlen sich durch die höher ausgebildete Pflegefachkraft bedroht. Es herrscht die allgemeine Meinung vor, dass ausgebildete Pflegefachkräfte von Hochschulen nicht in der Lage seien, zwischen Krankenhaus und Seniorenheim zu unterscheiden. Dass Pflege, unabhängig in welcher Einrichtung, gewissen Standards folgen muss und einer Dokumentation bedarf, wird allgemein als überhöhte Forderung angesehen.[45]

Den Höhepunkt erreicht die Auseinandersetzung, als eine Pflegehelferin nachmittags von Wohnpflegeleiter Hrn. G. beobachtet wird, wie sie alkoholisiert die vorbereiteten Medikamente an die Bewohner*innen verteilt. Er verbietet der Pflegehelferin, an diesem Tag weitere pflegerische Handlungen durchzuführen, und versucht, Ersatz zu finden. Am darauffolgenden Tag berichtet Hr. G. der Pflegedienstleitung von dem Vorfall. Die Pflegedienstleitung bagatellisiert die Begebenheit. Das Alkoholproblem der Angestellten sei schon sehr lange bekannt und es komme nur sehr selten zu Vorfällen dieser Art.

Nach diesen Begebenheiten kündigt Hr. G. sein Dienstverhältnis mit der Begründung, dass er aus fachlichen und ethischen Gründen die Leitung des Wohnpflegebe-

[45] Anm.: Pflegedokumentation und Pflegeplanung sind gesetzlich vorgeschrieben und unabhängig von der Einrichtung Teil der Berufspflicht des Pflegepersonals.

reichs unter den gegebenen Umständen nicht weiter verantworten könne. Es stellt sich heraus, dass auch die Vorgängerin mit derselben Argumentation ihre Kündigung ausgesprochen hat und innerhalb kurzer Zeit drei Wohnpflegeleiter*innen aus diesen Gründen gekündigt haben. Aufgrund des Inhaltes der Kündigung bittet die zuständige Beamtin der Stadtgemeinde um ein persönliches Gespräch mit Hrn. G. Das Gespräch bleibt ohne weitere Folgen für Pflegedienstleitung oder Pflegepersonal.[46]

Die Bewohner*innen der Einrichtung werden nicht optimal versorgt. Pflegerische Standards werden nicht eingehalten und die Betreuung der Bewohner*innen ist von paternalistischen Tendenzen geprägt. Teilweise entwickeln sich Eltern-Kind-Beziehungsmuster zwischen Pflege und Bewohner*innen. Manche von ihnen genießen die fürsorgliche Pflege.

Der nicht fachgerechten pflegerischen Betreuung (Verabreichung von Medikamenten ohne Basiswissen, falsche Wundversorgung) will der Wohnpflegeleiter entgegenwirken. Insbesondere nach dem Vorfall mit der alkoholisierten Mitarbeiterin versucht er, rasch Veränderungen einzuleiten. Eingefahrene Strukturen und schlechtes Pflegemanagement verhindern die Umsetzung seiner Anliegen. In den gegebenen Strukturen ist es nicht möglich, Veränderungen herbeizuführen und Pflege nach den ethischen und fachlichen Grundsätzen der qualifizierten Pflegefachkraft durchzusetzen. Er scheitert nicht nur an verschiedenen Auffassungen von Pflegephilosophien (Fürsorge und Paternalismus), sondern es kommt durch fachlich falsche Pflege und Unzulänglichkeiten des Personals zu einer Gefährdung der Bewohner*innen. Da er mit seinem Gewissen nicht vereinbaren kann, unter diesen Bedingungen zu arbeiten, kündigt der Wohnpflegeleiter seinen Arbeitsvertrag.

Nicht selten verlassen Krankenpflegepersonen ihren Arbeitsplatz, da sie aufgrund des Personalmangels, des hohen Leistungsdrucks und der starren Strukturen auch nach vielen Abstrichen den ethischen Anforderungen ihres Berufs nicht mehr entsprechen können. Wirtschaftlicher Druck oder das Festhalten an vertrauten Strukturen führen zu einem Arbeitsfeld, das Pflege nach ethischen Prinzipien zunehmend erschweren kann.

---

[46] Aus dem Verhalten in diesem Fall kann nicht auf das allgemeine Verhalten einer Berufsgruppe geschlossen werden. Viele Pflegehelfer*innen, Pflegefachassistenzen bzw. Altenfachbetreuer*innen leisten in Seniorenheimen qualitativ hochwertige Pflege und sind sich ihrer ethischen Verantwortung bewusst. Sie stehen häufig selbst unter hohem Druck, mit knappen Ressourcen eine angemessene Pflege zu gewährleisten.

Langfristiger Personalmangel

Auf einer internistischen Station ist nach dem Wegfall einiger Pflegepersonen durch Arbeitsplatzwechsel und Schwangerschaften ein kritischer Personalstand erreicht. Neues Personal ist über einen längeren Zeitraum nicht verfügbar. Die Stationsleitung versucht durch organisatorische Veränderungen, den Stationsbetrieb aufrechtzuerhalten. Dennoch klagt das Pflegepersonal, dass es dem Pflegeaufwand nicht mehr gewachsen sei und keine angemessene Pflege mehr leisten könne. Das Pflegepersonal ist überlastet, es häufen sich Fehler und Krankheitsfälle und es herrscht Unzufriedenheit.

Es gab im Vorfeld einige Teamsitzungen, in denen die Stationsleitung mit den Mitarbeiter*innen organisatorische Veränderungen besprochen und zu hohe Ansprüche, die Pflegende an die Fürsorge der Patient*innen haben, zur Diskussion gestellt hat, um diese an realistische Gegebenheiten anzupassen. Dennoch ist die Pflege an einer kritischen Grenze angelangt. Auch wenn die Pflege ihr Fürsorgeangebot reduziert, ist es nicht möglich, allen Patient*innen eine sichere Pflege zu gewährleisten bzw. ist dies nur durch übermäßigen Einsatz des Pflegepersonals möglich. Die Stationsleitung ist sich ihrer Verantwortung gegenüber den Patient*innen und ihren Mitarbeiter*innen bewusst und sieht als einzige noch mögliche Lösung die Reduktion der Patientenbetten an. Dies würde bedeuten, dass internistische Patient*innen auf andere Stationen verlegt werden müssten. Aus vergangenen Erfahrungen (bei Überbelegung) hat sich erwiesen, dass die Patient*innen sehr unterschiedlich auf die Aufnahme auf fachfremden Stationen reagiert haben. Manche waren sehr zufrieden, andere – insbesondere Patient*innen, die immer wieder zur Aufnahme kommen – fühlten sich abgeschoben und unwohl. Die Aufteilung der Patient*innen bedeutet für das ärztliche Team eine Mehrbelastung, da es auf anderen, fachfremden Stationen Visite machen muss. Dort ist die Zusammenarbeit mit dem pflegerischen Personal aufwändiger, da dieses mit internistischen Patient*innen und mit den Gewohnheiten des Ärzteteams nicht vertraut ist. Die Übernahme von abteilungsfremden Patient*innen bedeutet auch für das Pflegeteam der anderen Stationen eine zusätzliche Belastung.

Durch den anhaltenden Personalmangel ist es auf der Station nicht mehr möglich, für alle Patient*innen eine angemessene Pflege zu gewährleisten. Bei der Routinepflege kann auf die einzelnen Bedürfnisse der Patient*innen nicht mehr Rücksicht genommen werden. Neuaufnahmen werden im *Horuck-Verfahren* versorgt, sterbende Patient*innen müssen alleine gelassen werden. Durch den Zeitdruck schleichen sich zunehmend Fehler ein und es besteht die Gefahr, dass Patient*innen zu Schaden kommen. Sichere Pflege kann nur noch unter außergewöhnlichem Einsatz des Personals gewährleistet werden (keine Pausen, Überstunden). Eine baldige Veränderung der Situation durch zusätzliches Pflegepersonal ist zurzeit nicht in Aussicht.

Das Pflegepersonal ist erschöpft und unzufrieden. Trotz großer Anstrengungen ist es nicht mehr möglich, qualitativ ausreichende Pflege zu erbringen. Trotz Überstunden verlassen die meisten Kolleg*innen die Station mit dem Gefühl, manche der Patient*innen nicht entsprechend versorgt zu haben. Die anhaltende Situation, ständig am Limit zu arbeiten und dennoch den Anforderungen nicht gerecht werden zu können, erzeugt Frustration. Die Stationsleitung befürchtet, dass es aufgrund der belastenden Situation zu weiteren Krankenständen und auch Kündigungen kommt. Darüber hinaus hält sie ein derartiges Arbeitsumfeld für ihre Mitarbeiter*innen auf Dauer für unzumutbar. Die knappen Ressourcen führen dazu, dass bei gerechter Verteilung die Pflegequalität für alle Patient*innen sehr gering ist. Sichere bzw. angemessene Pflegequalität könnte nur für einen Teil der Patient*innen auf Kosten anderer gewährleistet werden. Die Gewährleistung einer angemessenen Pflege ist im Leitbild des Krankenhauses als Verpflichtung gegenüber den Patient*innen verankert. Nur in Ausnahmefällen und zeitlich beschränkt kann es zu Situationen kommen, in denen nur sichere Pflege erhalten werden kann.

Die Stationsleitung drängt nach einer Lösung und strebt die Schließung eines Sechs-Bett-Zimmers an. Die Pflegedienstleitung, die medizinische Leitung und die Stationsleitungen der betroffenen Stationen wägen in einem gemeinsamen Diskurs den Nutzen und die Nachteile einer Schließung ab. Interessen der Patient*innen, des Pflegepersonals, der Ärzteschaft und des Krankenhauses als Institution werden gegeneinander abgewogen. Durch die Schließung eines Zimmers wäre es nicht notwendig, Patient*innen abzuweisen, sondern diese würden auf fachfremde Stationen verlegt. Für die Patient*innen auf der internen Station ließe sich wieder eine angemessene Pflege sicherstellen. Interne Patient*innen auf den anderen Stationen würden medizinisch weiterhin von den internistischen Fachärzt*innen versorgt werden. Es könnte höchstens zu längeren Wartezeiten auf die Visite kommen. Stationsbekannte Patient*innen sind unzufrieden, da sie Gewohnheiten und ihnen schon bekanntes Pflegepersonal, dem sie vertrauen, vermissen würden. Dem Pflegepersonal auf den anderen Stationen fehlt zwar internistisches Spezialwissen, jedoch kann eine angemessene Grundpflege garantiert werden.

Die Arbeitsbelastung auf der internistischen Station entspricht den gegebenen Ressourcen. Mit den Personalressourcen auf den fachfremden Stationen kann der zusätzliche Arbeitsaufwand bewältigt werden, das Personal dort stößt jedoch ebenfalls fast an seine Grenzen. Dies und die Verunsicherung durch die neue Aufgabe löst beim Personal Unmut aus. Auch für die Ärzteschaft, die meist knapp an den Grenzen ihrer Ressourcen arbeitet, wäre der zusätzliche Arbeitsaufwand eine weitere Belastung. Durch gezielte organisatorische Maßnahmen kann der Aufwand geringer gehalten werden. Es scheint jedoch, dass hierarchische Strukturen innerhalb des ärztlichen Teams dazu führen können, dass jüngere Ärzt*innen unverhältnismäßig viel an zusätzlicher Arbeit aufgeladen bekommen. Die Auswirkungen für die Patient*innen und die betroffenen Mediziner*innen können nicht genau abgeschätzt werden.

Die Verwaltung des Krankenhauses, das die institutionellen Interessen vertritt, ist gegen eine Schließung des Zimmers. Eine geringere Bettenbelegung bedeutet weniger finanzielle Einnahmen. Da in den Bundesländern zudem schon seit Längerem diskutiert wird, Kreiskrankenhäuser zu schließen oder in andere Spezialanstalten umzuwandeln, befürchtet die Verwaltung, dass ein Sperren der Betten bei den anstehenden Verhandlungen eine schlechte Ausgangsposition darstellen würde. Umfragen in der Vergangenheit haben gezeigt, dass das Krankenhaus für die betreffende Landbevölkerung jedoch sehr wichtig ist und unbedingt als Allgemeinkrankenhaus erhalten werden soll. Auch die Sicherung der Arbeitsplätze ist ein beachtenswerter Aspekt.

Nach Abwägen aller Nachteile und des Nutzens der Reduzierung von Betten wird gemeinsam entschieden, dass eine Schließung des Sechs-Bett-Zimmers eine gerechtfertigte und notwendige Lösung ist. Eine angemessene Versorgung der Patient*innen hat Priorität. Die Belastung für das Pflegepersonal der internen Station kann gemäß den möglichen Ressourcen auf andere Stationen verteilt werden. Der zusätzliche Aufwand für das Ärzteteam wird im Vergleich zu der Sorge um die Patient*innen geringer bewertet. Die medizinische Leitung garantiert, bei auftretenden Schwierigkeiten innerhalb des Ärzteteams zu reagieren.

Die unsichere Zukunft für das Krankenhaus ist ein schwerwiegender Einwand, da es um langfristige Bedürfnisse der Patient*innen geht. Kommt es jedoch zu einer Unterversorgung der Patient*innen, ist der Ruf des Krankenhauses zunehmend gefährdet. Die finanziellen Einbußen müssen im Hinblick auf das Wohl der Patient*innen in Kauf genommen werden.

5 Autonomie

Bei den theoretischen Ausführungen zum Autonomiebegriff wurde auf das Recht der Patient*innen hingewiesen, in ihrem Handlungsspielraum so wenig wie möglich eingeschränkt zu werden. Eine Einschränkung muss vonseiten der Institution gegenüber den Patient*innen gerechtfertigt werden.

Einschränkung durch institutionelle Einrichtung

Wenige Stunden nach der Entbindung ihres Sohnes wird Fr. W. auf die Wochenbettstation verlegt. Sie wird freundlich von einer Pflegekraft aufgenommen und beim Aufnahmegespräch darauf hingewiesen, dass es ihr am Gang nicht erlaubt sei, das Kind im Arm zu tragen, sondern dass das Kind im vorgesehenen Kinderbett (mit Rädern) transportiert werden müsse. Dies sei aus Gründen der Versicherung so, es gehe um die Gefahr eines Sturzes.

Am nächsten Vormittag muss Fr. W. mit ihrem Sohn ins Kinderzimmer zur ärztlichen Untersuchung. Da das Kind geweint und sich gerade beruhigt hat, lässt Fr. W. ihren Sohn am Arm. Sie will nicht, dass das Baby schreiend im Bett liegt. Den Hinweis vom vorigen Tag nimmt sie weniger ernst, da für sie nicht einsichtig ist, warum sie Vorschriften einer Versicherung über das Wohl ihres Kindes stellen sollte. Im Kinderzimmer angekommen, wird sie sofort von der Kinderschwester mit Nachdruck darauf hingewiesen, dass es nicht erlaubt sei, das Kind am Gang zu tragen, und sie solle bitte ihr Kinderbett bringen. Fr. W. will sich auf keinen Konflikt einlassen und hält sich daraufhin an die Vorschriften. Sie lässt sich am nächsten Tag aus dem Krankenhaus entlassen.

Es mag für Außenstehende bzw. für das Pflegepersonal banal erscheinen, ob das Kind für die kurze Zeit am Gang im Arm gehalten oder im Bett geschoben wird (es handelt sich nur um Minuten). Für Fr. W. ist es jedoch sehr wichtig, ob ihr Kind weinend in einem Bett oder ruhig in ihrem Arm liegt. Das Kind ist wenige Stunden alt und Fr. W. will ihrem Baby so viel Wärme wie möglich vermitteln. Warum sie ein wenige Stunden altes Baby aus Versicherungsgründen weglegen sollte, ist für sie nicht nachvollziehbar, auch wenn es nur um eine kurze Zeit geht. Nicht das Ermessen oder der Maßstab des Pflegepersonals ist ausschlaggebend, sondern die Werthaltung der Patientin.

Die Handlungsfreiheit der Mutter in der Fürsorge um ihr Kind ist durch institutionelle Regeln eingeschränkt. Einschränkende Rahmenbedingungen müssen gut begründet werden und die Institution steht in der Beweislast. Ein absolutes Verbot des Tragens des Kindes gegen den Wunsch der Mutter aus Gründen der Versicherung ist ethisch schwer zu rechtfertigen. Die Tatsache, dass Kinder am Gang nicht am Arm getragen werden dürfen, ist für das medizinische Personal eine Selbstverständlichkeit und wird nicht weiter hinterfragt. Dies wurde von der Krankenhausleitung so vorgegeben und vom Pflegepersonal unhinterfragt angenommen. Die Regelung wird den Patientinnen als klares Gebot bzw. Verbot vermittelt.

In der täglichen Routinearbeit und in der eigenen Vertrautheit mit dem Arbeitsumfeld Krankenhaus besteht die Gefahr, dass Pflegekräfte und Mediziner*innen die Ängste und Verunsicherung, die Krankheit und Krankenhausumfeld für die Patient*innen mit sich bringen, nicht wahrnehmen. Die Verunsicherung, die durch Krankheit entstehen kann, beeinflusst einerseits wesentlich das Wohlbefinden, andererseits die Autonomie.

Verletzlichkeit des Patienten

Der Oberarzt der orthopädischen Abteilung wird auf der internen Wachstation aufgrund eines Herzinfarktes behandelt. Der Oberarzt ist im Krankenhaus unter anderem dafür bekannt, dass er im Umgang mit den Patient*innen häufig sehr barsch und schroff ist. Er lässt keine Einwände gelten und reagiert auf Fragen vonseiten der Patient*innen mit ärztlicher Autorität. Sein medizinisches Handeln ist stark paternalistisch geprägt. Auch gegenüber dem Pflegepersonal tritt er in seiner Position als Arzt autoritär auf.

Nach einigen Tagen wird der Oberarzt auf die Normalstation verlegt. Die Pflegefachkraft betritt das Patientenzimmer, um die Essenswünsche für den nächsten Tag aufzunehmen. Der Oberarzt bittet die Pflegekraft, sich zu setzen und sich ein wenig Zeit für ihn zu nehmen. Er wirkt nervös und unsicher. Den Tränen nahe erzählt er der Pflegeperson, wie er sich fühlt. Er habe Angst, wie sein Leben nun weitergehe. Er ist seit langen Jahren Orthopäde und ihm fehle das internistische Spezialwissen, aber weil er ja Arzt sei, werde er nicht informiert. Er wisse nicht, was er noch an Untersuchungen vor sich habe und welche Möglichkeiten es gibt, um seinen Heilungsprozess zu fördern. Niemand rede mit ihm, wie es um ihn stehe, ob sein Herz wieder normal arbeite oder ob er sein restliches Leben eingeschränkt sein werde. Er habe so viel für dieses Krankenhaus getan und nun sei er hier abgeschoben und habe keine Ahnung, was mit ihm passiert und wie es weitergeht.

Die Pflegekraft ist von der Reaktion des Oberarztes sehr überrascht – einerseits, dass er sich in seinem Gefühl der Hilflosigkeit vertrauensvoll an die Pflege wendet, und andererseits, dass sie diesen sonst so selbstbewusst und überzeugend auftretenden Menschen so verzweifelt und unsicher erlebt.

Dieses Beispiel zeigt, wie Krankheit den Menschen verletzlich und abhängig von der Fürsorge und der Information anderer macht. Obwohl das Krankenhaus hier dem Patienten als Arbeitsplatz vertraut ist, führen der Informationsmangel und das Gefühl, in seiner Krankheit alleine gelassen zu werden, zu Unsicherheit.

Es ist Aufgabe von Pflegenden, Mediziner*innen und Entscheidungsträgern einer Institution, ein Umfeld zu schaffen, in dem es den Patient*innen trotz Verletzlichkeit möglich ist, ihre Autonomie wahrzunehmen. Patient*innen sind durch die Gefährdung ihrer Gesundheit von der Hilfe anderer abhängig. Wie man ihnen gegenübertritt, hat großen Einfluss auf ihre Möglichkeiten, autonom mitzubestimmen. Die Nichtbeachtung dieser Einflüsse verunsichert die Patient*innen.

Das nächste Beispiel soll dazu anregen, über grundlegende ethische Fragen, die sich im Alltag wiederholen, zu reflektieren: Die Autonomie der Patient*innen muss von Pflege und Medizin respektiert werden. Was bedeutet jedoch *Autonomie* in einer Situation der Krankheit, die für Patient*innen als außergewöhnlich belastend empfunden wird? Sollen Wünsche der Patient*innen respektiert werden oder die Fürsorge um das Überleben der Patient*innen überwiegen?

Der Wunsch nach Beschränkung invasiver Therapie

Eine 82-jährige Patientin, Fr. L., wird aufgrund einer Lungenentzündung und eines reduzierten Allgemeinzustandes stationär auf der internen Station aufgenommen. Der Zustand der Patientin verschlechtert sich in kurzer Zeit, sodass Fr. L. beatmungspflichtig wird. Nach einigen Tagen zeichnet sich ab, dass die Beatmung noch längere Zeit notwendig sein wird. Um die Beatmung optimal durchführen zu können, wird von ärztlicher Seite eine Tracheotomie geplant. Die Tochter der Patientin ist selbst Anästhesistin. In vorhergegangenen Gesprächen mit ihrer Mutter hat diese klar ausgedrückt, dass sie keine lebensverlängernden Maßnahmen und operativen Eingriffe wünscht. Die Tochter gerät zwischen ihrem medizinischen Fachwissen und dem Wunsch der Mutter in einen schweren Gewissenskonflikt. Sie entscheidet sich schließlich, dem Wunsch der Mutter zu entsprechen, und stimmt einer Tracheotomie nicht zu.

Nachdem sich der Zustand der Patientin verbessert hat, werden eine Extubation und Entwöhnung von der Beatmungsmaschine am späten Vormittag geplant. Nach erfolgter Extubation verschlechtert sich der Zustand der Patientin wieder. Fr. L. wird kurzatmig, zyanotisch und ängstlich. Die Blutgasanalysen sind grenzwertig, sodass eine erneute Intubation überlegt wird. Schwere Atemnot quält die Patientin. Fr. L. selbst äußert immer wieder den Wunsch, sterben zu dürfen.

Das Pflegeteam teilt die anfallende Stationsarbeit so ein, dass eine Pflegeperson immer bei der Patientin bleiben kann, und auch die Tochter ist sehr oft anwesend. Die Situation wird eine Gratwanderung zwischen dem Wunsch der Patientin und der medizinischen Indikation einer Intubation. Wie real der immer wieder ausgesprochene Wunsch von Fr. L. ist, sie sterben zu lassen, kann vom medizinischen Personal schwer eingeschätzt werden. Die Patientin ist in einer für sie sehr beängstigenden Notsituation. Das Pflegepersonal versucht durch intensive pflegerische Betreuung, der Patientin die Situation zu erleichtern und ihre Atmung anzuregen. Es wird basale Stimulation (atmungsanregende Massagen) durchgeführt und es werden spezielle Lagerungen angeboten. In regelmäßigen Abständen muss der Schleim, der die Atmung zusätzlich erschwert, abgesaugt werden. Dies bringt zwar wieder für einige Zeit Erleichterung, ist aber eine große Belastung für die Patientin. Glücklicherweise ist es an diesem Tag möglich, dass weiterhin eine Pflegeperson dauerhaft bei der Patientin bleibt, sie betreuen und auf Wünsche und Bedürfnisse eingehen kann.

Im Laufe des Nachmittags und über Nacht bessert sich der Zustand der Patientin Schritt für Schritt, jedoch leidet Fr. L. noch immer unter der Atemnot. Der Nachtdienst, der außer Fr. L. noch drei weitere überwachungspflichtige Patient*innen zu betreuen hat, verbringt so viel Zeit wie möglich bei ihr und führt weiterhin basale Stimulation und Lagerungswechsel je nach Wunsch der Patientin durch. Der Wunsch, sie sterben zu lassen, wird auch in der Nacht mehrmals von ihr geäußert. Das Pflegepersonal versucht mit sehr viel Engagement, eine erneute Intubation zu verhindern, die gegen den aktuell ausgedrückten Willen der Patientin erfolgen würde. Durch die sehr intensive pflegerische Betreuung kann die kritische Situation, in der eine erneute Intubation medizinisch notwendig gewesen wäre, vermieden werden.

Zwei Monate nach ihrer Aufnahme im Krankenhaus wird Fr. L. wieder nach Hause entlassen. Nach vollständiger Genesung lädt Fr. L. eine der Pflegekräfte, die sie in dieser kritischen Phase begleitet haben, zu sich nach Hause ein. Es kommt zu einer der seltenen Gelegenheiten, die kritische Situation mit der Patientin nach zeitlicher Distanz zu reflektieren und in einem vertraulichen und sehr persönlichen Gespräch ethische Aspekte zu beleuchten.[47] Fr. L. erzählt, wie wichtig und hilfreich ihr die Betreuung

---

[47] Anm.: Fr. L. war es ein sehr großes Bedürfnis, sich bei der Pflegefachkraft zu bedanken. Die intensive Betreuung und fachliche wie menschliche Fürsorge hinterließen bei Fr. L. einen tiefen Eindruck. In der bedrohlichen Situation war das intensive Engagement des Pflegepersonals, eine erneute Beatmung zu vermeiden, eine sehr große Hilfe. Die Erlebnisse zwischen Leben und Tod und die Vorgänge auf der Intensivstation bewegten Fr. L. noch sehr lange. Aus diesem Grund hatte sie den Wunsch, mit der ihr in dieser Zeit vertraut gewordenen Pflegeperson darüber zu reden. Vor dem Treffen klärten Fr. L. und die Pflegeperson in einem sehr offenen Gespräch, ob es auch für beide Seiten in Ordnung sei, aus dem Bereich des Krankenhauses hinauszugehen und privaten Kontakt aufzunehmen. Sowohl für Fr. L. als auch für die Pflegefachkraft war dies eine ungewöhnliche Situation, wurde jedoch in diesem Fall von beiden Seiten sehr positiv aufgenommen.

des Pflegepersonals war, insbesondere kurz nach der Extubation. Den damals von ihr geäußerten Wunsch, den Tod einer erneuten Intubation vorzuziehen, bestätigt sie nochmals. Besonders das regelmäßige Absaugen war für sie das Allerschlimmste. Nach ihrer Genesung war sie über ihre Tochter verärgert und aufgebracht, dass sie die erste Intubation in der Notfallsituation nicht verhindert hat und ihrem Wunsch, lebensverlängernde Maßnahmen zu unterlassen, nicht nachgekommen ist. Das Gespräch mit ihrem vertrauten Pfarrer und ihre wiedererlangte Lebenssituation veränderten jedoch ihre Einstellung. Anfangs konnte sie der Tochter ihr Handeln nicht verzeihen. Jetzt ist sie aber sehr glücklich darüber, dass sie ihr Leben weiterführen kann. Sie sieht, wie dringend sie noch von ihrer Familie und ihren Freunden gebraucht wird. Sie hat Freude am Leben, ist dankbar für die Zeit, die sie noch erleben darf, und froh darüber, dass alles für ihr Weiterleben getan wurde.

Die bedeutsamste Frage in diesem Fallbeispiel ist die nach dem Willen der Patientin. Was bedeutet der ausdrücklich verbal wiederholt geäußerte Wille der Patientin in dieser außergewöhnlichen Situation? Können und sollen Ärzt*innen und Pflegende den Willen der Patientin akzeptieren oder spielen Aspekte wie Angst, Notsituation und Sauerstoffunterversorgung eine ausschlaggebende Rolle, die die Gültigkeit des Willens der Patientin berechtigterweise vermindern? Besonders nachdenklich stimmt die Reaktion der Patientin nach ihrer Entlassung. Es wird deutlich, dass der Wunsch, sterben zu dürfen, nicht durch die Extremsituation beeinflusst, sondern auch nach der Entlassung rückblickend unverändert war.

Wochen später bedankt sich Fr. L. für den pflegerischen und medizinischen Einsatz und ist glücklich, dass sie noch weiterleben darf. Dem wäre auch so, wenn es zu einer erneuten Intubation, gegen ihren damaligen Willen, gekommen wäre.

In diesem Beispiel zeigt sich auch die sensible Situation im Zusammenwirken mit Angehörigen. Die Situation ist für alle Beteiligten aufgrund des kritischen Zustandes von Fr. L. sehr belastend und verunsichernd. Es ist Realität, dass Pflegefachkräfte sehr unterschiedlich im Umgang mit Angehörigen agieren. Sind Pflegekräfte selbst verunsichert und auch überfordert, werden sie sich eher auf eine Besuchszeitenregelung zurückziehen, verstärkt durch den Eindruck, dass die Tochter als Anästhesistin ein großes Fachwissen besitzt. Die Zeit, in der die Angehörigen bei Patient*innen sind, wird unter Berufung auf offizielle Regelungen eingeschränkt werden. Andere Pflegekräfte werden durch Achtsamkeit wahrnehmen können, was Patientin und Angehörige brauchen, sie in ihren Sorgen abholen können, bei Entscheidungen unterstützend wirken und die Beziehung zwischen Patient*in, Angehörigen und auch Pflege fördern.

In diesem Fallbeispiel stellt sich auch die Frage der Ressourcenverteilung. Die Extremsituation forderte eine außergewöhnliche, über einen längeren Zeitraum aufwändige Zuwendung und Betreuung. Hätte die Patientin nicht mehrmals den Wunsch ausgedrückt, nicht mehr intubiert zu werden, wäre aus medizinischer Sicht eine Intubation durchgeführt worden. Es wurden sehr große Personalressourcen eingesetzt, um durch alternative Maßnahmen eine erneute Intubation zu vermeiden. In diesem Fall standen die Ressourcen zu Verfügung bzw. wurden diese durch Umorganisation freigemacht, ohne Auswirkung auf andere Patient*innen. Inwieweit es möglich ist, auf Wünsche der Patient*innen einzugehen, ist auch eine Frage der zur Verfügung stehenden Ressourcen.

Glücklicherweise kam es in diesem Fall nicht noch einmal zu der Notfallsituation, in der das Leben der Patientin nur durch künstliche Beatmung gesichert werden hätte können. Eine solche Situation hätte alle Beteiligten in ein ethisches Dilemma geführt. Umso schwieriger ist es in diesem Fall, dass aus der zeitlichen Distanz betrachtet die Patientin froh darüber ist, dass in der Notfallsituation eine erste Intubation eingeleitet wurde, obwohl sie sich vor und während der Situation gegen lebensverlängernde Maßnahmen ausgesprochen hat. Dieses Beispiel zeigt, wie schwierig es sein kann, ethisch *richtig* bzw. *ethisch angemessen* zu handeln. Ärzt*innen, Angehörige und Pflege haben hier durch Kooperation und gemeinsame Anstrengung versucht, bestmöglich zu handeln.

Es ist verständlich, dass Menschen, besonders im hohen Alter, sich keinen belastenden Therapien mehr aussetzen wollen. Fr. L. erzählt von einem erfüllten und zufriedenen Leben, sie ist in Familie und Freundeskreis eingebunden. Ihr Leben ist geprägt durch den Glauben an Gott. Wenn ihre Zeit da ist, ist sie jederzeit bereit zu gehen. Sie hat alles im Leben, was sie sich wünscht, und es ist ihr nicht mehr wichtig, noch viele Jahre zu leben. Auch ist ihr Ehemann vor vielen Jahren gestorben, den sie nach wie vor sehr vermisst. Der Tod bedeutet für sie auch ein Wiedersehen mit ihrem Ehemann.

Für Angehörige, Pflegende und Mediziner*innen ist es hingegen schwer, nicht einzugreifen. Es besteht eine sehr hohe Wahrscheinlichkeit, dass durch eine Beatmung das Überleben der Patientin gesichert werden kann und sie sich vollkommen erholen wird. Vor dem Auftreten der Lungenentzündung war Fr. L. eine agile ältere Dame. Sie ist ein sehr positiver Mensch und geistig aktiv. Die Lebensqualität von Fr. L. ist offensichtlich sehr hoch. Tatenlos zuzusehen, wie Fr. L. verstirbt, im Wissen, dass ihr geholfen werden kann, wäre für Mediziner*innen, Pflege und Angehörige nachhaltig mit dem Gefühl verbunden gewesen, einen Menschen, dessen Überleben hätte gesichert werden können, sterben gelassen zu haben. Im Gegensatz dazu steht, dass Fr. L., auch nachdem sie ihre Lebensfreude wiedergefunden hat, beschreibt, dass sie die medizinischen Maßnahmen nicht gewollt hat. Die besondere Schwierigkeit in diesem Fallbeispiel ist, dass es zu dem Zeitpunkt, als die Patientin in einer Notsituation war, dem medizinischen Team nicht möglich war einzuschätzen, wie real der Sterbewunsch der Patientin wirklich war. Aufgrund dessen wäre es wahrscheinlich auch zu einer zweiten Intubation gekommen, nach dem Prinzip: in dubio pro vita (im Zweifelsfall für die Erhaltung des Lebens).

6 Integrität der Pflegekräfte

Sexuelle Belästigung und Übergriffe von Patient*innen und Bewohner*innen gegenüber Pflegepersonen sind leider keine Seltenheit. So sind es verbale Anzüglichkeiten und Grenzüberschreitungen bis hin zu tiefgreifenden körperlichen Übergriffen, mit denen sich sowohl männliche als auch weibliche Pflegekräfte in ihrem Berufsalltag konfrontiert sehen.

Sexuelle Übergriffe gegenüber dem Pflegepersonal

Hr. P. ist nach einem Schlaganfall seit einem Jahr in einem Pflegeheim. Er kann sich verbal nicht ausdrücken und braucht Unterstützung bei der Grundpflege. Inwieweit er Anweisungen oder Fragen der Pflege versteht, ist für die Pflegekräfte schwer einzuschätzen bzw. ist dies je nach Situation sehr unterschiedlich. Manches Mal scheint es der Pflege, Hr. P. verstehe Informationen oder könne Anweisungen gut folgen, manches Mal reagiert er kaum auf Fragen oder Ansprache. In den letzten Wochen kam es bei der Grundpflege mehrmals zu Situationen, wo Hr. P. Pflegekräften plötzlich und unerwartet an die Brust und auch in den Schritt fasste. Manche der Pflegekräfte reagierten sehr betreten und überspielten die Situation, andere sprachen Hrn. P. direkt darauf an, dass er seine Finger da wegnehmen solle. Die Lage spitzt sich zu, da die Vorfälle nicht aufhören und Pflegekräfte verbal laut werden und Hrn. P. auch unsanft auf die Finger klopfen. Andere Pflegekräfte sind nach wie vor hilflos, wie sie reagieren sollen. Die Bereichsleitung führt mit den Angehörigen ein Gespräch. Als mögliche Lösung wird der Einsatz einer Sexualassistenz besprochen. Die Angehörigen sind einverstanden und bereit, die Kosten zu übernehmen. In den ersten Wochen nach den regelmäßigen Besuchen einer Sexualassistentin gibt es keine weiteren Übergriffe von Hrn. P. gegenüber den Pflegekräften. Dies hält jedoch leider nicht lange an und die Situation ist wieder wie gehabt.

Einige der Pflegekräfte sind sehr aufgebracht, andere spielen die Situation herunter und meinen, dass Hr. P. ja gar nicht mehr genau verstehe, was er tue, und man dürfe in dem Beruf auch nicht so empfindlich sein. Andere Pflegekräfte sind sich nicht sicher, wie viel Hr. P. noch versteht, sie haben somit einerseits Verständnis für das sexuelle Verlangen von Bewohner*innen, wehren sich aber gegen Übergriffe auf die eigene Person – auch wenn der Bewohner vielleicht nicht mehr so genau weiß, was er tut. Da weder das abwehrende Verhalten bis hin zum Fingerklopfen noch die Sexualassistenz die Situation verbessern, erklären sich einige der älteren Pflegekräfte bereit, hauptsächlich die Pflege von Hrn. P. zu übernehmen, um so jüngere Kolleginnen zu schützen. Männliche Pflegekräfte stehen nicht zur Verfügung. Die älteren Kolleginnen haben Sorge, dass die Übergriffe von Hrn. P. auf jüngere Kolleginnen emotional viel schwerer wiegen und dass diese sich weniger wehren können.

Schon bei kognitiv nicht eingeschränkten Patient*innen ist es für viele Pflegekräfte schwierig, bei sexuellen Belästigungen klare Grenzen zu ziehen. Da die Pflege in diesem Fall schwer einschätzen kann, ob Hr. P. in seiner kognitiven Einschränkung oder absichtlich so agiert, macht dies die Reaktion auf das Verhalten von Hrn. P. nochmals schwieriger. Die bisher gesetzten Maßnahmen haben keinen Erfolg gebracht. Die Pflegekräfte sehen kaum einen Ausweg, da sie kein männliches Pflegepersonal haben, welches die Situation möglicherweise entlasten könnte. Sie selbst nehmen sich wahr als Personen, die am letzten Ort im Leben eines Menschen Dienst tun – wo sollte der Mensch hin, wenn sie es nicht schaffen, ihm Pflege zu gewährleisten?

In seiner Hilflosigkeit wählte das Pflegepersonal das „geringste Übel“. Ältere Pflegekräfte „opfern“ sich für ihre jungen Kolleginnen.

Das Prinzip der Gerechtigkeit fordert auch die Wahrung der Rechte und der Integrität der Pflege. Sexuelle Übergriffe und Belästigungen haben Auswirkungen auf das psychische Wohl der Pflegekräfte. Möglicherweise verfügen einige der hier beschriebenen älteren Pflegekräfte über Bewältigungsstrategien, um mit der Belastung besser umzugehen, dennoch hat das Verhalten von Hrn. P. auch Auswirkungen auf sie, und auch ihre Integrität muss geschützt werden.

In dem konkreten Fall wurde erst in der durchgeführten Fallbesprechung den betroffenen Pflegekräften bewusst, dass eigene Integrität und Rechte eingefordert werden dürfen, auch wenn Hr. P. kognitiv eingeschränkt ist. Den Pflegekräften wurde bewusst, dass Gerechtigkeit bedeutet, dass auch ihre Rechte geschützt werden müssen.

Es wurde die persönliche sowie institutionelle und gesellschaftliche Verantwortung besprochen. Ist es annehmbar, dass Pflegekräfte individuell vieles in Kauf nehmen, weil das Pflegeheim der letzte Ort für ein Zuhause dieser Menschen ist? Welche Verantwortung haben Einrichtungen ihren Mitarbeiter*innen gegenüber, um sie vor solchen Situationen zu schützen? Handlungsalternativen, die für die Pflegekräfte vorerst undenkbar waren, wurden besprochen, wie z.B. ein psychiatrisches Gutachten, medikamentöse Behandlung zur Verringerung der Libido oder die Verlegung in eine Einrichtung mit mehr männlichem Pflegepersonal. Die ethische Reflexion hat die hohe Erwartungshaltung der Pflegekräfte an sich selbst offengelegt, die Unterscheidung zwischen individueller und institutioneller Verantwortung deutlich gemacht, die kritische Betrachtung hat unterstützend bei der Wahrnehmung der eigenen Rechte gewirkt, und neue Handlungsalternativen wurden entwickelt.

Sexuelle Belästigung durch Patient*innen und Bewohner*innen sind kein seltenes Einzelphänomen, sondern für viele Pflegekräfte leider häufig alltägliche Realität (Koller & Spörhase, 2019; Haidar, 2015; Ivits, 2020; Depauli & Plaute, 2016).

Der Schweizer Berufsverband der Pflegefachfrauen und Pflegefachmänner hat einen *Leitfaden zum Schutz vor sexueller Belästigung für Pflegefachpersonen und andere Erwerbstätige im Gesundheitswesen* herausgegeben (Biedermann & Kaiser, 2012), wie sich auch die Deutsche Berufsgenossenschaft für Gesundheitsdienst und Wohlfahrtspflege (Adler, 2020; Bäurle, 2018) des Themas angenommen hat. Die Leitfäden bieten Hintergründe zum Verständnis von sexuellen Übergriffen, ohne diese jedoch zu tolerieren, und zeigen Möglichkeiten auf, wie sich Pflegekräfte schützen und wie sie reagieren können. Besonders wird auf die Verantwortung der Arbeitgeber hingewiesen, die verpflichtet sind, Mitarbeiter*innen vor sexuellen Übergriffen zu schützen und Gegenmaßnahmen zu ergreifen. Sexuelle Übergriffe und Anzüglichkeiten verletzen die Integrität der Pflegekräfte. Einigkeit herrscht darüber, dass anstelle von Akzeptieren, Überspielen oder Tolerieren zum Schutz der Pflegkräfte solchem Verhalten entschlossen entgegengetreten werden muss.

7 Der Blickwinkel eines Patienten

Als abschließendes Beispiel wird ein Fall aus der Sicht des Patienten geschildert. Die Betrachtung ethisch relevanter Beispiele aus verschiedenen Perspektiven kann neue Sichtweisen eröffnen und das Verständnis für die Bedürfnisse von Patient*innen erhöhen.

Aus dem Blickwinkel des Patienten

Stellen Sie sich vor, Ihr Name ist Albert Whiteside. Sie sind 70 Jahre alt und Witwer. Ihre Frau, mit der Sie 44 Jahre verheiratet waren, ist vor zwei Jahren verstorben. Sie haben drei Söhne im Alter von 34, 38 und 41 Jahren sowie eine 43-jährige Tochter. Sie sind pensionierter Elektriker. Bis vor sechs Monaten haben Sie alleine in Ihrem Haus gelebt. Seit dem Tod Ihrer Frau sind Sie niedergeschlagen und unglücklich. Die Beziehung zu Ihren Kindern ist durch einen Konflikt geprägt.

Sie sind zurzeit aufgrund eines Gangräns am rechten Fuß und Unterschenkel im Krankenhaus. Die Probleme mit Ihrem Bein begannen vor drei Jahren, als eine Infektion an der Großzehe gangränös wurde. Damals stellte sich heraus, dass Sie an Diabetes leiden. Die Großzehe wurde amputiert.

Vergangenes Jahr klemmten Sie sich beim Einsteigen in den Bus das rechte Bein ein, was wiederum zur Entwicklung eines Gangräns führte. Vor sechs Monaten wurde ein Teil Ihres Beines amputiert und ein arterieller Bypass wurde gelegt. Nach der Operation verbrachten Sie fünf Monate in einem Rehabilitationszentrum, wo sich herausstellte, dass das verbleibende Bein an der Amputationsstelle wieder ein Gangrän aufweist, und Sie mussten deshalb vergangene Woche erneut ins Krankenhaus. Nach einer anfänglichen Zustimmung zur Amputation änderten Sie Ihre Meinung am Tag der Operation. Sie wurden ohne Operation nach Hause zu Ihrer Tochter entlassen. Drei Tage später wurden Sie wieder stationär aufgenommen.

Seit dem Tod Ihrer Frau sind Sie unglücklich. Sie wollen keine Last für Ihre Familie sein und glauben nicht, dass eine erneute Operation Heilung bringt. Sie wollen nicht als Invalide oder in einem Pflegeheim leben. Sie haben keine Angst vor dem Sterben und empfinden den Tod besser als ein Leben ohne Bein und in Abhängigkeit. Sie sind nach dem Fehlschlagen der ersten Operation, die das Gangrän stoppen sollte, entmutigt. Sie wollen wieder gesund werden, sehen Ihre Chancen aber als sehr gering an und sind deshalb weiterhin gegen die Operation. Sie sind eine ruhige Person, aber auch stur und jähzornig (besonders wenn Sie unter Druck gesetzt werden). Gegenüber manchen Ärzt*innen und Pflegepersonen verhalten Sie sich feindselig. Auf Fragen reagieren Sie oft provokant und verärgert. Sie haben klargelegt, dass Sie keine weitere Operation mehr wollen, auch unter den Umständen, dass diese Entscheidung über kurz oder lang zum Tod führen kann. Sie sehen dem Tod mit Resignation entgegen, er ist für Sie aber besser als ein Leben als Invalide oder in einem Pflegeheim. Sie wollen nicht den Eindruck erwecken, dass Sie sehr niedergeschlagen sind. Wenn Sie gefragt werden, antworten Sie: „Es geht mir gut."[48]

[48] Dieser Fall wurde von Dr. Peter A. Singer (Centre for Bioethics and Department of Medicine, University of Toronto) und Anja Robb (Department of Family and Community Medicine, University of Toronto) entwickelt: http://wings.buffalo.edu/faculty/research/bioethics/candura

Vierter Teil

1 Zusammenfassung und Ausblick

Pflegende stehen in der Praxis immer wieder vor moralischen Problemen und vor der Frage: Was soll ich tun? Pflegen ist moralisches Handeln und braucht in all seinen Handlungsbereichen ethische Reflexion. Ethische Problemkonstellationen und Fragestellungen in der Pflege sind vielfältig. Bedürfnisse unterschiedlicher Personengruppen sollen befriedigt und aufeinander abgestimmt werden. Um diesen Ansprüchen gerecht zu werden, bedarf es einer eigenständigen Reflexion der Pflege über ihr Handeln.

Konfliktfelder in den Handlungsbereichen betreffen Pflegende im direkten Umgang mit den Patient*innen und deren Angehörigen. Pflegende treffen ihre Entscheidungen unter institutionellen Bedingungen und im Rahmen eines Teams. Im eigenverantwortlichen Handlungsbereich sind Pflegende dazu aufgefordert, die Bestimmung ihrer Pflegeziele und der Mittel zu reflektieren. Sie müssen sich von dem Gedanken verabschieden, dass ihr Handeln *prima facie* gut ist, da es ihrem Selbstbild entspricht, für das Wohl der Patient*innen tätig zu sein. Intuitives Urteilen kann, muss aber nicht zu richtigen Urteilen führen. Professionelle Pflege heißt, dass Pflegefachkräfte ihr Handeln und ihr intuitives moralisches Verständnis ethisch reflektieren und begründen können. Ihr Gegenüber sind Menschen, die auf ihre Hilfe angewiesen sind. Diese asymmetrische Beziehung und die damit einhergehende Verantwortung erfordert eine besondere Achtsamkeit beim Setzen der Handlungen. Pflegeethik soll dazu beitragen, dass Pflegefachkräfte Situationen ethisch bewerten, begründete Urteile fällen und diese gegenüber anderen Personen verbalisieren können. Sie müssen beurteilen können, was das ethische Problem in einem konkreten Fall ist, welche Interessen vertreten werden, welche ethischen Prinzipien relevant sind und welche nichtmoralischen Einflüsse eine Rolle spielen.

Das hier vermittelte pflegeethische Wissen ist ein Grundpfeiler der ethischen Reflexion. Es kann bei der Suche nach dem moralisch richtigen Urteil helfen, doch ist es ein Unterschied, zu wissen, *was richtig ist,* und *wie man tatsächlich handelt.* Wie sich gezeigt hat, spielen Persönlichkeit und Rahmenbedingungen eine wesentliche Rolle. In vielen Fällen gehört auch Mut dazu, festgefahrene Hierarchien und Strukturen zu durchbrechen oder auch Bedenken auszusprechen. Diesen Mut kann die Pflegeethik nicht geben, aber vielleicht durch Bewusstmachung der Verantwortung an diesen Mut appellieren.

Ethische Auseinandersetzung in der Pflegepraxis ist Teil ihrer Professionalität. Daher muss Pflegeethik ein fester Bestandteil in der Ausbildung von

Pflegefachkräften werden. Es muss ethisches Grundwissen vermittelt werden und es müssen Kommunikationsfähigkeiten sowie moralisches Urteilen geschult werden. Pflegepädagogik kann angehende Pflegende für die moralischen Problemstellungen sensibilisieren und die damit einhergehende Verantwortung in den Mittelpunkt rücken.

Pflegemanagement und Führungskräfte sind für organisatorische Rahmenbedingungen verantwortlich, damit Pflegepraxis in einem Umfeld erfolgen kann, in dem nicht nur institutionelle Faktoren das Handeln bestimmen, sondern ethische Aspekte angemessen beachtet werden können. Pflegemanager*innen müssen Voraussetzungen für Schulungen, Fort- und Weiterbildung schaffen. Organisationsethische Maßnahmen wie regelmäßige Fallbesprechungen und Leitlinienentwicklung für besondere Situationen, Reflexion von Arbeitsprozessen und Möglichkeiten für Räume zur ethischen Reflexion des Alltags liegen in der Verantwortung der Führungskräfte.

Es wird nicht immer möglich sein, einfache Lösungen zu finden, und unterschiedliche Einschätzungen von Situationen können Entscheidungen erschweren. Ethische Entscheidungen werden durch viele Faktoren beeinflusst. Wertvorstellungen der Pflegekräfte und Patient*innen, Gewohnheiten, Routineabläufe und organisatorische Strukturen spielen eine Rolle. Neue Aspekte können dazu führen, dass Einsichten revidiert werden müssen oder dass man sich auch manchmal eingestehen muss, eine Fehlentscheidung getroffen zu haben. Eindeutige Antworten sind in der Ethik selten möglich und es gibt keinen absoluten Anspruch auf die Wahrheit. Diese Offenheit lässt Platz und die Möglichkeit für viele verschiedene Lebensweisen.

2 Was kann Pflegeethik leisten?

In den theoretischen Ausführungen und vielen praktischen Beispielen hat sich gezeigt, warum es wichtig ist, pflegerisches Handeln auch ethisch zu betrachten:

Konflikte und Probleme können erkannt und analysiert, neue Einsichten und Erkenntnisse gewonnen werden: Durch ethische Reflexion können Konflikte und Probleme klarer benannt werden. Pflegeethik dient als Werkzeug bei der Suche nach Lösungen in Konfliktsituationen. Anhand von ethischen Überlegungen kann man nach Beweggründen von Handlungen fragen, zu neuen Einsichten kommen und man vermeidet es, sich von unreflektierten Handlungsmustern leiten zu lassen.

Steigerung der Pflegequalität: Die Berücksichtigung ethischer Prinzipien dient der Pflegequalität und beeinflusst alle wesentlichen Aspekte im Umgang mit den Patient*innen. Pflegeethik ist nicht ein nebensächlicher Aspekt von Pflegequalität, sondern ihr zentraler Kern (Lay, Ethik, 2015).

Bewältigung und Analyse von nicht zufriedenstellenden Rahmenbedingungen: Pflegeethik trägt dazu bei, dass Unbehagen durch zu hohe Ansprüche aufgelöst wird und andererseits gerechtfertigte Ansprüche begründet werden können. Hochgesteckte Idealvorstellungen Pflegender kollidieren mit organisatorischen Rahmenbedingungen. Die Forderung nach optimaler Pflege ist zwar ethisch zu rechtfertigen, aber praktisch meist nicht durchführbar. Dies müssen auch Pflegende anerkennen. Im Gegensatz dazu hilft die Pflegeethik, Missstände aufzuzeigen und Forderungen ethisch zu begründen.

Kritik an geltenden Moralansprüchen: Viele moralische Entscheidungen werden aufgrund vorangegangener Erfahrungen und Erlebnisse getroffen. Vorannahmen, Gesellschaft, hierarchische Strukturen und Sozialisation formen das individuelle Wert- und Menschenbild. Geltende Moralansprüche können kritisch beleuchtet werden und eine eigene ethische Urteilskraft wird erworben.

Pflegeethik als bereichernder Beitrag zur Medizinethik: Eine eigenständige Pflegeethik kann sinnvolle Beiträge zur medizinischen Ethik leisten. Die beiden Bereichsethiken stehen nicht in Konkurrenz zueinander, sondern Entscheidungen können im Team getroffen und gemeinsam getragen werden.

Gesetzlich klare Verantwortungsverteilung lässt den Gedanken der Gemeinsamkeit hintanstehen. Hierarchische Strukturen stärken die Machtposition gegenüber der anderen Berufsgruppe, die oftmals nicht aufgegeben werden will und als selbstverständlich angesehen wird. Überdies sind viele Pflegende nicht darin geschult, ihre Position argumentativ und sachlich zu übermitteln, und werden aufgrund dessen als nicht gleichberechtigte Gesprächspartner angesehen. Hier liegt es einerseits an den Mediziner*innen, sich von diesen Vorurteilen und Hierarchien zu lösen, andererseits müssen Pflegende als kompetente Gesprächspartner argumentativ und sachlich Position beziehen. Wird sich das Krankenpflegepersonal seiner ethischen Verpflichtung zunehmend bewusst, wird es auch im mitverantwortlichen Bereich verstärkt Kommunikation fordern. Das ethische Eigenverständnis lässt ein Hinnehmen nicht mehr weiter zu. Profitieren werden alle an diesem Prozess Beteiligten.

Durch gemeinsame Entscheidungen werden verschiedene Perspektiven beachtet, die sonst unberücksichtigt bleiben. Dies verhindert, dass Pflegende die von ihnen als ethisch falsch beurteilten Entscheidungen notgedrungen mittragen müssen, und die häufig damit einhergehende Missstimmung zwischen Ärzte- und Pflegeteam kann damit verbessert werden. Mit Hilfe der Pflegeethik können sich Pflegende in Lösungsprozesse sinnvoll einbringen. Mediziner*innen können im Pflegeteam hilfreiche Gesprächspartner finden und diese in ethisch schwierigen Situationen als Unterstützung empfinden. Profitieren werden schlussendlich die Patient*innen, denn deren Wohl ist das Ziel der Medizin und der Pflege.

In der Ethikberatung, die sich zunehmend etabliert, wird der Wichtigkeit der gemeinsamen Entscheidungsfindung und der differenzierten Wahrnehmung und Beurteilung von Medizin und Pflege Rechnung getragen. Die verschiedenen Sichtweisen sollten gleichberechtigt im Entscheidungsfindungsprozess berücksichtigt werden. Letztendlich entscheiden Arzt oder Ärztin (mit Zustimmung der Patient*innen), jedoch werden verschiedene Sichtweisen wahrgenommen (Weber, 2016).

Professionalisierung der Pflege: Pflegeethik trägt nicht nur dazu bei, die Qualität der ethischen Entscheidungen im Pflegealltag zu verbessern; vielmehr werden – da Pflegen ein an sich moralisches Handeln ist – die Strukturen dieses Berufsbildes grundlegend überdacht. Pflegeethik gliedert sich in die Tendenz, eine selbstständige und professionelle Berufsgruppe zu forcieren, als wichtiger Bestandteil mit ein. Dies zeigt sich auch in der Etablierung entsprechender Ethikkodizes. Mit diesen werden die Selbstverpflichtung gegenüber der Gesellschaft und die eigene Verantwortung offensichtlich gemacht (ANDA, 2014; ICN, 2014)

*Bewältigung von Konfliktsituationen mit Patient*innen:* Zufriedene Menschen, die es respektvoll schätzen, professionell und fürsorglich behandelt und gepflegt zu werden, sind leider nicht selbstverständlich. Viele Menschen kompensieren im Krankenhaus Unzufriedenheit aus ihrem Alltag. Zuwendung, die sie sonst vielleicht nicht erhalten, fordern sie vom Pflegepersonal. Die Beziehung zur Pflegefachkraft, die sich sorgt, wird von manchen Patient*innen zur Kompensation fehlender sozialer Kontakte und der Vereinsamung gebraucht. Die Pflegefachkraft wird so weit zum Kompensationssubjekt, dass ihre Grenzen und Integrität nicht mehr akzeptiert oder wahrgenommen werden. Es entstehen Missgunst, Frustration und das Gefühl des *Ausgeliefertseins.* Durch Pflegeethik können Pflegende die an sie gestellten

Ansprüche reflektieren und Grenzen der Pflege argumentativ vermitteln. Pflegeethik ist Hilfe und Unterstützung gegen die *Sprachlosigkeit* der Pflegenden. Sie kann Ziele und überhöhte Ansprüche verdeutlichen und dient der Fähigkeit, eigene Positionen reflektiert zu verbalisieren.

Reflexion neuer technischer Entwicklungen: Pflegeroboter, technische Assistenzsysteme und Digitalisierung sind nur einige Beispiele technischer Entwicklungen, die in der Pflege Einzug halten. Der Einsatz von neuen Technologien bedarf einer ethischen Reflexion hinsichtlich des Wohls und der Autonomie der betroffenen Personen wie auch Themen von Datenschutz und Persönlichkeitsrechten. Neue Technologien werden von Unternehmen beworben. Hier braucht professionelle Pflege Wissen darüber, wie sie den Nutzen und den Gewinn bzw. auch Gefahren und Risiken von neuen Technologien beurteilen kann, ohne sich durch Vorurteile oder Werbung beeinflussen zu lassen.

Pflegephilosophien, Menschenbilder und Betreuungsmodelle: Viele Modelle und Philosophien werden in verschiedenen Pflegesettings gelebt und umgesetzt. Dies sind Interaktionsmodelle, Selbstpflegemodelle, Bedürfnismodelle, Ergebnismodelle u.v.m., der Pflegeprozess selbst, familienzentrierte Pflege oder Biografiearbeit in der Altenpflege. Werden diese Werkzeuge unreflektiert angewendet, bergen sie die Gefahr, dass sich daraus Handlungen ergeben, die den Patient*innen nicht zuträglich sind, z.B. falsche Interpretation der Biografie; Nichterkennen von Ressourcen oder Überforderung von Patient*innen; unreflektierte Bewertungen von Familien innerhalb der familienzentrierten Pflege. Bei der Anwendung dieser verschiedenen Modelle und Philosophien ist ein reflektiertes Nachdenken unabdingbar, um diese auch angemessen einzusetzen.

Die ethische Reflexion des pflegerischen Handelns ist ein wertvolles Gut für die pflege- und hilfsbedürftigen Menschen, für die Gesellschaft, für Organisationen des Gesundheitswesens und für Pflegekräfte selbst.

Ethik hat nicht die Aufgabe, den moralischen Zeigefinger zu heben, sondern ist die Suche nach „dem Guten“. Dieses Buch sollte auf dieser Suche ein Ratgeber und eine Hilfestellung für viele Menschen in der Pflege sein, die sich täglich darum bemühen, Bestmögliches zu leisten und „gute“ Pflege zu bieten – dies mit dem Anliegen, Menschen, die krank oder pflegebedürftig sind, am Beginn ihres Lebens stehen oder im Sterben liegen und

sich Pflegekräften anvertrauen, in ihren Bedürfnissen zu begleiten. Nicht immer ist dieses Anliegen ein leichtes Unterfangen. Oftmals gelingt es. Dort, wo es nicht gelingt, fühlen sich Pflegende enttäuscht und häufig auch hilflos. In der verführerischen Rolle des Opfers in einem unveränderlichen System wird häufig übersehen, wie viele Möglichkeiten es im eigenen Einflussbereich gibt, Ethik zu leben.

Viele kleine Menschen an vielen kleinen Orten, die viele kleine Dinge tun,
werden das Antlitz dieser Welt verändern.
(Afrikanisches Sprichwort)

Glossar

Ambubeutel: Beatmungsbeutel zur manuellen Beatmung
Apoplexie: Schlaganfall
Aspirationspneumonie: Lungenentzündung, die durch in die Lunge gelangte Fremdkörper (z.B. Erbrochenes, Blut) entsteht
Betablocker: Herzmedikament
Bradykardie: verminderte Herzfrequenz, sehr langsamer Pulsschlag
Bronchialtoilette: Sekret aus der Luftröhre und den Hauptbronchien wird mittels eines speziellen Katheters abgesaugt
Bypass: das Umgehen einer Engstelle eines Blutgefäßes
COPD: Chronic Obstructive Pulmonary Disease (chronisch obstruktive Lungenerkrankung), dauerhafte Verengung der Bronchien, die zu Atemnot führt, Husten und vermehrte Schleimbildung
CT: Computertomografie
dehydrieren: austrocknen, Mangel an Flüssigkeit
Dekubitus: Wundliegen, Geschwür der Haut durch chronische Druckwirkung, wie dies bei langer Bettlägerigkeit vorkommt
Dipidolor®: Medikament gegen Schmerzen (Dipidolorperfusor: Über eine Dosierpumpe wird das Medikament kontinuierlich intravenös verabreicht)
Dolpasse®: Schmerzmedikament
Durchgangssyndrom: zeitlich begrenzte, körperlich begründbare Psychose (Funktionspsychose), Verwirrtheit, Symptome sind nur vorübergehend
Dysphagie: Schluckstörung infolge einer Schwächung der Schluckmuskulatur
Extubation: Entfernung der Beatmungskanüle und somit Beendigung der maschinellen Beatmung, mit dem Ziel, dass Patient*innen wieder ihre Eigenatmung übernehmen
Fresh Frozen Plasma: teilgefrorenes menschliches Plasma (wird zur Infusion aufgetaut)
Funktionspflege: stationäres Pflegesystem, in dem alle direkten und indirekten Pflegearbeiten so zusammengefasst und verteilt werden, dass jeweils ein*e Mitarbeiter*in des Pflegepersonals gleiche oder sich ähnelnde Aufgaben bei allen infrage kommenden Patient*innen durchführt; z.B. eine Pflegeperson misst den Blutdruck, eine andere Person hilft den Patient*innen bei der Grundpflege
Gancyclovir: Medikament zur Hemmung der Vermehrung von Viren
gangränös (gangränöse Nekrose; Brand): durch Minderdurchblutung oder mechanische oder thermische Schädigung hervorgerufener Gewebsuntergang mit Gewebserweichung, Schrumpfung, Vertrocknung (Mumifikation) und Schwarzfärbung (trockenes Gangrän). Aus zusätzlicher Infektion durch Fäulnisbakterien (führt zu grünlicher Eiweißzersetzung unter Bildung üblen Geruchs) resultiert ein feuchtes Gangrän mit Erweichung, evtl. Verflüssigung des nekrotischen Gewebes

Graft-versus-Host-Disease: immunologische Reaktion, Transplantat reagiert gegen Empfängerkörper

Gruppenpflege bzw. Bereichspflege: stationäres Pflegesystem, bei dem jeweils 2–4 Zimmer einer Station zu einem Bereich zusammengefasst sind, dessen Patient*innen jeweils von einem Pflegeteam gemeinsam versorgt werden, Form der Bezugspflege

Haldol®: Antipsychotikum

Hb (Abk.): Hämoglobin, Farbstoff der roten Blutkörperchen (Normalwert bei Frauen über 12,0 g/dl, Normalwert bei Männern über 13,5 g/dl)

Hemiplegie: Halbseitenlähmung. Vollständige (Hemiparalyse) oder unvollständige (Hemiparese) Lähmung einer Körperhälfte, wobei die Störung der Motorik im Allgemeinen auf der Gegenseite einer Schädigung der zentralen motorischen Neuronen des Großhirns, Hirnstamms oder des oberen Halsmarks auftritt; typisch z. B. bei Schlaganfall (Apoplexis cerebri) als anfangs schlaffe Lähmung mit bald folgender Spastik

Hk (Abk.): Hämatokrit, der Anteil des Volumens aller roten Blutkörperchen am Gesamtblut (Normalwert Frauen 37–47 %, Männer 42–52 %)

Hüftendoprothese: künstlicher Ersatz des Hüftkopfes

Hypoglykämie: Absinken des Blutzuckers unter Normalwert

Ileus: Darmverschluss

Intertrigo: hochrotes, nässendes Erythem (ohne Krusten oder Schuppen) an Berührungsstellen der Haut, v. a. in Achseln und Leisten, an Damm, Gesäßspalte, Nabel, unter den Brüsten, zwischen Fingern und Zehen; entweder infolge Mazeration mit nachfolgender bakterieller oder mykotischer Infektion

invasiv: in den Körper eindringend

Kinästhetik: Bewegungslehre, die sich mit der Empfindung und dem Ablauf der natürlichen menschlichen Bewegung befasst. Bewegungen nach kinästhetischem Prinzip sind fließend und harmonisch, für Patient*innen sanft und schonend

Koloskopie: Spiegelung des Dickdarms mittels Endoskop

Kontraktur: dauerhafte Verkürzung von Muskeln, Sehnen und Bändern mit der Folge bleibender Gelenkversteifung

Koronarangiografie: Darstellung der Herzkranzgefäße durch ein röntgendiagnostisches Verfahren, wobei ein Herzkatheter in die Oberschenkelarterie eingeführt wird

Laxanzien: Abführmittel; eine regelmäßige Einnahme von Abführmitteln kann zu einer Abhängigkeit führen

Lumbago: Kreuzschmerzen

Makrolagerung: druckentlastende Lagerung. Die belastetete Körperregion wird frei gelagert

Mediainsult: Verschluss eines Hauptgefäßes im Gehirn, Schlaganfall

Mikrolagerung: druckreduzierende Lagerung; kleine Schwerpunktverlagerungen, der Druck wird von einer Seite auf die andere verteilt. Eine Druckentlastung von bestimmten Körperarealen, wie bei der Makrolagerung, wird nicht erzielt. Die Mikrolagerung dient der zeitweiligen Entlastung (Druckverteilung), aber ersetzt nicht das regelmäßige Umlagern

MS (Abk.): Multiple Sklerose, Erkrankung des zentralen Nervensystems

NaCl: physiologische Kochsalzlösung

Neuroleptikum: (syn. Antipsychotikum), Medikament mit antipsychotischer, sedierender und psychomotorischer Wirkung

Novalgin®: Schmerzmedikament

o. B.: med. Abkürzung für: ohne (pathologischen) Befund

Ödem: Einlagerung von Flüssigkeit im Gewebe

Ösophagusvarizen: Erweiterung von Venen (Krampfadern) in der Speiseröhre

paternalistisch: bevormundend

PEG-Lavage: Polyethylenglykol-Lösung, die der Reinigung des Darmes dient

PEG-Sonde: perkutane endoskopische Gastrostomie. Sonde, die durch die Bauchwand zum Magen führt

Placebo: Scheinmedikament, enthält keinen therapeutischen Wirkstoff

Pneumonie: Lungenentzündung

postoperativ: nach einer Operation

praoperativ: vor einer Operation

Pseudomonas: grammnegative Stäbchenbakterien, Infektionserreger

Sedierung: medikamentöse Beruhigung bzw. Ruhigstellung der Patient*innen

Sepsis: Allgemeininfektion durch pathogene Bakterien und deren Gifte

subkutan: Injektion unter die Haut

TIA (Abk.): transitorische ischämische Attacke, vorübergehende Durchblutungsstörung des Gehirns, symptomatische neurologische Ausfälle bilden sich innerhalb weniger Stunden wieder vollständig zurück

Tracheotomie: Eröffnung der Luftröhrenvorderwand im oberen Drittel zwecks Einführung einer Kanüle (**Tracheotomiekanüle**)

Ulkus: aus einer örtlichen Ursache oder einer Allgemeinerkrankung (symptomatisches Ulkus) resultierender Substanzverlust der Haut (mindestens bis in die Lederhaut)

vaskuläre Demenz: Abnahme der geistigen Fähigkeit aufgrund von Durchblutungsstörungen bzw. Gefäßveränderungen

Wechseldruckmatratze: Matratze mit mehreren Luftkammern, die durch einen kleinen Kompressor abwechselnd mit Luft befüllt werden. Verschiedene Körperregionen werden somit abwechselnd be- und entlastet und ein Druckgeschwür wird verhindert

Zyanose: blaurote Verfärbung von Haut infolge verminderter Sauerstoffsättigung des Blutes

Zytomegalie: Virusinfektion. Es können Lunge, Leber, Augen und Magen-Darm-Trakt betroffen sein. Besonders gefährlich bei Patient*innen, deren Immunsystem nach einer Transplantation geschwächt ist, möglicherweise tödlicher Verlauf

Literaturverzeichnis

Abbasinia, M., Ahmadi, F. & Kazemnejad, A. (27(1) 2020). Patient advocacy in nursing: A concept analysis. *Nursing Ethics*, S. 141–151.

Adler, M. (2020). *Sexuelle Belästigung und Gewalt am Arbeitsplatz – ein Problem im Gesundheits- und Sozialwesen.* Von BGW Berufsgenossenschaft für Gesundheitsdienst und Wohlfahrtspflege: https://www.bgw-online.de/DE/Arbeitssicherheit-Gesundheitsschutz/Grundlagen-Forschung/GPR-Medientypen/Wissenschaft-Forschung/Studie-sexuelle-Gewalt.html, abgerufen am 03.01.2021.

Agich, G. (2003). *Dependence and Autonomy in Old Age: an ethical framework for long-term-care.* Cambridge: Cambridge University Press.

Albisser Schleger, H., Mertz, M., Meyer-Zehnder, B. & Reiter-Theil, S. (2019). *Klinische Ethik – METAP: Leitlinie für Entscheidungen am Krankenbett.* Heidelberg: Springer.

ANDA, V. d. (2014). *Memorandum 1.0 Plus Ethikkodex.* MVB Marketing- und Verlagsservice.

Andratsch, F. & Osterbrink, J. (2015). *Gewalt in der Pflege. Wie es dazu kommt. Wie man sie erkennt. Was wir dagegen tun können.* München. C.H. Beck.

Arndt, M. (2 2002). Forschung muss Teil der pflegerischen Praxis sein. *Caritas und Pflege*, S. 28–31.

Bass, B., Ghavami-Dicker, S., Pók Lundquist, B., Schnarwyler, B., Tschudin, S. & von Castelberg, B. (2009). *Leitfaden Häusliche Gewalt. Verbesserung der Betreuung betroffener Frauen.* Bern: Schweizerische Gesellschaft für Gynäkologie und Geburtshilfe.

Bäurle, P. (3 2018). *Umgang mit sexueller Belästigung am Arbeitsplatz: Eskalation statt Deeskalation.* Von BGW Berufsgenossenschaft für Gesundheitsdienst und Wohlfahrtspflege: https://www.bgw-online.de/DE/Medien-Service/Kundenmagazin/2018-2/Umgang-mit-sexueller-Belaestigung-am-Arbeitsplatz.html, abgerufen am 03.01.2021.

Beauchamp, T. & Childress, J. (2019). *Principles of Biomedical Ethics.* Oxford: Oxford University Press.

Biedermann, M. & Kaiser, M. (2012). *Verstehen Sie keinen Spass, Schwester. Ein Leitfaden zum Schutz vor sexueller Belästigung für Pflegefachpersonen und andere Erwerbstätige im Gesundheitswesen.* Bern: Schweizer Berufsverband der Pflegefachfrauen und Pflegefachmänner.

Birnbacher, D. (2011). Ethik der Pflege. In: R. Stoecker, C. Neuhäuser & M.-L. Raters, *Handbuch Angewandte Ethik* (S. 403–405). Stuttgart: Springer.

Bobbert, M. (2002). *Patientenautonomie und Pflege. Begründung und Anwendung eines moralischen Rechts.* Frankfurt/Main: Campus.

Bobbert, M. (2003). Patientenautonomie und das Planen und Ausführen von Pflege. In: C. Wiesemann, N. Erichsen, H. Behrendt, N. Biller-Andorno, A. Frewer (Hg.), *Pflege und Ethik. Leitfaden für Wissenschaft und Praxis.* Stuttgart: Kohlhammer.

Bolz, H. (2015). *Pflegeeinrichtungen erfolgreich führen. Organisationskultur zwischen Marktorientierung und Berufsethik.* Wiesbaden: Springer.

Brandenburg, H. (6 2000). Was heißt menschenwürdige Pflege? *Krankendienst*, S. 172–180.

Breier-Mackie, S. (9 2001). Patient autonomy and medical paternity: can nurses help docotors to listen to patients? *Nursing ethics*, S. 510–521.

Bundesministerium für Gesundheit. (2020). *Nationale Demenzstrategie*. Rostock: Publikationsversand der Bundesregierung.

Burke, M., Boal, J. & Mitchell, R. (104/12 2004). Communication for Better Care: Improving nurse-physician communication. *American Journal of Nursing*, S. 40–47.

Commission, C.Q. *Covert administration of medicine*. Von https://www.cqc.org.uk/guidance-providers/adult-social-care/covert-administration-medicines, abgerufen am 30.11.2020.

Depauli, C. & Plaute, W. (4 2016). *„Stopp! Ich möchte das nicht!" Sexuelle Übergriffe und Belästigungen*. Von BibliomedPflege: https://www.bibliomed-pflege.de/sp/artikel/24000-stopp-ich-moechte-das-nicht, abgerufen am 03.01.2021.

Dudzinski, D. & Shannon, S. (13 2006). Competent Patients Refusal of Nursing Care. *Nursing Ethics*, S. 608–621.

Fiechter, V. & Meier, M. (1998). *Pflegeplanung. Eine Anleitung für die Praxis*. Basel: Recom.

Fölsch, D. (3 2014). Moralischer Distress in der Pflege. *Pflegenetz*, S. 30–32.

Fry, S. (1995). *Ethik in der Pflegepraxis. Anleitung für ethische Entscheidungsfindungen*. Eschborn: Deutscher Berufsverband für Pflegeberufe e.V.

Fry, S. & Veatch, R. (2000). *Case Studies in Nursing Ethics*. London: Jones and Bartlett.

Fürstler, G. & Malina, P. (2004). *„Ich tat nur meinen Dienst" Zur Geschichte der Krankenpflege in Österrich in der NS-Zeit*. Wien: Facultas.

Geisler, L. (2004). *Patientenautonomie – eine kritische Begriffsbestimmung*. Von http://www.linus-geisler.de/art2004/03dmw-patientenautonomie.html, abgerufen am 16.12.2020.

Gewirth, A. (1978). *Reason and Morality*. Chicago: University of Chicago Press.

Gewirth, A. (1982). *Human Rights: Essays on Justification and Application*. Chicago: University of Chicago Press.

Gewirth, A. (1998). Die rationale Grundlagen der Ethik. In: K. Steigleder & D. Mieth (Hg.), *Ethik in der Wissenschaft. Ariadnefaden im technsichen Labyrinth?* (S. 3.36). Tübingen: Attempto.

Giese, C. (2014). Zwischen Medizin, Ökonomie und Qualitätskontrolle: Hat das Gewissen – noch – einen Ort in der Pflege? In F.J. Bormann & V. Wetzstein, *Gewissen. Dimensionen eines Grundbegriffs medizinischer Ethik*. (S. 561–574). De Gruyter.

Gremmen, I. (6 1999). Visiting Nurses' Situated Ethics: beyond 'care versus justice'. *Nursing ethics*, S. 515–527.

Großklaus-Seidel, M. (2002). *Ethik im Pflegealltag. Wie Pflegende ihr Handeln reflektieren und begründen können*. Stuttgart: Kohlhammer.

Gruber, E., Logar, R. & Egger, M. (2015). *Gemeinsam gegen Gewalt an Frauen und häusliche Gewalt handeln. Leitfaden für Leitung und Praxis in Krankenhäusern zur Ver-*

sorgung von gewaltbetroffenen Patientinnen. Wiener Interventionsstelle gegen Gewalt in der Familie.

Haidar, L. (2015). *Sexuelle Belästigung in der Pflege. So bekommt der Casanova-Greis den Platzverweis.* Von Die Pflege Bibel: https://die-pflegebibel.de/2015/07/30/sexuelle-belaestigung-in-der-pflege/, abgerufen am 03.01.2020.

Hariharan, S. (23 2009). Ethical issues in anesthesia: the need for a more practical and contextual approach in teaching. *Journal of Anesthesia*, S. 409–412.

Hastedt, H. (2002). Ethik in der Pflege. In J. Richter, A. Norberg, U. Fricke (Hg.), *Ethische Aspekte pflegerischen Handelns. Konfliktsituationen in der Alten- und Krankenpflege.* (S. 2–12). Hannover: Schlütersche.

Hofmann, I. (96 1999). Ärztliche und pflegerische Verantwortung: Partnerschaftlicher Dialog ist gefordert. *Deutsches Ärzteblatt*, S. 51–52.

Horneber, M. & Hübner, J. (Hg.) (2019). *Das demenzsensible Krankenhaus. Grundlagen und Praxis einer patientenorientierten Betreuung und Versorgung.* Stuttgart: Kohlhammer.

Hunter, S. (7 2000). Determination of moral negligence in the context of the undermedication of pain by nurses. *Nursing ethics*, S. 379–391.

Hyland, D. (9 2002). An exploration of the relationship between patient autonomy and patient advocacy: Implications for nursing practice. *Nursing ethics*, S. 472–482.

ICN, I.C. (2014). *ICN-Ethikkkodex für Pflegende.* Genf.

Ivits, E. (2020). *Unterschätztes Berufsrisiko: Warum Pflegekräfte so häufig Opfer sexueller Übergriffe werden.* Von Stern: https://www.stern.de/gesundheit/pflegekraefte-haeufig-opfer-sexueller-uebergriffe-9275544.html, abgerufen am 03.01.2021.

Janssens, U., Burchardi, H., Duttge, G., Erchinger, R., Gretenkort, P., Mohr, M. & Neitzke, G. (2012). *Therapiezieländerung und Therapiebegrenzung in der Intensivmedizin. Positionspapier der Sektion Ethik der DIVI.* DIVI. Deutsche Interdisziplinäre Vereinigung für Intensiv- und Notfallmedizin.

Joffe, S., Manocchia, M. & Weeks, J. (29 2003). What do patients value in their hospital care? An empirical perspective on autonomy centred bioethics. *Journal of Medical Ethics*, S. 103–108.

Jurasovich, B. & Rappold, E. (2017). *Demenzkompetenz im Spital. Eine Orientierungshilfe.* Wien: Gesundheit Österreich.

Kanzow, W. (1994). Innere Entwicklung des Berufsausübenden. In: H. Wagner (Hg.), *Ethik und Berufsverständnis der Pflegeberufe* (S. 138–150). Heidelberg: Springer.

Käppeli, S. (18 2005). Bündnis oder Vertrag? Eine Reflexion über zwei Paradigmen der pflegerischen Beziehung. *Pflege*, S. 187–195.

Kendrick, K. (9 1994). A Freedom to Choose. The Ethics of Informed Consent. *Professional Nurse*, S. 739–742.

Kesselring, A. (4 1991). Pflege wider Willen des Patienten? Eine ethisch-moralische Fragestellung. *Pflege*, S. 195–198.

Koller, J. & Spörhase, U. (24 2019). Die Herausforderung grenzüberschreitender Sexualität in der stationären Altenpflege. *Pro Care*, S. 7–15.

Körtner, U. (2012). *Grundkurs Pflegeethik.* Wien: Facultas.

Kruse, A. (4 2005). Selbstständigkeit, bewusst angenommene Abhängigkeit, Selbstverantwortung und Mitverantwortung als zentrale Kategorien einer ethischen Betrachtung des Alters. *Zeitschrift für Gerontologie und Geriatrie*, S. 273–287.

Kutz, R. (2014). *Patientenorientiertes Qualitätsmanagement.* Hamburg: disserta.

Lay, R. (2014). *Ethik in der Pflege. Ein Lehrbuch für Aus,- Fort- und Weiterbildung.* Hannover: Schlütersche.

Lay, R. (2015). Ethik. In: K. Krämer (Hg.), *Pflegemanagement in Altenpflegeeinrichtungen: Zukunftsorientiert führen, konzeptionell steuern, wirtschaftlich lenken* (S. 66–98). Hannnover: Schlütersche.

Leever, A., Hulst, M., Berendsen, A., Boendemaker, P., Roodenburg, J. & Pols, J. (24(6) 2010). Conflicts and conflict management in the collaboration between nurses and physicians – A qualitative study. *Journal of Interprofessional Care*, S. 612–624.

Leoni-Scheiber, C. (2004). *Der angewandte Pflegeprozess.* Wien: Facultas.

Lipp, A. (5 1998). An Enquiry into a Combined Approach for Nursing Ethics. *Nursing Ethics*, S. 122–138.

Löhr, M., Meißnest, B. & Benjamin Volmar (Hg.). (2019). *Menschen mit Demenz im Allgemeinkrankenhaus. Innovative Konzepte für eine multiprofessionelle Betreuung und Versorgung.* Stuttgart: Kohlhammer.

Lützén, K., Cronqvist, A., Magnusson, A. & Andersson, L. (3 2003). Moral stress: synthesis of a concept. *Nursing ethics*, S. 312–322.

Maio, G. (2014). *Geschäftsmodell Gesundheit. Wie der Markt die Heilkunst abschafft.* Berlin: Suhrkamp.

Maio, G. (21 2016). Das Besondere der Pflege. Aus Sicht der Ethik und der Gesellschaft. *ProCare*, S. 6–9.

Maybaum, T. (113/22–23 2016). Medizinethik: Ökonomisches Denken darf nicht im Vordergrund stehen. *Deutsches Ärzteblatt*, S. 1078–1081.

Obermüller, P. (Hg.), (1953). *Briefe an Frau Gudu Nölke. Aus Rilkes Schweizer Jahren.* Wiesbaden: Insel.

ÖGARI, A. E. (48 2013). Therapiezieländerungen auf der Intensivstation. Definitionen, Entscheidungsfindung und Dokumentation. *AINS – Anästhesiologie, Intensivmedizin, Notfallmedizin, Schmerztherapie*, S. 216–223.

Oxfordshire Clinical Commissioning Group. (2013). *Good Practice Guidance J: Disguising medicines in food or drink in Care Homes (covert administration).* Von https://www.oxfordshireccg.nhs.uk/professional-resources/documents/guidance-for-care-homes/OCCG-Good-Practice-Guidance-J-Disguising-medicines-in-food-or-drink-in-Care-Homes-covert-administration.pdf, abgerufen am 28.12.2020.

Pattison, S. (8 2001). Are Nursing Codes of Practice Ethical? *Nursing Ethics*, S. 5–18.

Perrin, K. & McGehee, J. (2006). *Ethics and Conflict. Quick look nursing.* Ontario: Jones and Bartlett.

Remmers, H. (2003). Die Eigenständigkeit einer Pflegeethik. In: C. Wiesemann, N. Erichsen, H. Behrendt, N. Biller-Andorno, A. Frewer (Hg.), *Pflege und Ethik. Leitfaden für Wissenschaft und Praxis.* Stuttgart: Kohlhammer.

Rumbold, G. (2004). *Ethics in Nursing Practice.* Edingburgh: Bailliere Tindall.

S.I.G.N.A.L .e.V. (Juni 2020). *Leitfäden für die Intervention in der Gesundheitsversorgung bei häuslicher und sexualisierter Gewalt.* Von https://signal-intervention.de/sites/default/files/2020-06/2020_06_10%20Uebersicht_Leitfaeden_Gesundheit_final_0.pdf, abgerufen am 02.01.2021.

SAMW (Hg.). (2018). *Medizinische Richlinien. Intensivmedizinische Massnahmen.* Bern: SAMW.

Sass, H.-M. (Hg.) (1999). *Medizin und Ethik.* Stuttgart: Reclam.

Sauer, T. (27 2015). Zur Perspektivität der Wahrnehmung von Pflegenden und Ärzten bei ethischen Fragestellungen. Empirische Daten und theoretische Überlegungen. *Ethik in der Medizin*, S. 123–140.

Schmidt, K. (https://doi.org/10.1007/s00481-020-00596-w 2020). Der Umgang mit belastenden Ereignissen als organisationsethische Herausforderung am Beispiel „Behandlungsfehler". *Ethik in der Medizin.*

Schünemann, A. (2020). *Nur gut gemeint. Gewalt in der Intensivpflege.* Berlin/Heidelberg: Springer.

Schwartz, L. (28 2002). Is there an advocate in the house? The role of health care professionals in patient advocacy. *Journal of Medical Ethics*, S. 37–40.

Slettebø, A. & Bunch, E. (11 2004). Solving difficult care situations in nursing homes. *Nursing Ethics*, S. 543–552.

Staudhammer, M. (2018). *Prävention von Machtmissbrauch und Gewalt in der Pflege.* Berlin/Heidelberg: Springer.

Steppe, H. (Hg.) (2013). *Krankenpflege im Nationalsozialismus.* Frankfurt/Main: Mabuse.

Teno, J., Gozalo, P., Mitchell, S., Kuo, S., Rhodes, R., Bynum, J. & Mor, V. (60(10) 2012). Does Feeding Tube Insertion and Its Timing Improve Survival? *Journal of the American Geriatrics Society*, S. 1918–1921.

Treloar, A., Beats, B. & Philpot, M. (93/8 2000). A pill in the sandwich: covert medication in food and drink. *Journal of the royal society of medicine*, S. 408–411.

VitalSmarts. (2005). *Silence Kills. The Seven crucial Conversations for Healthcare.* Von https://www.aacn.org/nursing-excellence/healthy-work-environments/~/media/aacn-website/nursing-excellence/healthy-work-environment/silencekills.pdf?la=en, abgerufen am 01.02.2021.

Volkert, D. (42 2009). Leitfaden zur Qualitätssicherung der Ernährungsversorgung in geriatrischen Einrichtungen. *Zeitschrift für Gerontologie und Geriatrie*, S. 77–87.

Wagner, H. (Hg.) (1994). *Ethik und Berufsverständnis der Pflegeberufe.* Heidelberg: Springer.

Weber, G. (10 2016). Ethik für die Pflege. Gelebte moralische Werte in den Stationsalltag integrieren. *Procare*, S. 32–34.

Wehkamp, K.-H. (2020). *Medizinethik und Ökonomie im Krankenhaus – die Kluft zwischen Anspruch und Wirklichkeit. Ergebnisse einer qualitativen Studie.* Von https://doi.org/10.1007/s00481-020-00603-0, abgerufen am 01.02.2021.

Weissenberger-Leduc, M. (2011). *Gewalt und Demenz. Ursachen und Lösungsansätze für ein Tabuthema in der Pflege.* Wien: Springer.
Wong, J., Poon, Y. & Hui, E. (2005). "I can put the medicine in his soup, Doctor!". *Journal of Medical Ethics*, 262–265.
Yeo, M. & Moorhouse, A. (1996). *Concept and cases in Nursing Ethics.* Ontario: Broadview Press.
Yeo, M., Moorhouse, A., Kahn, P. & Rodney, P. (2020). *Concepts and cases in Nursing Ethics.* Ontario: Broadview Press.